雲笈七籤
（二）

〔宋〕張君房 編
李永晟 點校

荆楚文庫編纂出版委員會
湖北人民出版社

雲笈七籤卷之二十一

天地部

總序天

《三天正法經》曰：九天真王與元始天王俱生始氣之先，天光未朗，鬱積未澄，溟涬無涯，混沌太虛，浩汗流冥，七十餘劫，玄景始分，九氣存焉。一氣相去[1]九萬九千九百九十歲，清氣高澄，濁氣下布。九天真王元始天王稟自然之孕[2]，置於九天之號。九氣玄凝[3]，日月星辰於是而明，便有九真之帝：上之三真[4]生於極上清微之天，次中三真生於禹餘之天，下有三真生於大赤之天。

《玉京山經》曰：玉京山冠於八方諸大羅天，列世比地之樞上中央矣。山有七寶城，城有七寶宮，宮有七寶玄臺。其山自然生七寶之樹，一株乃彌覆一天，八樹彌覆八方大羅天矣。即太上無極虛皇大道君[5]之所治也。

《大洞經》曰：太冥在九天之上，蓋謂冥氣極遠，絕乎九玄，惟讀《大洞玉經》者可以交接。然後玉帝乘丹霄而啓道，太冥披綠霞而朗煥也。《元始經》云：大羅之境，無復真宰，惟大梵之氣，包羅諸天。太空之上，有自然五霞，其色蒼黃，號曰黃天。黃天之上，其色青蒼，號曰蒼天。蒼天之上，其色玄空成青，號曰青天。故頌曰：

　　三界之上，眇眇大羅，上無色根，雲層峩峩。

三界寶錄

　　《諸天靈書經》曰"飛步入北清"者，是三界之上四天帝王北真天也。言此四帝上爲三清玉京之巔應化接引，中爲三界四八御運五氣，帝主下降無象，通生天人，各爲一天璿璣玉衡、三十六帝、五斗魁主，亦象人腦四象合成。故《放品經》云：四天王天在玉清之上，九天之巔，恒以八節之日，命三界四帝周行天下，開度道學建齋之人也。先師疏云："北清天者，北斗是也。"又云："北斗之下，崑崙上宮，故人頭首，上象崑崙。"下愚小解，將爲是誤。此去[6]棄賢既在崑崙山南，望將中斗，則爲北清，未審中斗已北，北方北清別在何處？今依《度人經》説："東斗主筭，西斗記名，北斗落死，南斗上生，中斗大魁，總監衆靈。"此名一天五斗魁主，即明中斗已北而有北斗也。今又按《靈書正經》本文，經云："天尊言此四章並是四天帝王《度命妙品》"，"四方正士，徧[7]得法音。"其《東方品章經》云：九氣青天東華宮中"青童大君封以[8]青玉寶函之中，印[9]以元始九氣之章。"其《南方品章經》云：南方三氣丹天"朱陵上宮南極上元君封以赤玉寶函之中，印以太丹三氣之章。"其《西方品章經》云：西方七氣素天"西華宮中西王母封以白玉寶函之中，印以太素七氣之章。"其《北方品章經》云：北方五氣玄天"元始北上宮中玉晨大君封以玄玉寶函之中，印以太玄五氣之章。"即明東方而稱東華，南方而稱南極，西方而稱西靈，北方而稱北真，上即明北真而處三界之上最上之天。四天帝王下通一天，四序生化，非是一天五斗之位也。今按《靈書正經》，並是三界之上，四天帝王正名正位，未稱一天五斗名位。今乃獨脱北方，取中爲上，不審更上北真天也。比先所錯，上下相承，古今疑惑，皆從此起。又尋先師所錯，本意者言三十二天，上下重疊，亦爲一天二十八宿，即錯將中斗而攝北位，獨脱北方，此方以中爲上。又中爲上，亦復是誤。言九天初構，上下重疊，亦爲一天，比地九宮。言鬱單之天上上氣上，先立於子而處一宮，即明一宮亦爲四梵最上第一天也。若將人身以等於天，頭爲崑崙，目爲日月，上下相合，其義正是。若以身觀身、以天下觀天下，不及更上頭象三界之上，四人四天帝主天也。又乃不及更上頭象三清之上玉京之山，大羅天地。故《大洞隱注經》云：崑崙山上接九氣，以爲璇璣之輪，在太空之中。中斗既在崑崙山上，即大羅天關亦在玉京山上也。《生神經》云："飛仙[10]翼於瓊闕，四宰輔於明輪。"既在三界中斗之上，即大羅天關[11]、玉京瓊闕亦在玉京山上也。又明一天三界應位，上下重疊，比地既殊，取上爲下，上下失科，四天帝主關而不述，東華南極西靈北真境界不論，何處別立？

中四天

《三界圖》云："三十二天四傍並，分列四方，一重四天，積氣相承，扶搖而上。"其天獨立，亦無八方，未審此由，有何氣候？若無八方，則無比地九宮。若無正中，則無中斗。上無九氣，下無八方，三十五分、八景何來？人身之中，尚有三一三元，九宮一體，即是帝一太一帝君等神，豈云三界而無三元三十六帝？若三界正中既無三一，人身三一從何而來？比先學者唯見《隱注寶訣經》云："玄階與扶搖臺在東北方癸地，名爲玄天也。"言天階發起於扶搖臺羊角邊周，仍登梵行入三清也。既視此經錯將三界四天傍並，其扶搖臺既在東北方癸地，未審三界總在東北方癸地，如不以此，並是錯誤注經也。今言扶搖者，三十六天上下相承，中爲天關，皆爲中斗，璇璣四方二十八宿，漸次昇上，故言扶搖。故云玄階與扶搖臺在東北方玄天也。又明上下三十二天皆有七宿，璇昇[12]四方，亦言四天也。今言四天者，東方有九氣青天，南方有三氣丹天，西方有七氣素天，北方有五氣玄天，四方四天，故言四天，非是天外更別四天也。故《度人經》云："旋斗歷箕，迴度五常。三十五分，總氣上元。"又明三十六天每一天中，皆有七宿三十二帝。其太皇黃曾天位居箕宿，皆在東初，又賈弈天斗宿，皆處北末。故云："旋斗歷箕，迴度五常。"則明三界三十六天，皆有中斗，璇樞[13]四方二十八宿，各爲一天璇璣玉衡。此是二十八宿上下扶搖，上通三清，上下天關，非是別天羊角而上。故明三元各主八方，天有九氣，上下九宮，合中宮位，始名三界也。若三界之內三十二天，亦列四方四傍並上下天關，九宮何在？比地九宮，亦無次序，故明一天三界有異也。《河圖五鍊》等經說，一天二十八宿，四七相並，以爲三界二十八天，餘有四星上在中斗，亦將三界四七相並，傍上列位，以爲玄圍，而安三界二十八天，餘上四天上爲四人，一處傍並比列位。不審一天二十八宿，上通三界二十八天，上合四人三十二位，傍並不同，大小有異。今言一天比地四天者，《真人口訣經》云：中斗之中五斗位者，陽明爲東斗，丹元爲南斗，陰精爲西斗，北極爲北斗，天關一星以爲中斗，上及玄冥真人，以爲一天三十五分，上及上元天帝，合爲一天三十六位也。言上界四人等位者，今按《赤書》及《九天譜》等經云：三十二天上下相去，各有氣數，上及四梵，合爲三界三十六帝，不同一天四方傍並也。

　　《三清圖》云：將以玄元始三氣，以爲三境三天。又以《生神經》九天，乃於三天之下各並著三天。又以四方三十六天而取二十七天，各於九天之下，各並著三天，一單三並，以爲九天。未審九天各生八方，上下應會，何所分立？故《大洞經》云：玄元始三氣各生八方，而爲二十四帝；九宮各生八方，而爲七十二宮。即明《生神》九天，無有一單三並。九氣天關，上下不應。言三洞生化，故立三光，三乘各三，故立九帝。九氣分化，各生三天，故爲三境三十六天也。若以九天各於三天之下，一單三並，上下重疊，唯有六重之天，天若積陰，亦任六重；天既積陽，即合九重，如何九品，二等不同？上下九宮，其天何在？故《赤書經》云：天有九分之關，轉輪三氣，九度明焉。故明三元九天，九重是也。故《道德經》云：「道生一」，一是元氣，一是應化元始天尊也。於此妙一而生三洞。故《靈寶五符經》云：三洞以爲天尊三公天也，三生九氣，九氣以爲天尊九卿天也。又此九氣各生三天，故立三九二十七位，故此二十七位上爲天尊二十七大夫天也。欲此二十七位上合九天，三元各有一十二位，合爲三洞三十六天也。此言三清降生三界，各於八方以下，而生五億五萬五千五百五十五億等，比地無極。三界各禀三清，皆承此象，上下重立，是其義也。今言傍並者，別有一義。故《洞真廻元九道飛行羽經》云：三清天中而有三萬六千天公卿等品，並各有官僚公卿大夫侯伯，置署如一，更相管統，降生三界，遍備天人，皆禀此氣，各禀至道妙一之分。三公、九卿、二十七大夫、八十一元士、百二十郡、千二百縣、萬二千鄉、三萬六千亭，同禀此氣，或單或並，以爲生神萬象之主也。非是九天傍次分列也。三界圖書相傳爲錯者，言三清九氣降爲三界一天，氣餘九色又雜也。言三清九氣各成一天，降爲三界，上禀本氣，未經説五色共成。故《靈寶經》云：「上從大寶，初降妙一〔14〕，始生於元，元生於玄，三生萬物，莫不相承」也。又按《九天生神》及《玄門論》等經云：始炁生混，混爲蒼色〔15〕，而成鬱單無量天，下生三天，上聖三品之位。復次混炁生洞，洞爲赤色，而成上上禪善天，下生三天，中聖三品之位。復次洞炁生浩，浩爲青色，而成梵監須延天，下生三天，下聖三品之位。復次元炁生旻，旻爲緑色，而成寂然兜術天，下生三天，上真三品之位。復次旻炁生景，景爲黄色，而成不驕樂天，下生三天，中真三品之位。復次景炁生遯，遯爲白色，而成洞元化應聲天，下生三天，下真三品之位。復次玄炁生融，融爲紫色，而成靈化梵輔天，下生三天，上仙三品之位。復次融炁生炎，炎爲碧色，而成高虛清明天，下生三天，中仙三品之位。復次炎炁生演，演爲烏色，而成無想無結無愛天，下生三天，下仙三品之位。故此九氣九色光明，上爲三境三十六天也。三境降氣，三界方生，各於三清八方已下，降生三界五億等天也。故《九天譜經》云：上從梵行太清之天，三境九氣降爲三界，天各一色，上禀氣生，未見五色一時混雜也。今所錯者，亦可知委。故《諸天内音經》云：三十二天皆以五合之氣而成，空洞結而成章者，此是《五篇真文》，生成五方，通爲五行，合爲五臟，混爲二儀，四序生化，此應五方五合所育也。非關九氣混爲五色，今以五色合爲雲氣相參盤鬱，是其錯也。

後四天

舊説四梵名爲四民之天，今按《九天譜經》云：三界應化三十二天，上從梵行太清天中，氣漸流降，始炁生[16]混，混爲蒼色，而生二萬二千氣，其色蒼，氣澄凝而成賈奕天，即明賈奕天是四民最上初天，即明四民非是太清四梵四天王天也。今言帝王者，統領八方，始名帝位，不審太虛無上常融天、太釋玉隆騰勝天、龍變梵度天、太極平育賈奕等天，乃是一天，北方五氣玄天，光同四方，比地各爲小八天也。故明三界三十二天，上下重疊，三元品生，亦爲一天，分別四方，各屬四正，四九列位，及其分應，上下相臨。故東方九氣青天上爲三界東華天也，南方三氣丹天上爲三界南極天也，西方七氣素天上爲三界西靈天也，北方五氣玄天，上爲三界北真天也。《五符經》云：昇爲五雲，化爲五氣。又按《靈寶經》云：《五篇經文》生天立地，普植神靈，上爲三境之玄根，標天地以長存，鎮五氣於靈舘，制劫運於三關。即明《五篇經文》上爲三清之上四天王位；中爲三界四天帝主，應爲太清梵行四天，而爲四八三十二帝八天生主；下爲一天二十八宿。三十二帝又爲比地各列四方，四九列位，又爲一天五方淨土。故按《上清經》及《玄門論》等云，三界之上，而有八清天名，三清降氣，下生三界。今按八清天內而有太清天名，重明太清梵行之天，而生四民賈奕、龍變、太釋、常融等四天也。故《法輪經》云："超度過三羅，八難於是名，滅度如脱胞，曠朗覩八清"也。朗明四梵而處三清之下，四民三界之巔，上爲八清之天。三界劫周，二十八天已上，八清四民等八天終無劫壞，故名三界八清天也。或云三界之中，從此天上自有華光，不假日月，自然明朗。此是訛言，妄爲大語，各自審明，取證即解。何者？言三清三界，凡聖降差，有無不同，動寂各異。慾界六天，六慾見生。次上色界一十八天：在下六天，捨欲愛色；次中六天，漸捨色樂；又上六天，色心隨淨。次上無色，由四輕塵，色聲香味，出於觸體，漸捨心識，有待都忘，昇虛入無，出生滅境也。言三清上境，妙化難思，九色寶光，不假日月，無有晝夜，亦無去來。言三界之內，假合成身者。《洞真經》云：天有一氣，則五氣生焉。《五篇真文》，附合生體。兩半相合，以爲生身。以身爲宅，心爲主人。以神爲本，神感應生也。故明神託五氣，共合爲識。又明神合陰陽，以爲魂魄。若人六識清淨，感生六慧；六慾煩濁，就入六塵。故此生身命終之後，魂陽歸天，魄陰歸地。自守魄骨，以爲尸主。生時罪福，並以神當。神更託生，別感諸氣。四生六趣，應感俱然。上天下地，清濁有異。應化三界，並感陰陽。既感陰陽，寧無日月？若是仙家道品，自有仙光，不假日月，神通明朗。三界見著，色慾染塵，二景共滋，日月皆有。並具晝夜，三光齊臨，二十八宿，璇璣不定。宿有時轉，天有劫期，上下數交，百六運會。今按《靈寶九天生神經》云："日月星宿，陰陽五行，人民品物，並受生成。"則明三界皆有日月也。又按《玄妙經》云：於此界外八方世界，皆上有羅天重重，別置日月五星二十八宿，亦與南天下宛利同無異也。又按《玄門論》及《大洞經》云：九天真人呼日爲濯曜羅，三天真人呼日爲圓光蔚，太素天中呼日爲眇景皇，上清真人呼日爲九曜生，泰清天中仙人呼日爲太明，太極天中呼日爲圓明，玉賢天中呼日爲微玄，東華真人呼日爲紫曜明，亦名圓珠，亦謂始暉，亦謂太明，亦謂日名鬱儀，亦謂月名結璘，亦生人首上爲眼目。故《玉京山經》云："俯仰存太上，華景秀丹田，左顧提鬱儀，右眄携結璘。"普明天人皆有眼目，三界日月亦同人目也。《三界圖》云：其天中心皆有崑崙山，又名須彌山也。其山高闊，傍障四方，日月繞山，互爲晝夜。日在東方于逯境界，日正中時光及南方，浮利境界以爲日出。日在南方於正中時，耶尼境界以爲日出。西方日正中時，光及北方，鬱單以爲日出。日在北方於正中時，東方境界以爲日出者。今雖四序，合宿是同，冬夏二至，晝夜不等。日若繞山，四方合停，出沒既異，則無山隔。今以形象難詰，或詳日出處，即有映體東方日中，南即漸明，南方初出，日既映山，其日合如立竪半鏡。今泰山上而有日觀，遙望日初出在於地中，其狀形如橫出半鏡，以望初出非映山也。若其日出之處即是須彌，其山不高，不能映日，即知日出在地中也。故《易》

證云：爻也者，効也。効也者，象也。象効於天，以爲爻象也。故日在地下，《明夷》之卦，爲日處夜，陽降陰昇也。日出地上，陽昇陰降也，故地上有日，《晉》卦是也。故在午後，"日昃之離，不鼓缶而歌。"陰生陽降也。言陰陽璇璣，晝夜遞興，日直繞山，證何律呂？日若繞山，璇璣須停，四方度量，何爲不等？言二月八月，晝夜各中，餘月長短，南北互差。故月建在子，冬至之分，日極於南，晝短夜長。日出於巽，日没於坤，從左行而至於巽，歷於夜分，西北東方三方天下一十九位，分爲五更，皆處於夜。晝以巳丙午丁未等以爲晝日，即明夜統西北東方，三方天下皆處於夜，唯獨南方以爲晝日，即明日月非隔山也。又月建在午，夏至之分，日極於北，夜短晝長。日出於艮，日入於乾，從艮左行，而歷晝位，東南西方一十九位三方天下，以爲晝日。唯獨北方亥壬子癸丑等五辰而處於夜，重明日月非隔山也。又明夏至之日，出没艮乾，東南西方三方天下一時爲晝；冬至之日，出没巽坤，西北東方三方天下一時爲夜。日既繞山，四方互明，未審此節日映山不？又明夏至之日，日出於艮，日入於乾，其崑崙山合近於子。日既遠山，不合更遠，何故起難，爲日映山也。其崑崙山向北百千萬里，則非東方日正中時，南方卯地以爲日出也。又明月建在子，冬至之日，日出於巽，日没於坤，其崑崙山既是映日，即合移就南方，在於午分，其此土人不是南方，即合住在崑崙山北，其山既是天心不移，即明日月非映山也。又明一年四時行焉，與日月合宿，以定律呂。故一月建寅，寅與亥合，其神徵明者，徵召萬物而明。月建在卯，合宿天魁。月建在辰，合宿從魁。月建在巳，合宿傳送。月建在午，合宿小吉。月建在未，合宿勝先。月建在申，合宿太一。月建在酉，合宿天剛。月建在戌，合宿太衝。月建在亥，合宿功曹。月建在子，合宿大吉。月建在丑，合宿神后。十二月建，合宿行神，璇璣玉衡，以定四序，四方七宿，日夜互更，即明一天律呂同則南方律呂也。普天既同，四方同天，不合山隔也。後宣八景，三光同兹，《五篇真文》，二象通應，具在《玉京流光品》中，問宣經理，答申應用也。或有胡人《摩尼珠說》，皆託一物百六數期，三清八景，降氣通生，西戎即序，全無分曉。或云言此天是屬於地住，或云雜報世界。故近則不入六慾之天，遠則不在三界二十八天之數。次上太皇黃曾天上人者，始名慾界最下天也。下愚小解，因述便答：三界之內，三元通生。元各十二，共三十六位。一天三界，上象俱然，四梵八清，下通元氣。既云地住，別號誰天？雜報世界，何氣寄立？次上璇璣，下攝何方？下地雜報，上屬何天？夫言天者，在上巔也。在上廣覆，謂之天也。在下厚載，謂之地也。言天上天下，上下咸差，一天之中，上屬玄樞，一天之上，更屬上象，此天即是太皇黃曾天中人也。言三界之內，五種感生，雖同一天，善惡兩種。所感雜報命短，無上品仙家壽九百萬歲。五方淨土，皆定壽年，洞室虛宮，上下不等。誠仙碁暫翫，柯爛樵人。或二日逢仙，則經二百餘歲。諸仙人壽，具顯後章。唯此下地，淨穢兩別。遠明三清，上降元氣，下生三界，法象降成。真仙聖位，各備修科，雖居三界，仙道原深。故《消魔經》云：三清上境三十六天，下備三界三十六帝。其三界劫盡被劫火所燒，其三洞仙家不覺有火也。故明雜報世界善惡同天，善者福壽遐年，惡者濁辱短促，淨穢二土，咸備一天。博地下方，亦有上道。先標前錯，一十二條，審而觀詳，他義總曉。請詳圖錄，入道機要。次後顯章，具明前疑。

四梵三界三十二天

太上曰：第一慾界，六天：一曰太皇黃曾天，二曰太明玉完天，三曰清明何童天，四曰玄胎平育天，五曰元明文舉天，六曰七曜摩夷天。

右慾界六天，有色有慾，交接陰陽，人民胎生，是故舉其重因，名爲慾界。

第二色界，一十八天：七曰虛無越衡天，八曰太極濛翳天，九曰赤明和陽天，十曰玄明恭華天，十一曰曜明宗飄天，十二曰竺落皇笳天，十三曰虛明堂曜天，十四曰觀明端静天，十五曰玄明恭慶天，十六曰太煥極瑶天，十七曰元載孔昇天，十八曰太安皇崖天，十九曰顯定極風天，二十曰始黃孝芒天，二十一曰太黃翁重天，二十二曰無思江由天，二十三曰上揲阮樂天，二十四曰無極曇誓天。

　　右色界十八天，云其界有色無情慾，不交陰陽，人民化生，但噉香無復便止之患，故曰色界。

　　第三無色界，四天：二十五曰皓庭霄度天，二十六曰淵通元洞天，二十七曰翰寵妙成天，二十八曰秀樂禁上天。

　　右無色界四天，云無復色慾，其界人微妙無色，想乃有形，長數百里，而人不自覺，唯有真人能見，故曰無色界。

　　四梵天，元始曰：二十九曰常融天，三十曰玉隆天，三十一曰梵度天，三十二曰賈奕天。

　　四天之上，則爲梵行。梵行之上，則是上清之天玉京玄都紫微宮也。乃太上道君所治，真人所登也。自四天之下，二十八天分爲三界，一天則有一帝王治其中。其天人皆是在世受持《智慧上品》之人，從善功所得，自然衣食，飛行來去，逍遥歡樂。但死生之限不斷，猶有壽命，自有長短，下第一天人壽九萬歲，以次轉增之。

【校記】

〔1〕"去"原作"丟"，據《太上三天正法經》改。

〔2〕"孕"，上書作"胤"。

〔3〕"凝"後，上書有"成於九天圖也"。

〔4〕"上之三真"，上書作"上真中真下真"。

〔5〕"大道君"，《洞玄靈寶玉京山步虛經》作"天尊"。

〔6〕"去"，疑當作"云"。

〔7〕"士"原作"土"，"徧"原作"偏"，據《太上諸天靈書度命妙經》改。

〔8〕"封以"，上書作"封之"，下同。

〔9〕"印"原作"中"，據上書及《道藏輯要》本改。

〔10〕"仙"，本書卷十六《九天生神章經》作"天"。

〔11〕"天關"，上文作"天闕"。

〔12〕"璇昇",上文作"璇璣"。

〔13〕"璇樞",上文作"璇璣"。

〔14〕"上從大寶,初降妙一",《太上洞玄靈寶真一勸誡法輪妙經》作"以氣爲宗,宗生於始"。

〔15〕"始炁生混,混爲蒼色"原作"始生於混,沌爲蒼色",據《洞玄靈寶自然九天生神章經解義》改。該書注引《正法經》云:"三天既立,始炁生混,混炁蒼,蒼炁精澄,生鬱單無量天。"以下八處"炁生",原皆作"生於",改據同上。

〔16〕"炁生"原作"生於",據《九天生神章經解義》改。

雲笈七籤卷之二十二

天地部

總說天地五方

《外國放品隱元內文經》云：天地五方，皆有制御剛柔之色，使不得落。其地深二十億萬里得潤澤，潤澤下二十億萬里得金粟澤，金粟澤下二十億萬里得金剛鐵澤，金剛鐵澤下二十億萬里得水澤，水澤下八十億萬里得大風澤，大風澤下五百二十億萬里，乃綱維天地，制使不陷，如今日月星辰爲風所待[1]也。學者不知地下之境潤色深淺，即五帝不過兆身於外國之境也。

東方弗于岱[2]，九萬里之外，極豪林之墟。其國音銘[3]呵羅提之國，國地形正員，土色如碧脂之鮮，無有山阜，廣狹九十萬里。其國人形長二丈，壽四百歲。國有六音之銘，是高上始氣置於外國胡老之品。高上恒吟歌其音，以化胡老之人，令知外國有不死之教。其國人皆行禮而誦其音，是得四百歲之壽，無有中夭之命。上學之士知外國地色，恒吟詠六品之音者，則致胡老仙官衛兆之身，九年自然得遊呵羅提之國，與胡老交言，變化飛空，遊行東極之境也。

南方閻浮利，三十萬里之外，極洞陽之野。其國音則銘伊沙陁之國，國地平博，無有高下，土色如丹，廣狹八十一萬里。其國人形長二丈四尺，壽三百六十歲。國有六音之銘，是高上置於外國越老之品。高上恒吟歌其音，以化越老之人，令知其國有不死之教。其國人皆行禮而誦其音，是得三百六十歲之壽，無有中夭之命。學者知外國地色，恒吟詠六品之音者，則致越老仙官衛兆之身，九年自然得遊伊沙陁之國，與越老交言，變化朱宮，飛行南陽之境也。

西方俱耶尼[4]，七十萬里之外，極浩素之壟。其國音則銘尼維羅綠那之國，國地形多高壟，與天西關相接，土色白如玉，廣狹六十八萬里。其國人形長一丈六尺，壽六百歲。國有六音之銘，是高上置於外國氐老之品。高上恒吟歌其音，以化氐老之人，令知其國有不死之教。其國人皆行禮誦詠其音，是得六百歲之壽，無有中夭之命。學者知外國地色，恒吟詠修行，則致氐老仙官衛兆之身，九年自然得遊尼維羅綠那之國，與氐老仙官交言，能飛行玄虛，遊戲浩素之壟也。

北方鬱單，五十萬里之外，國極朔陰之庭。其國音則銘旬他羅之國，國地長流平演，土色黑潤，廣狹五十八萬里。其國人形長一丈二尺，壽三百歲。國有六音之銘，是高上置於外國羌老之品。高上恒吟歌其音，以化羌老之人，令知其國有不死之教。其國人皆行禮而誦詠其音，是得三百歲之壽，無有中夭之命。學者知外國地色，恒吟詠修行，則致羌老仙官衛兆之身，九年自然得遊旬他羅之國，與羌老交言，飛行玄虛，遊宴朔陰之庭也。

上方九天之上，清陽虛空之內，無色無象、無形無影、空洞之銘，元精青沌自然之國，以青氣爲世界，上極無窮，四覆諸天，則高上玉皇萬聖帝真受生之根元，壽命[5]無量，惟劫爲年。其空洞之內，亦有六音之銘，則元始置於真皇自然之品，高上吟歌其音，以延羣仙，令知玄空有無量之真。其玉皇萬聖帝真皆行禮悉吟詠其音，是得無量之壽。學者知空洞之色，吟詠修行，則致三元下降，五帝詣房，授兆靈音，九年則得乘駕浮雲，上造玉清太空之中也。

中國直下極大風澤，去地五百二十億萬里，綱維地源，制使不落。土色如金之精，中國音則銘太和寶真無量之國，中嶽崑崙即據其中央諸天之別名，上有玄圃七寶珠宮，與天交端，上真飛仙之舘。中國周廻百二十億萬里，其國人形長九尺，皆學導引之術，壽一千二百歲。國有六音之銘，是高上置於中國之品，高上玉皇帝君悉吟詠其音，以化中國傖老之人，令知其國有不死之教。其國人皆修上清之道，行禮誦詠，是得壽一千二百歲，無有橫夭之年。學者知中國地色，吟詠修行，則傖老仙官衛兆之身，九年自然與傖老交言，玄察太空，飛行上清。

九地三十六音

《諸天內銘九地三十六音》，以元始同存，空靈建號，結自然之名，表於九玄，演流外國《三十六音》。如是天地各有三十六分，天則有三十六天王以應三十六國，地則有三十六土皇以應三十六天。天王典真，土皇主仙。為學不知天之內音，則天王不領兆名；不知地下之音，土皇則不滅兆跡，閉不得仙。有見其文，受其訣音，天王玄鑒，七聖刻篇，西龜定錄，東華書名，土皇滅尸，落跡九陰，保舉上清，五靈敬護，十界扶迎，周流六國，平滅羣凶，五兵摧伏，天魔束形，九年乘空，飛行上清。真道高妙，不得妄宣，輕泄寶音，七祖充責，己身殞亡，三塗五苦，萬劫不原。上真之士，慎科而行。

朝禮訣法

諸天王恒以八節及月朔之日，遊觀無崖，歷戲雲房，逍遙玉清，流眄十方。於明霞之上，恒詠《諸天內音飛玄之章》。上慶天真，內懽神衿，玉響虛明，瓊韻合音。當北[6]之日，五老浮位，九帝臨軒，四司鑒試，五帝衛靈，衆真齊唱，萬仙禮音。三光停暉，七元煥明，山海靜波，諸天肅清。八素散華，四皇拂塵，靈風揚香，綠霞吐津。天元溟滓，玉虛含欣，朗朗高清之館，渺渺太漠之中。洞虛入微，周覽無窮，有得其道，與帝結朋。勤誦其章，位准仙王，德同諸天，壽齊三光。

凡學上仙之道，志登玉清，奉禮帝尊，而不知《三十六天之音飛玄之章》，則三十六天王不領兆名，徒為精勤，天不降真，四司不敬，五帝不迎，天魔侵真，終不成仙。欲飛行玄虛，遊晏五嶽，而不知九地三十六土皇内名，則九陰不落兆尸，九地不滅兆跡，徒勞幽山，望飛反沉。欲行此道，每至八節月朔日，沐浴清齋，入室燒香，朝禮諸天，北向叩齒三十六通，微呪曰："兆臣甲乙，志慕神仙，八慶之日，朝禮天尊。上願騰景，乘空落煙，飛超玉清，洞遊諸天。中願變形，降[7]致五神，昇入月門，仰啜八騫。石景水母，玉胞飛根，長披朱日，與光同存。下願四極，授我口言，西華侍衛，役使金晨。攜提五老，八景同軒，上慶交合，五願開陳。得如所願，體合自然，真靈下降，賜登上仙。"畢，便六拜，仰咽六氣。次西向六拜，咽六氣。次南向六拜，咽六氣。次東向六拜，咽六氣。次西北六拜，咽六氣。次東南六拜，咽六氣。合六方三十六拜，朝三十六天畢，還北向平坐，詠《三十六天飛玄之章》一遍竟，又六拜六咽氣都止也。此《高上朝三十六天上法》，行之九年，天降雲輿，三光詣房，書名玉清，刻簡青宮，四司右列，十界敬迎，乘空飛行，上昇玉晨。其法高妙，不得妄宣。輕泄寶文，七祖充責，身役鬼官，長閉三徒，萬劫不原。

高上九玄三十六天内音

第一無上元景無色鬱單無量天英勃天王姓混，諱霧霧羅。

第二無形清微天化昇天王姓馮，諱提阿沙。

第三無精波羅褥天玄黑天王姓雲，諱奎零。

第四入色水無量億羅天飛宗天王姓王，諱阿衛。

第五無極洞清上上禪善無量壽天雲羅天王姓祼，諱靈霧勒。

第六玄微自然上虛禹餘天梵咽天王姓羅，諱彼[8]犁荼。

第七玄清上無那首約淨天玄那天王姓梵，諱摩首波。

第八梵行上清氣稽那邊淨天云攜天王姓騫，諱首苛。

第九無窮洞虛極上須延天迴摩天王姓澤，諱霓霸羅。

第十玄梵玉虛無精氣羅迦淨月[9]天雲阿天王姓周，諱阿迦須。

第十一氣玄元達[10]上靈赤天重慕天王姓丹，諱清净瑛。

第十二大梵玄無氣離愆行如天世畢天王姓周[11]，諱分若。

第十三無極上靈玉虛[12]玄洞寂然天家王[13]天王姓津，諱霈霴。
第十四寶梵無色上真氣潘羅玄妙天雲持天王姓隨，諱黎沐音。
第十五飛梵行真上玄答謖福德天部利天王姓王，諱惟鉢離。
第十六雲梵流精中元近懃際淳天世良天王姓朱，諱梨藹。
第十七玄上洞極無崖不驕樂天流芬天王姓凝，諱霸霍霄。
第十八大梵玄青元精答恕近際天元深天王姓阿，諱明秀。
第十九行梵紫虛上元首帶快見天洞干天王姓劉，諱且扇。
第二十虛梵上清化靈須陁結愛天飛衣天王姓彭，諱移那。
第二十一上極無景洞微化應聲天玉攜天王姓輝，諱霶靇。
第二十二大梵九玄中元氣阿那給道德天天葵天王姓捷，諱尼姤。
第二十三行梵元清下靈氣須達天總幾天王姓周，諱難首。
第二十四極梵洞微九靈氣須帶阿那天九曲天王姓竺，諱明和。
第二十五無名至極洞微梵寶天　天王姓精，諱霧雲霹。
第二十六微梵玄天氣帶扇給道德天　天王姓洛，諱須阿摩。
第二十七虛梵天氣蟬然識慧天　天王姓云，諱元[14]陁。
第二十八空梵中天繢元伊檀天　天王姓朱，諱仲生。
第二十九太極無崖紫虛洞幽梵迦摩夷天世羅天王姓云，諱靈澋。
第三十綠梵自然識慧入天雲九天王姓迦，諱釋文羅。
第三十一玄梵大行無景無所念慧天宗提天王姓伊，諱檀阿。
第三十二天雲梵上行維先阿檀天正羣天王姓仲，諱雲勳勃。
第三十三無色玄清洞微波梨答恕天　天王姓王，諱靈霈。
第三十四洞微玄上梵氣阿竭含那天　天王姓桓，諱墮世宗。
第三十五玄上綠梵滅然天　天王姓朱，諱陁雲彌。
第三十六極色上行梵泥維先若那天　天王姓袁，諱員珠。

三十六天內名，生於空洞，元氣之先，文華表見，題於崑崙之山，高上音其玉文，上相集其妙篇，禀受太空自然之章，上標玄圖，中統六國三十六音，下總九地三十六土皇。靈篇洞暢，玉慧虛鮮，皆天王之遊歌，空玄之寶章，六六韻合，四四齊真，九帝分號，三十六天，萬氣總隸，普領羣仙，上極無崖無色，下極洞源洞淵。諸爲上眞飛仙，不稟玉音，則不得遊觀無崖之天。有得其文，天王書名，刻字紫扎[15]，結錄玉晨，三十六年，尅得上登無色之天，下洞九地之源。上妙之道，不傳下仙，輕泄寶音，七祖充責，身負刀山，三徒五苦，萬劫不原。

洞淵九地三十六音內銘

第一壘色潤地正音土皇姓秦，諱孝景椿。
第一壘色潤地行音土皇姓黃，諱昌上文。
第一壘色潤地遊音土皇姓青，諱玄文基。
第一壘色潤地梵音土皇姓蚩，諱忠陣星[16]。
第二壘剛色地正音土皇姓戊，諱坤文光。
第二壘剛色地行音土皇姓鬱，諱黃母生。
第二壘剛色地遊音土皇姓玄，諱乾德維。
第二壘剛色地梵音土皇姓長，諱皇萌。
第三壘石脂色澤地正音土皇姓張，諱維神保。
第三壘石脂色澤地行音土皇姓周，諱伯上仁。
第三壘石脂色澤地遊音土皇姓朱，諱明車子。
第三壘石脂色澤地梵音土皇姓庚，諱文敬士。
第四壘潤澤地正音土皇姓賈，諱雲子高。
第四壘潤澤地行音土皇姓謝，諱伯无元。
第四壘潤澤地遊音土皇姓己，諱文秦陣。
第四壘潤澤地梵音土皇姓行，諱機正方。
第五壘金粟澤地正音土皇姓華，諱延期明。
第五壘金粟澤地行音土皇姓黃，諱齡我容。
第五壘金粟澤地遊音土皇姓雲，諱探无[17]淵。
第五壘金粟澤地梵音土皇姓蔣，諱通八光。
第六壘金剛鐵澤地正音土皇姓李，諱上少君。
第六壘金剛鐵澤地行音土皇姓范，諱來力安。

第六壨金剛鐵澤地遊音土皇姓長，諱李季元。
第六壨金剛鐵澤地梵音土皇姓王，諱駰女容。
第七壨水制澤地正音土皇姓唐，諱初生映。
第七壨水制澤地行音土皇姓吳，諱正法圖。
第七壨水制澤地遊音土皇姓漢，諱高文徹。
第七壨水制澤地梵音土皇姓京，諱仲龍首。
第八壨大風澤地正音土皇姓葛，諱玄昇先。
第八壨大風澤地行音土皇姓華，諱茂雲長。
第八壨大風澤地遊音土皇姓羊，諱真洞玄。
第八壨大風澤地梵音土皇姓周，諱尚敬原。
第九壨洞淵無色剛維地氣正音土皇姓極，諱无上玄。
第九壨同淵無色剛維地氣行音土皇姓昇，諱虛元浩。
第九壨洞淵無色剛維地氣遊音土皇姓趙，諱上伯玄。
第九壨洞淵無色剛維地氣梵音土皇姓農，諱勤[18]元伯。

右九壨之地，極下洞淵洞源，綱維天地，制使不落。上則去第一壨五百二十億萬里，下則無窮無境，無邊無際，皆綱維之氣。如是第九壨土皇以三月一日、六月二日、九月三日、十二月四日一年四過，乘五色雲輿、九色飛龍，執中元命神之章，從儉老仙官耀天羽騎萬二千人，上詣波梨答愁天，奏九地學道得仙人名，言於四天之主。

凡學上法，當以其日日入時入室，向太歲黃書白紙上四土皇内音服之，叩齒十二通，仰存四土皇姓諱，悉著玄黃五色之衣，頭戴九元通天寶冠，足著五色師子交文[19]之履，執文身保命之符，乘黃霞飛輿，從五帝玉女三十六人，飛行上昇波梨答愁天。便呪曰：

"二象廻周，九精洞靈，皇老應符，騰虛入清。四通八達，飛霞紫瓊，上登金華，奉對帝靈。記仙元録，青宮刻名，得道白簡，封字七靈。九壨滅尸，東井鍊形，三九降真，我道已明。得乘飛景，上登玉庭。"畢，心拜九拜，咽氣十二通止。行之三十六年，得乘黃霞飛軿，上昇波梨答愁之天。九地九壨直下九重，合三十六音三十六土皇，上應三十六天，中應三十六國。如是土皇皆位齊玉皇之號，但分氣各治上下之別名耳。土皇三十六年轉號[20]上清之宮，襲三十六天之王。玉司之官於九壘之下，皆舉學道得仙之名，上奏九天天王。爲學不知九壘地音三十六土皇內諱，九地不滅兆跡，九天丞相不受兆名，五嶽不降雲輿，五帝不衛兆身，徒明外國之音，故不得匡會而昇也。故天地人各禀三三之氣，三合成真，然後得仙也。

凡知九地之音三十六土皇內諱，則九氣丈人恒以四方五色靈官防衛兆身。出入遊行，登陟五嶽，則仙官侍送，滅魔威試，降致神真。九年飛空，坐在立亡。三十六年，上昇太清。居世得有此文，七玄九祖，則爲九氣命靈，土皇司官，奉衛形骸，撫慰靈魂，蒿里父老，丘丞相掾，皆爲驅除，無復拘閉謫役之患。居則在地保安無凶，十二守將營扞八門，通真致神，欲富則富，欲官則官，欲仙則仙，欲神則神。此道祕妙，非可言宣。上相青童禀受，高上口訣寶篇，妄泄靈文，七祖充役，萬劫不原。

登山住止安居審地吉凶法

若欲登山住止及安居宅，審地吉凶，當以戊巳之日，黃書九地三十六音文白紙上，置所居中央，以盆覆之。三宿開看，若有黃色潤紙大吉；若有青色，則下有死靈之尸；若有白色，則凶；若有赤色者，則驚恐；若有黑色者，則主財寶；若有紫色者，得神仙。都不異，則止可三年安，過此必折傷。

東方呵羅提國

第一品銘，正音无夷。
第二品銘，正音波泥。
第三品銘，正音久難。
第四品銘，正音吉羅[21]。

第五品銘，正音无思。

第六品銘，正音雲芝。

東方去中國九十萬里外，名爲呵羅提之國，一名日生[22]國。國外有扶桑，在碧海之中，地[23]方萬里，上有太帝宮，太真王之別治。其上生林如桑，皆數千丈，大者三千圍，兩兩同根而生。有實赤如桑椹，仙人所啖食，體作金光色。其實皆九千歲一生。又有生洲，在扶桑外，西接蓬萊，地面方二千五百里，去岸二十三萬里。上有仙家數萬人，地無寒暑，時節溫和，多生神仙芝草，食之飛空而行。扶桑東又有祖洲，在東海之中，地方五百里，去岸七萬里，上有不死芝草，形狀似菰，苗長三四尺，一名養神芝。其葉似菰，生不叢株，食之飛行上清，已死之人，覆之則生。神奇妙藥，入其國宜知其名，存胡老仙官採之於祖洲，思其色而服之，三年，面有流光，延壽萬年。久久自然有仙人齎此神物，降送於身也。

南方伊沙陁國

第一品銘，正音盈華。

第二品銘，正音玉家。

第三品銘，正音握魔。

第四品銘，正音耀葩。

第五品銘，正音武都。

第六品銘，正音飛蒲。

南方去中國八萬一千里外名閻浮黎之外，極洞陽之野，國名伊沙陁之國，一名火庭天竺之國。國外有長洲，一名青丘，在南海辰巳，地方五千里，去四方之岸二十[24]萬里，則生天[25]樹，長三千丈，大者二千圍，甚多靈藥，甘液玉英，無所不有。其上有民人，皆壽三百六十歲。又有靈狐之獸，大者如犬，色如金，吠聲響四千里，威制虎豹萬禽，得衣其毛，壽同天地。青丘左則有風山，山恒震聲，上有紫府宮，天真神仙玉女所遊觀。又有炎洲，在南海中央，地方二千里，去岸九萬里。上有風生獸，似豹青色，大如貍，積火連天燒之，經月不死，毛亦不然，斫刺不入，以鐵鎚交鍛其頭數千下乃死。張口向風，須臾復活。以石上菖蒲塞其鼻即死，取其腦和菊花服之，壽同天地。又有火林山，山中有火光獸，大如鼠，毛長三四寸，或赤或白。於是夜半望山上林木及此獸，光照如然火。取其獸毛作布，名之火浣布。小汙，以火燒之即鮮白，則伊沙陁國人所衣。得此毛，仙人降形。學者存其國之音，思越老仙官三十六年，神人當以此獸及本國神奇之物獻送於兆也。

西方尼維羅綠那國

第一品銘，音曰華蓮。

第二品銘，音曰高軒。

第三品銘，音曰明身。

第四品銘，音曰土纏。

第五品銘，音曰星震。

第六品銘，音曰朱天。

西方去中國六萬里外名俱耶尼之外，極皓素之壘，寒穴之野，則尼維羅綠那之國，一名雲胡月支國，國人壽六百歲。國外則有流洲，在西海之南，地方三千里。去東岸十九萬里，其上有仙家數萬，上有山，生昆吾之石。治石成鐵作劍，光明照洞如水精，割玉如土。鳳麟洲在海中央，地方一千五百里，四面有弱水，鴻毛所不浮。上有仙家數千，鳳麟爲羣。上有吉光之獸如貍，能作胡語，聲如梵音，與其國人通言。獸毛生光奕奕，悉仙人所衣，得衣其毛，壽同天地。學者存其國音，氐老仙官三十六年，當獻送昆吾之劍吉光之獸於兆也。

北方旬他羅國

第一品銘，音曰玄家。

第二品銘，音曰文多。

第三品銘，音曰山蘆。

第四品銘，音曰武都。

第五品銘，音曰盈家。

第六品銘，音曰玄摩。

北方去中國五萬里外名鬱單，極朔陰鈎陳之庭，國名旬他羅之國，一名天鏡之國，國人壽三百歲。國外則有玄洲，方七千二百里，四面是海，去岸三十六萬里。上有太玄都，仙伯真公所治。有鶩鶩之鳥如浮氣，多丘山，名爲風山，與天西北門連界，金堂玉室宮府生金玉紫芝，是三天所治。其外則有元洲，地方三千里，去南岸十萬里，上生[26]五芝玄澗，澗水如蜜，飲之與天地同年。中有三萬仙家，悉飲此水，得仙不死。學者存其國音，羌老仙官三十六年，降獻玄澗五芝水也。

上方元精青沌自然國

第一品銘，正音重權。

第二品銘，正音玉金。

第三品銘，正音三林。

第四品銘，正音正精。

第五品銘，正音吸鈴。

第六品銘，正音緑嬰。

上方九天之上，清陽恢空之内，無色無象無形無影空洞之銘，元精青沌自然之國，一名洞澳清衍之國。以青氣爲世界，上極無窮，四覆諸天，惟有玉虚紫館，結空洞之煙，在[27]虚玄青沌之内也。爲學存高上之音，則天人授子飛仙之方。

中央太和寶真無量國

第一品銘，正音山蘆。

第二品銘，正音世家。

第三品銘，正音嵯峨。

第四品銘，正音盈華。

第五品銘，正音翟葩。

第六品銘，正音羅那。

中國四周百二十億萬里，下極大風澤五百二十億萬里，崑崙處其中央，弱水周帀繞山。山高平地三萬六千里，上三角面，方長萬里，形似偃盆，中央小狹上廣。其一角正北，干[28]辰星之精，名曰閬風臺。一角正西，名曰玄圃臺。其一角正東，名曰崑崙宮。一處[29]有積金，爲天墉城，面方千里，城上安金臺五所，玉樓十二。其北户山承淵山，並其支輔。又有墉城金臺玉樓，相似如一[30]，流精之闕，光碧之堂，瓊華之室，紫翠丹房，景雲燭日，朱霞九光，西王母之所治。上通璇璣元氣，流布五常玉衡，普引九天之澳，灌萬仙之宗根，天地之紐，萬度之柄矣。上生金銀之樹，瓊柯丹寶之林，垂蘇珊以爲枝，結玉精以爲實。其樹悉刻題《三十六國音諸天玉文》，上棲紫鷟鳳鸞、白雀朱鶪、鵾雞靈鵠、赤鳥青鵲，下則飛禽遊獸，與崑崙同生，初無死耗。但玄文寶經隱書古字，有千二百億萬言，在玄圃之上，積石之陰。仙人有九萬人，皆停散於靈山。學者恒誦《諸天内音外國三十六音》《地下九壘之音》。九年，仙人自當降送靈山之神奇；三十六年，得乘五色雲輿，上登崑崙之山也。

【校記】

〔1〕"待"，《上清外國放品青童内文》卷上作"持"。

〔2〕"岱"，上書作"逮"。

〔3〕"銘"，上書作"名"。

〔4〕"耶尼"，上書作"那邑"。

〔5〕"元壽命"，上書作"無壽"。

〔6〕"北"，疑當作"此"。

〔7〕"降"字原缺，據《上清外國放品青童内文》補。

〔8〕"彼",《無上祕要》卷十六作"波"。

〔9〕"月",上書作"明"。

〔10〕"元達",上書作"元建",《上清外國放品青童內文》作"天達"。

〔11〕"周",上二書均作"固"。

〔12〕"虛",《上清外國放品青童內文》作"空"。

〔13〕"王",上書作"主"。

〔14〕"元",上書作"無"。

〔15〕"扎",疑當作"札"。

〔16〕"星",《上清外國放品青童內文》作"皇"。

〔17〕"无",上書作"元"。

〔18〕"勤",上書作"勒"。

〔19〕"文"原作"交",據上書改。

〔20〕"號"後,上書有"昇"字。

〔21〕"羅",上書作"維"。

〔22〕"日生",上書作"星"。

〔23〕"地"字後,原有"一面"二字,據上書刪。

〔24〕"去四方之岸二十",上書作"去岸二十五"。

〔25〕"天",上書作"大"。

〔26〕"生",本書卷二六《十洲三島·元洲》作"有"。

〔27〕"在"原作"而",據《上清外國放品青童內文》改。

〔28〕"干"原作"千",據上書改。

〔29〕"處",本書卷二六《十洲三島·崑崙》作"角"。

〔30〕"相似如一",上書作"相映如"。

雲笈七籤卷之二十三

日月星辰部

總叙日月

《黄氣陽精三道順行經》曰：日，陽之精，德之長也。縱廣二千四十里，金分[1]水精暈於内，流光照於外，其中有城郭人民七寶浴池。池生青黄赤白蓮花，人長二丈四尺，衣朱衣之服，其花同衰同盛。日行有五風，故制御日月星宿遊行，皆風梵其綱。金門之上，日之通門也。[2]金門之内，有金精冶鍊之池，在西關左[3]之分。故立春之節日，受鍊魂[4]於金門之内，耀其光於金門之外，四十五日乃止。順行之洞陽宫，洞陽宫，日之上舘也。立夏之日，止於洞陽宫，吐金冶之精，以灌於東井之中[5]，沐浴於晨暉，收八素之氣，歸廣寒之宫也。

月暉之圍，縱廣二千九百里[6]。白銀瑠璃水精映其内，城郭人民與日宫同，有七寶浴池，八鶱之林生乎内，人長一丈六尺，衣青色之衣。常以一日至十六日，採白銀瑠璃鍊於炎光之冶，故月度盈則光明。比十七日至二十九日，於鶱林樹下採三氣之華，拂日月之光也。秋分之日，月宿東井之地上廣靈之堂，乃沐浴於東井之池，以鍊月[7]魂，明八朗之芒，受陽精於[8]日暉，吐黄氣於玉池。諸天人悉採玉樹之華，以拂日月之光。月以黄氣灌天人之容，故秋分是天人會月之日也。

《老子歷藏中經》云：日月者，天地之司徒司空也[9]。日姓張名表字長史，月姓文名申字子光。《太丹隱書》云：紫微夫人姓王諱清娥字愈音，云是西王母第二十四女。紫微宮在北溟外羽明野玄壟山，山在崑崙之東北。紫微説："阿母言曰：'欲存日月氣者，當知日月景象。'日圓形而方景，月方精而圓象。景藏形内，精隱象中，景赤象黄，是爲日月之魂。若知其道，乃可以吐納流霞耳。"

三奔錄

三奔之道，當按奔景之神經，經中節度，曉夕修行，不得傳及非人。如怠慢不專，輕泄漏慢之者，身受冥責，一如經戒。

奔　日

日中赤氣上皇真君諱將車梁字高騫爽。此位號尊祕，經雖無存修之法，而云知者不死，當宜行事之始，心存以知，不得輒呼。月法亦然。

奔　月

月中黄氣上黄神母諱曜道支[10]字玉[11]薈條。其奔月齋静存思，具如日法。

奔　辰

木春王，火夏王，金秋王，水冬王，皆依曆以四立日前夜半爲王之始，各[12]七十二日，至分至日前各王十八日，分至日之前夜夜半爲王之始。有星時可出庭中，坐立適意，有五星中相見者。次當修服之時而出庭中，坐勝於立。可於庭壇向星敷席施桉[13]，燒香禮拜訖，正坐而爲之。若無星之時，天陰之夕，可於寢室中存修之也。星行不必在方面，亦隨所在向而修行，謂五星所在而向之，不必依星本方之面，猶如木或在西也。一夕服五星常令周遍，隨王月以王星爲先。若静齋道士，亦可通於室中，存五星之真文，方面而並修之。不閑筭術，不知星之所在，又久静長齋者，可常於室中，依五星本位之方面而存修之也。

太上玉晨鬱儀結璘奔日月圖

《太上隱書·中篇》曰：子欲爲真，當存日君。駕龍驂鳳，乘天景雲。東遊希林，遂入帝門。精思乃得，要道不煩。名上清靈，列位真官。乃執《鬱儀文》。《太上隱書·中篇》又曰：子欲昇天，當存月夫人。駕十飛龍，乘我流鈴，西到六嶺，遂入帝堂。精思乃見，上朝天皇。乃執《結璘章》。

太上玉晨鬱儀奔日赤景玉文結璘奔月黃景玉章

右《奔日月隱道》，《太上上清太極九皇四真人》所寶祕，玄靈[14]元君之玉章也。自非有金簡玉名及綠字東華，皆不聞見此二章之篇目矣。行之者先清齋百日，絕交人事，乃可爲之也。久久行之，上奔日月，得給玉童玉女各五十人。《太上鬱儀赤文》《結璘黃章》，乃太上玉帝君之靈祕篇也。藏之於九天之房丹瑤之臺，非勤心好真、宿有飛玄天仙之骨錄者，莫[15]得而見聞也。聞其篇目，皆不可妄言稱及，犯者受考三官，天地不赦。初令三百年得宣傳一人，却後七百年乃復得傳[16]一人，若神真冥[17]告有宜授者，傳之也。傳授之法，皆師友相受，以崇[18]玄科也。授非其人，不遵法度，爲泄宣天文也。漏慢違誓，死爲下鬼，乃七祖受考風刀之罪。自非同氣，寧當閉口。西玄山洞臺中有此二經，刻以玉簡，書以金字，及王屋清虛天皆有而不備具，唯太玄宮高上臺及蓬萊府北室金柱玉壁刻文，並備具也。中宮仙人，泰清諸官並不知此書是何事也。

峨嵋山北洞中石室户樞刻石書字

"《鬱儀》引日精，《結璘》致月神，得道處上宮，位稱大夫真。"一云帝君真。凡二十字，下仙見之，甚自不解其意義是何等事也。如此仙人自有不見其篇目錄者多矣，其金液九丹蓋小術也，皆不得飛行上清。欲行此道，不必賢愚，但地上無此文耳。真官玄法，啓誓乃傳，有得而行，位爲上真。乃乘八景瓊輪，遊行九晨。詣太素宮見太一帝君，俱朝元晨。故《祕言》曰："子得《鬱儀》《結璘》，乃成上清之真，不修此道，不得見三元君。"

太上鬱儀日中五帝諱字服色

日中青帝諱圓常無字照龍韜[19]，衣青玉錦帔蒼華飛羽帬，建翠芙蓉晨冠。

日中赤帝諱丹虛峙字綠虹映，衣絳玉錦帔丹華飛羽帬，建丹符[20]靈明冠。

日中白帝諱浩鬱將字廻金霞，衣素玉錦帔白羽飛華帬，建浩靈芙華冠。

日中黑帝諱澄增停字玄綠炎，衣玄玉錦帔黑羽飛華帬，建玄山芙蓉冠。

日中黃帝諱壽逸皁字飈暉像，衣黃玉錦帔黃羽飛華帬，建芙靈紫冠。

右日中五帝君諱字服色，欲行奔日之道，當祝識名字，存五帝服色在我之左右前後。

月中夫人魂精內神名曖蕭臺摽[21]。

右月魂配五帝，次又存祝之。能知月魂名，終身無災，萬害不傷。太上藏日月帝君夫人諱字於太素宮，有知之者神仙。

太上結璘月中五帝夫人諱字服色

月中青帝夫人諱隱娥珠[22]字芬豔嬰，衣青華瓊錦帔翠龍鳳文飛羽帬。

月中赤帝夫人諱逸寥無字婉筵靈，衣丹蘂玉錦帔朱華鳳落飛羽帬。

月中白帝夫人諱靈素蘭字鬱連華，衣白珠四出龍錦帔素羽鸞章飛華帬。

月中黑帝夫人諱結連翹字淳厲金，衣玄琅九道雲錦帔黑羽龍文飛華帬。

月中黄帝夫人諱清瑩襟字炅定容，衣黄雲山文錦帔緑羽鳳華繡帢。

已上五夫人頭並頮雲三角髻，髮垂之至腰。

右月中五帝夫人諱字服色。欲行奔月之道，當祝識名字，存夫人服色在己之左右前後。

日中五帝魂精内神名珠景赤童。

右日魂月魄[23]五帝五夫人，次又存祝之。能知日魂名，終身無疾，萬災不犯。太上藏日月魂名於紫靈玉宫，有知之者，通神使靈。

存奔日月道者，任意所便行爾，不必盡爲之也。欲得静室隱止，唯令見日月之始暉處也[24]。若不絶人事，與外物相干者，不得行此道也。夜半常燒香，存五帝五夫人名字，心祝曰："願與帝君太一五神，合景如一。"於是二十四年，亦白日昇天，亦不必行奔存之道也。常存在我之左右并心祝竊誦，勿令耳聞。

太素真人受太帝君日月訣法

太素真人曰："子存日精五帝君，口含《太上鬱儀文》，須此道成乃見日中君，無此徒勞自煩冤。"

太素真人曰："子存月精五夫人，口含《太上結璘章》，須此道成乃見月中夫人，無此徒勞自悼傷。"

右二條，太素真人受太帝君訣言。《太上隱書》云存時執之，帝君云含之，太素真人教裴君存時含一文執一文，並行之也。

太素真人傳清靈真人裴君二事，《太上鬱儀結璘之章》，以致日月之精神，上奔日月，通天光飛太空之道也。皆乘雲車羽蓋，駕命羣龍，而上昇皇天紫庭也。《内視中方》曰："子欲步空，當存日月。子[25]欲登清靈，當存五星，密室密行，不出宇庭。"此之謂也。《素奏丹符》曰："大哉《鬱儀》，妙乎《結璘》，非上真不見，非上仙不聞，以致[26]日月五精之神，乘龍步空，足躡景雲，遂與五帝，上入天門。有人聞之，慎勿妄言。去世可出，誓金乃傳。要傳弟子，有心之人。勿[27]道篇目，玉童上言。泄則被考，身終不仙。玉女玉童，去而弗還。書文必失，獲刑三官。子其慎言，言爲罪源。"

大方諸宮服日月芒法

常存心中有日象大如錢，在心中赤色。又存日有九芒，從心中出[28]喉至齒間，而芒廻還胃中。如此良久，臨目存自見心胃中分明。乃吐氣漱液，服液三十九過止。一日三爲之，行之十八年得道，行日中無影。恒存日在心中，月在泥丸宮。夜服月華如服日法，存月十芒，白色從腦中下入喉，芒亦未出齒而廻入胃。

太上玄真訣服日月法

東卿司命君曰："先師王君昔見授《太上明堂玄真上經》，清齋休粮，存日月在口中。晝存日，夜存月，令大如鐶。日赤色，有紫光九芒；月黃色，有白光十芒。存咽服光芒之液，常密行之無數。若不修存時，令日月還住面明堂中，日居左，月居右，令二景與目瞳氣合通也。此道以攝運生精，理和[29]魂神，六丁奉侍，天兵衛護，此上真道也。"大都口訣正如此。

服日子三五七九玄根氣法

食玄根之氣法，使人體中清朗，神明八聰，身有日映，面有玉澤，眼生明光，齒含紫氣，堅腸華藏，長生久視，服吸朝液，懸粮絶粒，道要於金液，事妙於水玉，所謂吐納自然之太和，御九精之靈氣者也。夫道之爲用，貴自然也。德之爲靜，尊恬愉也。攝自然以表真，抱沖漠以不邪[30]者，則橫犯不生，非害自滅。此乃三五七九之氣，可謂要道之旨也。

兆卧未起之時，存口中有一白氣，大如雞子黃。雞黃之外，又有五色氣。五色氣宛轉自生，結溢黃外，須臾乃滿心口中，名曰三五七九日子玄根之氣也。又存心胃口之中有一女人，如嬰兒之形無衣服也。正立胃管[31]門口，號曰九天玄女，承注魂液，仰噏口中雞子黃之五色氣也。常漱滿口中內外上下，以舌廻吸日氣五色，津液滿口吞之，存使津液下入玄女之口。如此三過畢，又叩齒三通，微祝曰："玉清高上，九天九靈，治在玄府[32]，下入胃清。金和玉映，先自虛生，名曰淳鑠，字曰豔[33]精。鍊魂抱魄，心開神明，服食日子[34]，金華充盈。"良久都畢，以手拭兩目二七，又以兩手相拭，極力摩面眉目之間鬢膚之際小熱，使薰薰然也。此太上服三五七九日子玄根之道也。

服日月氣法

服日氣之法，以平旦採日華，以夜半存之，去面前九寸，令方景照我泥丸，下及五藏，洞徹一形。引氣入口，光色慰明[35]，良久乃畢，則常得長生矣。

又　　法

夜半生氣時若雞鳴時，正臥閉目，存左目中出日，右目中出月，並徑九寸，在兩耳之上。兩耳之上，名為六合高牕也。令日月使照一身，內徹泥丸，下照五藏，腸胃之中，皆覺見了了，洞徹內外，令一身與日月光合。良久畢，叩齒九通，咽液九過，乃微祝曰："太上玄一，九皇吐精，三五七變，洞觀幽冥。日月垂光，下徹神庭，使照六合，太一黃寧。帝君命簡，金書不傾，五老奉符，天地同誠。使我不死，以致真靈，却遏萬邪，禍害滅[36]平。上朝天皇，還老反嬰，太帝有制，百神敬聽。"畢乃開目，名為日月練根，三元校魂，以制御形神，辟諸鬼氣之來侵，使兆長生不死，多[37]存之矣。

又　　法

又存左目為日，右目為月，共合神庭之中，却上入於明堂，化生黃英之醴[38]，下流口中，九咽之以哺太一。常以生氣時存之，畢微祝曰：

"日月上精，黃水月華，太一來飲，神光高羅。使我長生，天地同柯。"畢，五日一行之。口中舌上爲神庭。存日月既畢，因動舌，覺有黃泉如紫金色從舌上出，上流却入明堂，爲黃英之醴也。存思之時，當閉目絶[39]念。

太一遊日服日月法

太一常以甲午丙午戊午日日出時，下遊絳宮，合形真人及兆身。絳宮真人者，處心中之丹田，中元真人居其心中也。先存思真人忽然與太一合形，又存我入絳宮中忽然復與太一合形，於是絳宮之中，惟覺有太一之身，身形象服如兆體也。但令形細眇然，似初生孩子之狀。又存兩鼻孔下，左有日，右有月，日中有黃精赤氣，月中有赤精黃氣。精者，二明之質色；氣者，日月之烟也。二氣鬱鬱，來入絳宮。絳宮溢滿，二氣復上入洞房中。洞房中鬱滿，又下至黃庭中。黃庭中者，臍下三寸下丹田宮中也。二氣既滿，又入填溢太倉中。二氣洞徹，鬱鬱積胃管中。存太一上行，正當胃管中，南向呼召下元丹田黃庭真人，衣黃衣，巾黃巾，與太一共坐，飲食精氣二十七咽。良久畢，存黃庭真人，呪曰："日月之華，黃赤二精。圓光合氣，上發大明。三元飲食，太一受靈。"又存太一與中元真人還入絳宮，黃庭真人還下丹田，太一與我合形還六合宮。

求月中丹光夫人法

求仙之道，當以夏至之日夜半，入室南向，眠坐任意，閉眼內思月中丹光夫人姓諱，形長八寸八分[40]，頭作頹雲之髻，著丹錦帬，口銜月光入兆身心絳宮之中。須臾月光散爲黃氣，帀降[41]一形。夫人在月中央，採空青之花[42]，散拂黃氣之中，口吐陽精赤氣，以灌兆形，從內[43]帀外，黃赤二氣更相纏繞，洞映一身。夫人以《紫書丹字六音》授於兆身，便引黃氣二十四咽，引陽精十二咽止。即叩齒二十四通，仰呪曰："流火萬頃，洞陽之精，陽安之館，三華玉城。金仙内映，八素四明，九曜降氣，上仙高靈。夫人焚香，散華玉清[44]，丹書紫字，結音空清。瀾池玉潤，流灑八溟，朱光流翳，普天[45]鮮榮。廻晨曲曜，映監我形，形與朱日[46]，同死同生。乘空駕虚，參御飛駢。玉女弼位，金童輔靈。翠羽輕蓋，上造帝庭。"畢，咽氣二十四過，咽液十二過，止，便服《紫書丹字》。行此道八年，夫人授兆丹書真文、月中玉璫，令飛昇上造洞陽之宮。

服日月六氣法

夫氣者，神明之器，清濁之宗[47]，處玄則天清，在人則身存。夫死生虧盈，蓋順乎攝御之間也。欲服六氣，常以向曉[48]寅丑之際，因以天時告方面之時也[49]。太霞部暉，丹陽誕光，靈景啓晨，朱精啓時[50]之始也。先存日如雞子在泥丸中，畢，乃吐出一氣。存氣爲黑色，名之尸氣。次吐二氣，存氣[51]爲白色，名之故氣。次吐三氣，存氣爲蒼色，名之死氣。思其氣，吐亦良久也。凡出三色，合吐六氣也。畢，又徐徐引納黄氣四過。畢，輒咽液三過。爲之三，畢，乃存泥丸中日從目中出，當口前令相去九寸，臨目髣髴如見之。覆止[52]，乃起坐，動摇四體，俯仰伸引，令關脉調轉，存咽津佳[53]。夜即存月在泥丸中如存日法。若存月，當以月一日夜至十五日住，從十六日至三十日是月氣衰損，天胎虧縮，不可以夜存也。此法至妙，能行者仙。

金仙内法

《金仙内法》，感降靈畢，常以月五日夜半子時存日烏從兆口入，住在心中，使光照一心。一心之内，與日同光，共相合會，赫赫炯炯。當覺心暖，霞暉映曖，良久有驗。乃密呪曰："太明育精，内練丹心，光暉體合[54]，神真來尋。"畢，咽液九過，叩齒九通止。到十五日二十五日二十九日，復作如前。一月之中，四度如上，使[55]人開明聰察，百關解通，萬神洞徹[56]，面有玉光，體有金澤。行之十五年，太一遣寶車來迎，上登太霄，遊宴紫極。行之務數，不必一月四辰也。

存思日月法

凡入山，思日在面前，月在腦後。凡暮臥，思日在面上，月在足後，赤氣在內，白氣在外。凡欲從人，各思日月覆身而往，當無所畏。

向日取嚥法

欲得延年，當[57]洗面精心，至日更洗漱也。日出二丈，正面向日，口吐死氣，服日後便爲之，死氣四時吐之也。鼻噏日精，須鼻得嚥便止，是爲氣通。若不得嚥，以軟物通導之，使必得嚥也。以補精復胎，長生之方也。向日正心，欲得使心正，常以日出三丈，取嚥訖仍爲之。錯手著兩肩上，左手在上，以日當心，開衣出心，令正當之。常能行之佳。

雙景翼形隱道[58]

鷄鳴時，東方天色纔變之時，坐臥任意，閉目握固。存日月之象在六合之府，日左月右，六合府在兩目之上角，即眉後空處是也，入皮一分，仍辟方九分[59]。日色赤，九紫芒，月色黃，十白芒也。存使光明洞形，令髣髴在位。存令日月合照，光芒交映，而洞徹身面也。閉目極念，無得遺脫。畢，叩齒七通，咽液九過，而微祝曰："太明靈神，化度鬱青。招霞藏暉，灌練五形。宮駕六合，七神調平。使我飛仙，登行上清。"行之十五年，玉皇遣三素雲迎兆也。

食竹筍 鴻脯附

服日月之精華者，欲得常食竹筍[60]者，日華之胎也，一名大明；又欲常食鴻脯者，月胎之羽鳥也，一名月鷺。欲服日月，當食此物氣感通[61]之。太虛真人曰："鴻者，羽族之總名也。其鵠鴈鵝鷗，皆曰鴻鷺也。"古詞曰:"鴻鷺千[62]年鳥,爲肴致天真,五帝銜月華,列坐空中賓。"此古之《漁父詞》也。

【校記】

〔1〕"四"原作"三","分"原作"物",據《上清黃氣陽精三道順行經》及《無上祕要》卷三《日品》改。

〔2〕"日之通門",上二書分別作"日行通明""日行通門"。

〔3〕"左",《上清黃氣陽精三道順行經》作"耶尼"。

〔4〕"受鍊魂"原作"更鍊魄",據上書及《無上祕要》卷三《日品》改。

〔5〕"於東井之中",上二書作"洞陽之宮"。

〔6〕以上十一字,上二書作"月縱廣一千九百里,月暈圍七千八百四十里"。

〔7〕"月"原作"日",據上二書改。

〔8〕"於"字原無,據上二書增。

〔9〕此句,本書卷十八《老子中經·第十神仙》作"天之司徒司空公也"。

〔10〕"支",《上清洞真天寶大洞三景寶籙》卷上《奔月法》作"友"。

〔11〕"玉",《上清眾經諸真聖祕》作"正"。

〔12〕"各"原作"冬",據《上清洞真天寶大洞三景寶籙》卷上《奔辰法》改。

〔13〕"桉"原作"按",據上書改。

〔14〕"靈",《上清太上帝君九真中經》(下稱《九真中經》)及《太上玉晨鬱儀結璘奔日月圖》(下稱《奔日月圖》)均作"虛"。

〔15〕"莫"原作"英",據《奔日月圖》改。

〔16〕"傳"字原缺,據上書及《九真中經》增。

〔17〕"冥"原作"宣",據上二書改。

〔18〕"崇"原作"宗",據上二書改。

〔19〕"照龍韜"原作"昭龍韜",據上二書及《上清眾經諸真聖祕》改。

〔20〕"丹符",《九真中經》作"丹扶",《奔日月圖》作"丹芙蓉"。

〔21〕"標",《奔日月圖》及《上清衆經諸真聖祕》均作"標"。

〔22〕"隱娥珠",《九真中經》及《上清衆經諸真聖祕》作"娥隱珠",《奔日月圖》作"朱隱娥"。

〔23〕"魄",疑當作"魂"。

〔24〕上句原無"見"字、"始"字,據《九真中經》及《奔日月圖》增。

〔25〕"子"原作"王",據《奔日月圖》改。

〔26〕"致"字原缺,據上書補。

〔27〕"勿",上書作"妄"。

〔28〕"出",本書卷四五《服日月光芒》第二十四作"上出"。

〔29〕"和"字原缺,據《上清明堂元真經訣》及《真誥》卷九增。

〔30〕"抱沖漠以不邪",《上清九天上帝祝百神內名經》"沖"作"恬","不"作"正"。

〔31〕"胃管"後,上書有"中張口向胃管"六字。

〔32〕"府",上書作"玄",《無上祕要》卷七六作"中"。

〔33〕《無上祕要》卷七六"淳"作"渟","䰟"作"元"。

〔34〕"子",本書卷十一《口爲章》第三作"精"。

〔35〕"慰明",《道藏輯要》本作"鮮明"。

〔36〕"滅",本書卷十一《上有章》第二作"咸"。

〔37〕"多",《洞真太一帝君太丹隱書洞真玄經》作"夕夕"。

〔38〕"醴"原作"體",據上書改,下同。

〔39〕"當閉目絕"原作"常閉目施",據上書改。

〔40〕"八寸八分"原作"八寸分",據《上清黃氣陽精三道順行經》增。

〔41〕"降"原作"絳",據上書改。

〔42〕"花"原作"林",據上書改。

〔43〕"內"原作"向",據上書改。

〔44〕"散華玉清"原作"散玉華清",據上書改。

〔45〕"流翳普天",上書作"翳普天仙"。

〔46〕"形與朱日",上書作"得與朱月"。

〔47〕《上清三真旨要玉訣》"器"後有"匠"字，"宗"後有"淵"字。

〔48〕"曉"後，上書有"面"字。

〔49〕以上十字，上書作"因以天時造始必以方面，此之時也"。

〔50〕"啓時"，上書作"發明"。

〔51〕"存氣"原無，據上書增。

〔52〕"覆止"，上書作"復乘目納引取赤氣七過，七過畢，復咽液三過止"。

〔53〕"存咽津佳"，上書作"都畢也，存咽液須令青色"。

〔54〕"體合"，上書及《真誥》卷九、《登真隱訣》卷中均作"合映"。

〔55〕"使"原作"便"，據上三書改。

〔56〕"百關解通，萬神洞徹"，《真誥》卷九及《上清三真旨要玉訣》均作"百關鮮徹"。

〔57〕"當"字原缺，據《登真隱訣》卷中補。

〔58〕此題目，《上清太上九真中經絳生神丹訣》作"雙景翼形隱存幽道"。

〔59〕"入皮一分，仍辟方九分"，《上清紫微帝君南極元君玉經寶訣》作"直入一寸方九分"。

〔60〕"竹筲"，《上清僊府瓊林經》作"竹筲竹筲"。

〔61〕"通"原作"運"，據上書改。

〔62〕"千"原作"十"，據上書及《太上靈寶五符序》改。

雲笈七籤卷之二十四

日月星辰部

總説星

《玄門寶海經》曰：陽精爲日，陰精爲月，分日月之精爲星辰。綱者，連星也。紀者，綴星也。星形正圓如丸，不應似貫珠穿度，又不容作鈴鼻相綴，理宜如破箭竿，還相合以成體。天地初成無子，舉翅飛上，乃在華蓋之下，左有北辰，右有北斗，星辰稍備，東西南北稍正，星辰共以真道要養萬二千物，下及六畜糞土草木，皆被服其祕道要德而生長焉。

北辰星者，衆神之本也。凡星各有主掌，皆繫於北辰。北辰者，北極不動之星也。其神正坐玄丹宮，名太一君也。極之爲言者界也，是五方界俱集於中央，是最尊居中也。中極一名爲天中上極星也，是最居天之中。東方少陽，名爲東極星。西方少陰，名爲西極星。南方太陽，名爲南極星。中央名爲中和上極上星，故最高最尊，爲衆星之主也。北極星，天之太常，其神主昇進。上總九天，中統五嶽，下領學者[1]。北極星圍七百七十里，中有玄臺玉樓真人號飛華君，姓羽靈，諱昌元[2]，著飛精華冠，衣紫錦裳，執玉策。太極君名北辰主帝，制御萬神。中央星是。北極神人坐緑炁之光。北斗星者，太極之紫蓋，玄真之靈床，九皇之神席，天尊之偃房。第一太星，精名玄樞，神曰陽明。第二元星，精名[3]北台，神曰[4]陰精。第三真星，精名九極上真，神曰真人。第四紐星，精名璇根，神曰玄冥。第五綱星，精名太平[5]，神曰丹元。第六紀星，精名命機，神曰北極。第七關星，精名玄陽，神曰天關。第八帝星，名曰高上皇[6]，神曰八景虛元君。第九尊星，精[7]號太微玉帝君，神曰太素七晨元君。斗有魂魄之星，迴旋在斗外，裹纏於斗，斗在[8]內也。其星在[9]陽明、陰精二星之間，是斗魂魄魁首也[10]，名曰天樞魂神。斗次第二星名曰天璇魂神，斗次行第三星名曰天機魄精，斗次行第四星名曰天權魄精，斗次行第五星名曰玉衡魄靈，斗次行第六星名曰闓陽魄靈，斗次行第七星名曰搖光大明。七星去地四十萬里，圍七百二十里，皆金精瑠璃爲其郭，七曜紫暉開其光，號爲帝車，運于中央，臨制四方，分調陰陽，四時五行，皆稟之焉。

北斗君字君時，一字充，北斗神君本江夏人，姓伯名大萬，挾萬二千石，左右神人姓雷名機字太陰，主天下諸仙人。又招搖與玉衡爲輪，北斗之星，精曜九道，光映十天。

北斗九星，七見二隱，其第八、第九是帝皇、太尊精神也。漢相國霍光家有典衣奴子名還車，忽見二星在斗中，光明非常，乃拜而還，遂得增年六百。內輔一星在北斗第三星，不可得見，見之長生，成神聖也。外輔一星在北斗第六星下，相去一寸許，若驚恐厭魅，起視之吉。

黃帝曰：以雞鳴時想北斗七星，而天神下不死藥，益壽不老。又以丁亥之日仰存七星，使煥明於北方，良久陰祝曰："召書上清，役使萬神，上登玉庭，駕景乘空，與天相傾。"

又每立春日東向存北斗來下，却蓋頭，柄指於前吉。南斗神君字流時，南斗字君元。南斗君是河東人，姓趙名赦先字君遷，南斗君坐，左右神人姓戴名道字叔生，大道君子也。

東斗主擊君，西斗主伐君，中斗伏逆君，紫微宮內神姓柳字君明，紫微君字露光，夫人姓王諱叔華。太微星君字卿元，太微內有三皇：一曰皇君，二曰天皇，三曰皇老，此即三元之氣，混沌之真，在太微總領符命也。文昌星神君字先常，天子司命之符也。土官星所主，能致山內菓實，旦爲猿，晝爲猴，暮爲死石。璇璣星君字處行。鉤陳，水星主之。常陳，天之虎賁也。五車，天之五嶽，能致甘露麒麟。三台星，天之陛官，旦爲龍，晝爲蛇，暮爲魚。三神者，三台之靈也。上台神君字顯眞，上台名虛精，主金玉。中台神君字章明，中台名六淳，主祿位。中台兩星小闊。晉張華爲司空，死，其星開。下台神君字際生，下台名曲生，主土田。軒轅星，天之后妃，土官也。其神旦爲羊，晝爲蟹，暮爲鼈。洞明星姓幽昇，諱幽韻。眞人星姓歸珩，諱妙光，字度元，天之司空，主五嶽靈仙。

　　五星者，是日月之靈根，天胎之五藏。天地賴以綜氣，日月繫之而明。東方歲星眞皇君名澄瀾，字清凝，夫人名寶容字飛雲[11]。南方熒惑眞皇君姓皓空，諱維渟，字散融[12]，夫人諱華凝[13]字玄羅。太白眞皇君姓皓空，名德摽[14]，夫人名飇英字靈恩。辰星眞皇君名啓咺，字積原[15]，夫人名玄華，字龍娥。鎭星眞皇君名藏睦，字躭延，夫人名空瑤，字飛賢。二十八宿爲籬落也。織女水官星能致神芝，食之壽與天地無極。傳舍水官星主天符。南戒星同北戒水官星旦爲馬，晝爲鹿，暮爲麋。天市星天之倉曹，神能致明月珠，旦爲木，晝爲兔，暮爲狢。平門土官星能致神女倡樂，旦爲生木，晝爲豕，暮爲蛜蝓。玄冥星姓冥樞，諱定宣覺，字法開度，眞名執[16]，天之游擊也，主伐逆，上總九天鬼神，中領北帝三官，下監萬兆。穀土星能致飛鳥，來朱雀，旦爲雞，晝爲烏，暮爲鳶。積水星能致四方萬物，恣其所欲，坐在立亡。狼星能致天帝君百二十神。

　　夫下有其官，則上有其星，下署置官失，則上星爲其亂。若露慢三光，指斥七曜，呵罵風雨，欺罔玄靈，則致日月薄蝕，星宿流飛。常以十二月四日候天西北水母星長九丈，大三圍，本末正等，見即大水滿天下，急走奔高山可逃也。計然，葵丘濮上人也，姓辛字文子，習星曆之數，知所富利之術。

二十八宿

　　甲從官陽神也，角星神主之。陽神九人，姓賓名遠生，衣綠玄單衣，角星宿[17]主之。乙從官陰神也，亢星神主之。陰神四人，姓扶名司馬，馬頭赤身，衣赤緹單衣，帶劍，亢星神主之。丙從官陽神也，氐星神主之。陽神十三人，姓王名師子，衣青紗單衣，氐星神主之。丁從官陰神也，房星神主之。陰神八人，姓洪名寄生，衣絳緋單衣，房星神主之。戊從官陽神也，心星神主之。心星火也，爲工，故在東方，陽神五人，姓女名涂祖，牛頭人身，衣黃單衣，帶劍，心星神主之。己從官陰神也，尾星神主之。陰神十一人，姓涂名徐澤，兔頭人身，衣青單衣，尾星神主之。庚從官陽神也，箕星神主之。桑木者，箕星之精也。陽神十一人，姓元闕名仲，衣飄飄玉紗單衣，箕星神主之。辛從官陰神也，南斗星神主之。陰神四人，姓陽名多，衣青單衣，持矛，南斗星神主之。壬從官陽神也，牛星神主之。陽神十二人，姓柳名將生，衣絳玄單衣，牛星神主之。癸從官陰神也，女星神主之。陰神姓刁名徐字鬱子，犬頭人身，女星神主之。寅從官孟神也，虛星神主之。槐者，虛星之精也。孟神四人，姓木名徐他，鼠頭人身，衣銀黑單衣，帶劍，虛星神主之。卯從官仲神也，危星神主之。仲神十一人，姓劉名歸生，衣瓊紋單衣，帶劍，危星神主之。辰從官季神也，營室星神主之。營室之內，五色雜神。營室，天子受命之司，水官星神主之。季神八人，姓呂名昇，衣黃錦單衣，營室星神主之。巳從官孟神也，東壁星神主之。孟神七人，姓石名蘇和，豕頭人身，衣黑單衣，帶劍，東壁星神主之。午從官仲神也，奎星神主之。仲神六人，姓黑名石勝，衣丹紗單衣，帶劍，奎星神主之。未從官季神也，婁星神主之。季神十三人，姓竺名遠來，衣流熒單衣，婁星神主之。申從官孟神也，胃星神主之。孟神八人，姓馮名謝君，衣流黃單衣，帶劍，胃星神主之。酉從官仲神也，昴星神主之。仲神四人，姓張名弩小，衣綠青單衣，昴星神主之。戌從官季神也，畢星神主之。季神姓桑名公孫，帶劍，衣白毛單衣，畢星神主之。亥從官孟神也，觜星神主之。孟神十一人，姓王名平，衣龍青單衣，觜星神主之。子從官仲神也，參星神主之。仲神八人，姓銅名徐舒，衣黃緋單衣，帶劍，參星神主之。丑從官季神也，井星神主之。季神九人，名博陽，衣黃水單衣，帶劍，能致鳳凰玄武，東井星神主之。震，乾之長男也，鬼星神主之。長男神五人，姓作名涂于，蛇頭黑身，帶劍，衣赤野單衣，鬼星神主之。坎，乾之中子也，柳星神主之。中男神四人，姓角名石裏，羊頭人身，衣黃韋單衣，柳星神主之。艮，乾之少子也，七[18]星神主之。少子神五人，名勝子，衣飛霞單衣，七星神主之。巽，坤之長女也，張星神主之。長女神五人，姓李名神子，衣赤血單衣，張星神主之。離，坤之中女也，翼星神主之。中女神十人，姓張名奴子，衣赭黑單衣，帶劍，翼星神主之。兌，坤之少女也，軫星神主之。少女五人，姓　名蘇子，衣流黃單衣[19]。

北斗九星職位總主

《黃老經》曰：北斗第一天樞星，則陽明星之魂神也；第二天璇星，則陰精星之魂神也；第三天機星，則真人星之魄精也；第四天權星，則玄冥星之魄精也；第五玉衡星，則丹元星之魄靈也；第六闓陽星，則北極星之魄靈也；第七搖光星，則天關星之魂大明也；第八洞明星，則輔星之魂精陽明也；第九隱元星，則弼星之魂明空靈也。

陽明星，天之太尉，司政主非。上總九天上真，中監五嶽飛仙，下領後學真之人。天地神靈，功過輕重，莫不隸焉。

陰精星，天之上宰，主祿位。上總天宿，下領萬靈及學仙之人。諸[20]學道及兆民宿命祿位，莫不隸焉。

真人星，天之司空，主神仙。上總九天高真，中監五嶽靈仙，下領學道之人。真仙之流[21]，莫不隸焉。

玄冥星，天之遊擊，主伐逆。上總九天鬼神，中領北帝三管，下監萬兆。伐逆不臣，諸以凶勃，莫不隸焉。

丹元星，天之斗君，主命錄籍。上總九天譜錄，中統鬼神簿目，下領學真兆民命籍。諸天諸地，莫不總統。

北極星，天之太常，主昇進。上總九天上真，中統五嶽飛仙，下領學者之身。凡以功勤得[22]轉輪階級，悉總之焉。

天關星，天之上帝，主天地機運。如四時長短[23]，天地否泰劫會，莫不隸焉。

輔星，天尊玉帝之星也，曰常[24]。常者常陽，主飛仙。上總九天，下領九地。五嶽四瀆神仙之官，悉由之焉。

弼星，太帝真星也，曰空[25]。空者常空隱也，主變化無方。

《河圖寶錄》云：第一陽明星，天之太尉，司正主非。上總九天之真[26]，中監五嶽飛仙，下領後學真人，天地神靈，功過輕重。圍九百二十里，有青城玉樓據斗真人號九晨君，姓上靈，諱搖天槌[27]，冠九晨玉冠，衣青羽飛裳，執斗玄圖，坐玉樓中。知內諱者，玉晨下映，飛行太空。

第二陰精星，天之上宰，主祿位。上總天宿，下領萬靈及學仙之人。圍五百五十五里，有五色玉樓攀魁真人號北上晨君，姓育嬰諱激明光[28]，冠玄精玉冠，衣玄羽飛裳，執五色羽節。

第三真人星，天之司空，主神仙。上總九天高真，中監五嶽靈仙，下領學道之人。圍七百七十里，有黃臺玉樓真人號主仙華晨[29]君，姓歸垪，諱度裒蹋[30]，冠飛晨寶冠，衣青羽飛裳，執斗中青籙。

第四玄冥星，天之游擊，主伐逆。上總九天鬼神，中領北帝三官，下監萬兆。圍八百里，有朱臺玉樓步斗真人號玄上飛蓋晨君，姓冥樞，諱搖天柱[31]，冠三[32]華寶晨冠，衣丹錦飛裳，執九靈之節。

第五丹元星，天之斗[33]君，主命籙籍。上總九天諸籙，中統鬼神簿目，下領學真兆民命籍，諸天諸地，莫不總統。圍七百二十里，有素臺金樓躡紀真人號金魁七晨君，姓上開，諱變五道[34]，冠七寶飛天冠，衣白錦飛裳，執青元籍。

第六北極星，天之太常，主昇進。上總九天上真，中統五嶽飛仙，下領學者階級。圍七百七十里，有玄臺玉樓步剛真人號北晨飛華君，姓明靈，諱昌上元[35]，冠飛精華冠，衣紫錦飛裳，執九斗玉策。

第七天關星，天之上帝，主天地機運，四時長短[36]，否泰劫會。圍九百里，有九層玉樓乘龍真人號總靈九元北蓋晨君，姓玄樞，諱開天徒[37]，冠九元寶冠，衣九色錦裳，執暉神之印。

第八輔星，天尊玉帝之星。曰常陽也，主飛仙。上總九天，下領九地、五嶽、四瀆神仙之官。圍九百九十里，有紫炁玉樓遊行三命[38]真人號帝尊九晨君，姓精常，諱空上開正延[39]，冠飛精玉冠，衣九色鳳衣，執火鈴。

第九弼星，太帝真人星。曰空隱也，主變化無方。圍九百九十里，有玉樓紫館徘徊三陽真人號帝真元晨[40]君，姓幽空，諱冥陽暉幽寥[41]，冠飛天玉冠，衣九天龍衣，執帝章。

兆若訴彼之非，明此之是，遏[42]他之惡，申己之善，自責而不怨人，通理而各祈祐[43]，除罪延福，告請天之太尉第一玉皇君。

兆若陰陽學官，干祿求位，告請天之上宰第二玉皇君。

兆若學道期仙，通神達聖，告請天之司空第三玉皇君。

兆若制服鬼神惡逆，誅伐幽顯凶邪，告請天之游擊第四玉皇君。

兆若立功建德，益算延年，告請天之斗君第五玉皇君。

兆若屈滯疾厄，乞申希免，告請天之太常第六玉皇君。

兆若天地否激，炁候不調，告請天之上帝第七玉皇君。

兆若禳却衆災，飛上履下，告請天之尊玉帝第八玉皇君。

兆若變化無方，應救一切，告請天之太帝第九玉皇君。

右九皇君九夫人內姓隱諱，知之延壽千年。常夕夕觀之，想見皇君、夫人形相威光，憶其姓諱，諦存在心。得見第八第九星，延壽無窮。

太上空常飛步錄

太上大道君曰：空常者，天地之魂魄，陰陽之[44]行用[45]。唯斗君名姓別有，具列於後。訣唯有一訣，步剛呪，啓乞願由人臨時作辭及口啓之[46]，在其二十八宿名星圖，具在《流珠正經》，以意詳用。

次南斗君及七宿法。老君曰：「南斗君姓唐名龘[47]字宣道，太原人。」

次西斗君及七宿法。老君曰：「西斗君姓劉名起字石嬰，長安人也。」

次北斗君及七宿法。老君曰："北斗君姓陳名奉字百萬，江夏人"云云。在《流珠》中。

右四斗君四人，星[48]官二十八人，皆受志人配使并乞願，皆如心手相應。無事切不得妄行，却招禍返損人也。

次司命法。

老君曰：左司命一人也，姓韓名思字元信，長樂人也。司録、司伐等屬焉。左司命[49]有三十六大員官。

右司命姓張名獲邑字子良，廣陽人也。司録司非等屬焉。右司命[50]亦有三十六大員官。

天師曰："韓張二司命皆是漢高帝之臣也。"

老君曰："得左右二司命名，可以六甲日蹋地紀，步呪如前二十八宿法，唯訣各隨命配爲司命訣捻之。往往行之二年，便獲長生。請出災厄祕妙[51]之法，久久精修，白日昇舉。"

【校記】

〔1〕以上十七字，《九晨玉經》及《九神玉經》均作"主昇進，上總九天真，中統五嶽飛仙，下領學者之身"。

〔2〕"姓羽靈，諱昌元"，上二書均作"姓明靈，諱長元化"。

〔3〕"精名"原作"名曰"，據《上清紫精君皇初紫靈道君洞房上經》改，下同。

〔4〕"曰"原作"又曰"，據上書删。又"九極上真"，上書作"九極"。

〔5〕"太平"，上書作"天平"。

〔6〕"名曰高上皇"，上書作"精號高上玉皇君"。

〔7〕"精"字原缺，據上書補。

〔8〕"在"後，上書有"魂魄之"三字。

〔9〕"其星在"原缺，據前書補。

〔10〕"是"原作"星"，據上書改。又"也"字前，上書有"星"字。

〔11〕"雲"原作"靈"，據《上清太上八素真經》改。

〔12〕"諱維淳，字散融"原作"諱維淳散融"，據上書改。

〔13〕"凝"，上書作"瓶"。

〔14〕"姓皓空諱德摽"，上書作"諱寥凌字振尋。"

〔15〕"名啓喧，字積原"，上書作"諱啓喧，字精淳"，本書卷二五《奔辰飛登五星法》作"諱啓恒，字精源"。

〔16〕"字法開度真名執"，《九神玉經》及《九晨玉經》均作"字法明度搖天柱"。

〔17〕"宿"，依下文例當作"神"。

〔18〕"七"，《道藏輯要》本作"星"，下同。

〔19〕疑後脫"軨星神主之"，"少女"後脫"神"字，"姓"後空缺二字，蔣力生等校注本作"符離"。

〔20〕"諸"後原有"以"字，據《九晨玉經》及《九神玉經》刪。

〔21〕"流"原作"官"，據上二書改。

〔22〕"凡以功勤得"，上二書作"凡功勤得道"。

〔23〕"短"，上二書作"養"。

〔24〕"常"字原缺，據上二書補。

〔25〕"帝"原作"常"，據上二書改。"空"字原缺，據上二書補。

〔26〕"司正主非。上總九天之真"，《上清河圖寶錄》"之"作"上"，無"司正"二字。

〔27〕"姓上靈，諱搖天槌"，《九晨玉經》及《九神玉經》作"姓上雲，諱法嬰容，字董洞陽搖天槌"。

〔28〕"諱激明光"，上二書作"諱玄上瓮，字昌陽文激明光"。

〔29〕"晨"原作"神"，據上二書改。

〔30〕"姓歸垪，諱度衆蹋"，上二書作"姓歸玡，諱妙陰光，字通度元度凝脂"。

〔31〕"諱搖天柱"，上二書作"諱定宣覺，字法明度搖天柱"。

〔32〕"三"原作"二"，據《上清河圖寶錄》改。

〔33〕"斗"前原有"北"字，據上書刪。

〔34〕"諱變五道"，《九晨玉經》及《九神玉經》作"諱冥通光，字朱煥元變五道"。

〔35〕"諱昌上元"，上二書作"諱長明化，字淵洞源昌上元"。

〔36〕"長短"，上二書作"長養"。

〔37〕"諱開天徒"，上二書作"諱轉光，字會元終明天徒"，又"總靈"作"總雲"。

〔38〕"命"原作"界"，據上二書及《上清河圖寶錄》改。

〔39〕"諱空上開正延"，《九晨玉經》及《九神玉經》作"諱常無瓮，字玄解子空正上開延"。

〔40〕"晨"原作"星"，據《上清河圖寶錄》改。

〔41〕"諱冥陽暉幽寥"，《九晨玉經》及《九神玉經》作"諱空無先，字隱元覺冥陽暉幽寥元"。

〔42〕"遏"原作"過"，據《上清河圖寶錄》改。

〔43〕"各祈祐"，上書作"神所祐"。

〔44〕此後有缺文。按《上清洞真天寶大洞三景寶錄·太上飛步空常錄》云："太上大道君曰：空常者，天地之魂魄，陰陽之威明，空則九天之魂精，常乃九地之魄靈。二氣結中斗之中，爲尊帝之大神，以威輔弼之煥明。"

〔45〕"行用"前有缺文。按《金鎖流珠引》卷二七云："太上老君曰：天地之間有五斗真人，中斗爲首，今人間呼爲北斗是也。目中斗爲君，有尊帝二星……老君曰：東斗君者一人，姓秦名除字干犯，……天師曰：餘南、西、北斗，一依東斗法步祝行用。"

〔46〕"之"，上書作"元"，其後尚有"東斗君者一人，姓秦名除字干犯……"。

〔47〕"麤"，上書作"鹿"。

〔48〕"星"字原缺，據上書補。

〔49〕以上十字，上書作"司錄司罰佐命"。

〔50〕以上十字，上書作"司錄等"。

〔51〕"請出災厄祕妙"，上書作"出消災厄祕"。

雲笈七籤卷之二十五

日月星辰部

北極七元紫庭祕訣一名北帝七元延生真經[1]

吳赤烏二年，葛仙公受[2]之於太上。魏朝時，葉先生傳之於世。太上虛無，北帝真要，上通紫庭。

魁、身，魀、禄，魒、福德男女，䰢、命，魓、官職，魖、壽考，魆。妻妾奴婢。

已上七位，用燈七椀，於道靖內明點，占其明暗，即知本位災厄。凡醮用晦朔之日。

《七元經》云："此日北帝七元真人下降人間，檢句[3]罪福，凡人每[4]醮，求解災厄，即得吉無不利。"

又云："本命日及禄命合日相生之日，犬鼠不至處，剗削草穢淨地之上，用丑亥未時祭之禮，是謂掃地而祭，亦可使白茅藉之。若人能知星名，及所食之物，所行之處，常得吉勝也。"

右件，醮時皆須沐浴齋潔，以燈列位每星下，用桌子一隻，上安供養物，各以茅香水洗過，并洒掃庭室，乃祀之位北[5]，立一紙錢摽，則候摽上錢動，真乃降矣！必除殃降福也，仍不可駐目視真座。凡人但知本屬星名，即得無災，何況久能醮之！祀訖，即看風從何方來，此是求名之方。仍各減少許星糧，以一囊可方一寸貯之，頭戴而行，有急難，三呼本命星名，求其救助。及求餘事，亦呼本命星名。醮用清酒、名茶、淨果、油餅，錢財多少，計自於人。用單狀一紙，列其真位，并述所求意。

一陽明星，應五七。

二陰精星，應第四星第六星一直也。

三真人星，位別亦下[6]步。

四玄冥星，

五丹元星，

六北極星，

七天關星，

輔星，

弼星，

已上並頭戴寶冠，身披霞帔，手執玉簡，真人形狀，醮時存見啓祝。

第八帝星，高上玉皇景光君，見增三百歲。

第九尊星，太微玉帝神君，又云大帝七辰元君，見增六百歲。

已上帝王裝束，並與北斗相近。一云帝[7]在第四星內，尊星在第二星內，皆是帝王天尊之精神，醮時存見。常以每月初三、二十七日夜竊候之，勿令雜人見，誠心久之，無不見者。二星大如七星，光皆紫華，有異常宿，煥然可畏。見皆叩頭，請乞長生飛仙，及心告臨時，既見之後，二帝君當授子真官矣！

上台星名虛精，求之感帝王之夢及金玉，念名求之必應。中台星名六淳，求官祿盛興，念名求之，必得吉遂。下台星名曲生，求妻妾奴婢，念名求之必遂。

右太微帝君曰：欲得延年長生，富貴高遷，須修此術。若久久步之，乃設醮者，能拔七祖罪累并身災厄。凡有厄患，求之自滅。若帝王求道，壽齊三光，千變萬化，坐在立亡，福如山嶽，爲人重愛，修道之者，白日升天。三公卿相，自感帝王愛夢，官祿興盛。須[8]是至淨人家，有此法者，辟一切病患及諸不祥。昔漢劉景被百萬賊軍圍遶，飛矢如雨，士卒失色。唯景安然無怖，散披汗衫，步七星綱，嘿許設醮。即有神人解圍，賊皆散走。此猶是常步醮之法，況此祕密真訣，向來皆真仙口傳之。按《七元科》，每一百年乃傳一人，須有骨錄者，不可妄傳，殃及九祖。如世人未能步綱，但一月兩醮，自當感應。一年辟非橫，二年辟非厄，三年辟死災，四年見真形，千災萬邪，莫能侵害，永無患矣！

一陽明星，子生人屬之，食黍米。

二陰精星，丑亥生人屬之，食粟米。

三真人星，寅戌生人屬之，食糯米。

四玄冥星，卯酉生人屬之，食小豆。

五丹元星，辰申生人屬之，食麻子。

六北極星，巳未生人屬之，食大豆。

七天關星，午生人屬之，食小豆。

醮物料：代人，一十二軀。白米，飯[9]。命絹，一疋。貼體衣，一對。命巾，一丈二尺。金鐶，一對。玉鐶，一對。鹽，一斗二升。祿米，一石二斗。銅錢，一千二百文。豉，一斗二升。案表紙，一百二十張。筆，一管。墨，一梃。香爐，淨水，案。一面。鎮信綵：東方，青絹九丈九尺。南方，緋絹三丈三尺。西方，素絹七丈七尺。北方，玄絹五丈五尺。中央，黃絹一十二丈二尺。菓子所食：李、栗、桃、杏、棗、梨、胡桃、乾柿。淨床，二張。北壁。安一張。《七元圖》，安西南。圖用青絹兩幅長九尺畫之。

凡醮時，燒香了，下食都畢，退後良久凝神，執簡躬身，相去一丈五尺，微呪曰：維某年某月某日[10]某時弟子具銜。次云命屬某星下。

稽首再拜，次對，謹請上聞：七元真君，陽明陰精，光明煥爀，今夜降靈。饗茲薄禮，暫降淨庭。賜臣無畏，身魂安寧。除臣死籍，注臣長生。所求皆得，所作皆成。上感帝王，下感人情，衆人欽愛，飛升紫庭，降臨醮席。

稽首再拜，次對，謹請上聞：七元真君，真人玄冥，降臣淨庭，饗臣微醮。知臣丹誠，願升仙都，太陰無名。役使萬神，六甲六丁，上感天心，下救蒼生，降臨醮席。

稽首再拜，次對，謹請上聞：七元真君，丹元北極，降臣淨域，削臣死名。乞臣道力，壽齊三光，福慶萬億，神人衛身，玉女下直，降臨醮席。

稽首再拜，次對，謹請上聞：七元真君，天關大神，照耀臣身，願臣長生。得爲帝賓，顏如日月，四時長春。下界垢穢，速登上眞。左盼鬱儀，右攜結璘，玉童爲使，玉女爲親，降臨醮席。

稽首再拜，次對斗口，謹請上聞：尊帝二星，北極之靈，人不曾見，見即長生。注臣飛仙，勾臣死名，福慶無窮，與天齊傾。速超仙都，遊行上清。降臨醮席。

稽首再拜，次對，謹請上聞：輔弼真君，一隱一顯，至真至神，佐相北極，環遶紫晨。願施道力，成臣道因。上扶天意，下度迷津，降臨醮席。

稽首再拜，次對西坐，謹請上聞：上台虛精，中台六淳，下台曲生，小臣瀝懇，再拜奉迎。臣具薄禮，臣意不輕。盡心竭力，知臣丹誠。除臣死籍，注臣長生。位在高遷，列官天庭。心意開廓，耳目聰明。三魂永久，七魄不傾。上朝金闕，下謁玉京。乘駕雲龍，位作仙卿，降臨醮席。

稽首再拜。都畢退後，任真饗食。如有心告，臨時啓聞了，宣讀單狀，皆不可高聲，及雜人知見。其天地水三官，設三位於斗杓之下，其土地、直日二分，預燒錢供養，使關奏却穢矣。

祭文：維某年某月某日某時具州里銜次，敢昭告于上天神后北極靈殿七元真君，事意撰文。謹奏此章，冒犯北極，輕黷明神，倍深戰慄之至，謹奏。

又朝夕朝禮，亦心念之呪曰[11]：謹請上聞：七元真君陽明陰精真人玄冥丹元北極天關之靈，去臣死籍，注臣長生。所求皆得，所作皆成。眾人欽愛，飛升紫庭。次念，謹請上聞：尊帝二星，北極之靈，願臣早見，見即長生，福慶無窮，與天齊年。次念，謹請上聞：三台至誠虛精六淳曲生之名，願臣高遷，列官天庭。心意開爽，耳目聰明。三魂永久，七魄不傾。

又《北斗延生神呪》，念之安神延壽。"北斗七元，七靈玉名。貪狼巨門，保臣長生。祿存文曲，護臣生魂。廉貞武曲，衛臣生門。破軍輔弼，保臣長生。除却災厄，絕去邪精。落下死籍，注上生名。脫免三災，拔散九橫。至真攝鬼，羣魔摧傾。學道修真，願臣早成。七元守衛，身飛紫庭。"

凡未下牀及臨眠時，存禮〔12〕安神度厄之呪，皆默念一遍，方下足及卧。呪曰："貪狼之諱，陽明之星，玉皇尊神〔13〕，億萬衆兵，來扶我身。巨門之諱，陰精之星。祿存真人。文曲玄冥。廉貞丹元。武曲之諱，北極之星。破軍之諱，天關之星。七星尊神，千千萬萬，在吾左右。左有青龍名孟章，右有白虎名監兵，前有朱雀名陵光，後有玄武名執明，建節持幢，負背鍾鼓，在吾前後左右，周匝數千萬重〔14〕。急急如律令！"

此法王侯行之，夷夏率服，民人富昌，長生久視，與天同光。道人修之上升，世人行之延壽。祕密而保，忽輕易之。

《北帝七元真形圖》，帶佩之大集福慶。

北斗第一陽明星君〔15〕

北斗第二陰精星君

北斗第三真人星君

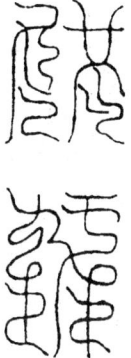

北斗第四玄冥星君

北斗第五丹元星君

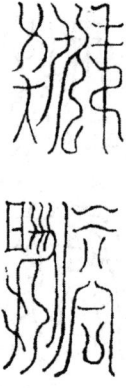

北斗第六北極星君

北斗第七天關星君

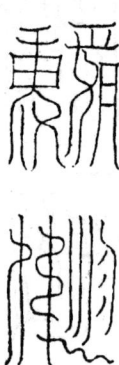

七童卧斗法

凡上學之士，服日月之道，當修七曜之妙法。每以人定之後，當於別室燒香，北首而卧，安身定神，棄絶異念，專心在靈。叩齒二十四通，存思七星焕明北方，己身卧於七星斗中，華蓋之下，七曜之光，流焕紫景之外，冠覆於己身，在紫景之上，七曜之中，内外鬱冥，都無所見。良久，豁除七曜之光，化爲七童，若在一星之上。第一童子諱樞明，第二童子諱曜靈，第三童子諱北元，第四童子諱寶精，第五童子諱丹嬰，第六童子諱靈清[16]，第七童子諱紫映。七童子吐七寶之光，以哺飴兆身。樞明童子吐紫景之光，曜靈童子吐金精之光，北元童子[17]吐瑠璃之光，寶精童子吐白銀之光，丹嬰童子吐玉精之光，靈清童子吐寶珠之光，紫映童子吐珊瑚之光。七寶之光，同入兆身，便引氣四十九咽止，微呪曰："金精凝化，結元七靈。紫曜焕落，朱景洞明。華蓋徘徊，輪轉寒庭，寶光燿燿，七曜纏嬰。玄暉吐蘭，芳芝流盈。夕寢靈館，朝登玉清。璿璣運路，紫景翼形。宴饗雲輪，策御飛軿。遊眄[18]八極，三道合并。"咽液七過止，起以粟米之粉粉身令匝而卧。如此七年，身生七寶之光，頭有紫景華蓋，恒冠兆形，得使通靈玉女七人，降致靈[19]飛雲玄輿，來迎兆身，上升北辰。此道祕妙，上真所修，不行下世。若有刻簡玄名，於未生之前記青録玉文之人，當得此道，得者尅成上仙，爲萬仙之師宗也。輕泄失明形殘，七祖充責刀山，食火三塗，萬劫不原。學士明慎《四極》之旨，深寶之焉！此七童子即七寶之内精，化爲七曜之上真。知其名則不死，修其法則神仙，泄其諱則失明。晨夕存念，則恒衛兆身。若有災厄，困急之中[20]，叩齒七通，呼七童之名，災即自消。此道止可獨知而已，懷抱珠玉，豈可放於垢塵也！明哲祕之。

太上招五辰於洞房飛仙祕道

　　夜半清静，坐卧任意，安體静心，慢氣調神，臨目内視。此法夕夕爲之，坐則各向其方，卧則首向所在，其星光芒煥燿，乃忽然飛來，入在頭位。存西方太白星，白色七光芒，見在天，如今所望，既至目前，漸令小圓，徑七分，仍入其闕，光芒滿方寸之中，餘星倣此。在玉瑞紫闕。在兩眉上，直入一寸仍辟方一寸是[21]，夾明堂兩邊。陽日在左眉上，陰日在右眉上。次存北方辰星，蒼色五芒。在天中帝鄉玄宫。從鼻直上來至髮際五分，直入方[22]一寸是，對天庭宫之上，下去眉二寸，星徑五分也。次存東方歲星，青色九芒。在洞闕朱臺。在兩眉後一寸，直入一寸，方一寸，接六合府下角，陽日在左，陰日在右，星徑九分。次存南方熒惑星，赤色三芒。在玉闕華房。在兩眉間五分，直入方[23]五分，陽日在左，陰日在右，星徑三分。次存中央鎮星，黄色四芒，稍向西南，先仰視如見其星，乃平首存之。在金匱黄室長谷。在鼻人中中央直入二分，其星半出外，如綴懸於上，星徑四分。存思都訖，髣髴令星處其位，當覺使五星出光芒，放五色煙，貫我一身，洞徹内外，體中如有薰薰，星精來入也。乃叩齒五通，咽液二十五過訖，星各五咽，存其液，依五星色各入其藏，仍依所存次第爲之也。微祝曰："高元紫闕[24]，中有五神，寶曜敷暉，放光衝門。精化[25]積生，變爲老人。首巾素冠[26]，緑帔絳幓。右帶流鈴，左佩虎真[27]。手把天綱，散絳飛辰。足躡華蓋，吐芒鍊身。三景保守，令我得真。養魂制魄，乘飆飛仙。"欲有祝願在意，祝後續言之，凝思良久。畢，又咽液三過，叩齒三通。常行此十五年，五老來迎，一合俱昇紫虚，行之勿令不常也，存之勿令不精也。行之者忌履穢，禁雜處，常薰香，數沐浴，違之者凋敗，順之者飛仙。

昇斗法

　　常以八節日夜半時，入室正坐，接手定氣，閉目内視。亦北向，乃存一身冉冉起，上飛升北斗魁中。先存天上北斗九星，依時所加之辰，我忽上入魁中，背真人星坐。良久爲之，如覺我形已在斗中也。極念爲之，當覺體中熱，是真氣合德。存斗星紫光灌浹我身，映照内外。又存九精三大神名字服色，但心存名字。上元大神名奇紐[28]，字靈剛，著紫晨冠，鳳羽紫帔，虎錦丹裳，左帶玉佩，右腰金璫，兩手握流金火鈴，不用呼之。中元大神名旋度，字素康，項負圓光，扶[29]晨冠，絳羽華帔，龍帶虎裳。下元大神名抗萌，字流鬱，著扶華綠冠，黄鳳羽帔，龍衣虎帶，佩流金火鈴，手把日芒。天斗之神，則宜形大，使各長二尺許，我亦同之，恍惚令不復覺有今我牀上之質乃佳。三神與我對坐，令背元星坐，上元君左，以次右列之。我心拜之，各一再拜。精想髣髴，遺形眇眇，將令恍惚也。存三大神同問我何不速來？稽首答曰：畏六天三官衆魔之故。三神共怒，振鈴吐氣，煥激八方。又存思忽然斗中玉妃，吐紫煙入我心中。良久忽見一女子，狀如嬰兒，在三神前向我坐，衣服如祝中所言，吐紫煙直去心中，乃心呼曰：斗中九精陰靈玉清上妃名密華，字鄰倩。乃咽液八十過，叩齒九通，舉左手以撫心，微祝曰："太上丹靈，玄光飆煥。九緯啓璇，暉氣澄散。紫晨幽燭，七曜蔚粲。二景奏明，陰陽以判。四度運昌，雲津迴灌。八節啓氣，上升九元。據斗攀綱，奉見三神。問我稽留，何不升仙？我則稽首，畏鬼以前。帝乃赫莊，口銜日根。左破六天，右魘酆山。流鈴上煥，魔首碎分。逐我七魄[30]，强我三魂。藏斗内暉，九精在心。紫霞洞映，飛光萬尋。和魂制魄，六胎修[31]鍊。精感變躍，玉妃忽見。坐當我心，俯視仰盻[32]。其名密華，厥字鄰倩。吐納朱氣，和平百關。身服錦帔，鳳光鸞裙。腰帶虎籙，龍章玉文。手執月華，頭巾紫冠。騰躍太霄，駕景蓋雲。書名太素，我得飛仙。起[33]浮崆峒，垂[34]瓊太元。上造朱房，役使萬神。紀分二度，還反嬰顔。北帝激電，南帝火陳。東倉啓燭，赫赫雷震。西流雙抃，鳴音唱鈞。四舉起躍，薦我玉真。遂乘八景，遨宴九煙。"畢，接手如初。咽液三十過，叩齒九通，又祝如前。又攝而祝。畢，起向西北再拜。畢，開目。行之四十年，太上迎以瓊輪，超虛躡空，升登上清，列爲真人，反形嬰顔，衆神侍軒。

卧　　斗

凡暮卧，先存斗九星在所卧席上。身於牀前北向立，兩手撫心，閉氣瞑目，存天上北斗并帝尊九星，依當時所加之位，乃見冉冉來下至席，列如圖，令天關依月建，斗形長九尺，廣六尺，乃燒香於真星之外，若時朔日之夕，即并存晨蓋之星俱下，亦列位如圖。乃從魁下轉至斗口，於尊星外入魁中，正偃卧閉目，存思其星作圓光之象，星紫色，綱赤色，連繞其星，如步圖之者耳。令我頭首九極，使真氣入於泥丸。今真星正當頂上，存真氣紫光通身，入泥丸宮，并溢出混頭腦之內，光映洞徹。足躡尊星，心念飛仙，小屈左足以躡之。令太微制我三魂。尊星中有太微玉帝，請乞制之，心念我得飛仙，魂在三宮中。足躡帝星，心念飛仙，申右足以躡之。令高上拘我七魄。帝星中高上玉皇，請乞拘之，心念得飛仙，拘魄在臍命門中。左手把北台，曲仰左手小舉之，把元星下綱，使星形在虎口上。右手執璇根，直抵覆右手，執紐星綱，使星在虎口上。陰祝星名：安身如法訖，乃瞑目閉氣，次以存呪九星名。

第一太星，精名玄樞，願某名有兩字者具稱之，餘某倣此。飛仙，乘虎駕浮。存星在左右足指前，小遠之。

第二元星，精名北台上真[35]，願某飛仙，遊行洞台[36]。存星右手把之。

第三真星，精名九極上真，願某飛仙，得治三玄。存星在頭頂上。

第四紐星，精名璇根，願某玉名，列爲飛仙。存星右手執之，令成魁形。

第五綱星，精名天平，願某飛仙，登行上清。次紐星右。

第六紀星，精名命機，願某飛仙，名書太微。次綱星右。

第七關星，精名玄陽，願某飛仙，得使玉童。次紀星右，令成斗形，悉使在卧席上也。

第八帝星，精名高上玉皇，願某飛仙，得登後聖之堂。存星在魁中，綱連紐星，令對右足心。

第九尊星，精名太微帝君，願某飛仙，得入丹闕玉房。更都存九星一時俱見。

乃叩齒三七通，咽液三七過，陰祝曰："九星太精，北極真君。益我胎精，強我三魂。左引日華，右拘月津。辰中黃景，元虛黃真。使我飛仙，上登紫晨。《神虎玉符》，常守生門。萬邪伏法，受形斗君。"存洞房。所存所祝都畢，良久乃存斗星之精，忽然入洞房中。存席上九君并綱，一時分精作促小之形，從氣戶却入洞房中，偃魁向上，以杓指前，是即席上、頭中兩處俱有也。洞房魁中，左有黃老君魂，玉色黃繡衣。右有己魄[37]，是第二魂胎光，其形服如我，與黃老對坐。中有泥丸赤子帝君，亦繡衣向外坐。光照一身，洞徹五內，三關百節，皆令赤赫。然後陰祝曰："洞房元精，赤子太尊。斗光華蓋，來照泥丸。寶鍊骨血，拘魄制魂。使某飛仙，乘雲登辰。上朝玉帝。太一元君。"都畢。乃閉目息念，忘形安眠。青童君曰：臥北斗陰精，致仙使靈，洞房致北斗陽精，使五藏自生，遂得乘景，遊行上清。月朔存華辰紫蓋，唯月朔一日一存。此夕所存辰蓋，止存席上，不分精入洞房也。先存九星竟，即存辰蓋，次祝九星名，以至於畢也。平旦欲起，常密叩齒二七通，咽液二七過，服久或有反側，令欲起，當更正安手足，存九星如法，乃叩咽祝之。陰祝曰："天元上斗，中有[38]七童。上清紫精，在兆身中。華辰紫蓋，太素玄宮，後聖靈氣，下入洞房。使我飛仙，得行[39]太極金堂。"祝畢，存九星歘然無象，朔夕辰蓋亦然。所云平旦起者，謂專行此事，夜中更無他務耳。若夜中須起行諸事，亦宜祝而乃起。若更臥者，能重存爲佳。不止一臥一起一祝耳。行此十八年，必色反嬰顏，一旦有九[40]星之精變成九老之公，並俱來下，迎兆身白日登晨。

存二十四星法

常以月朔之夕，生氣之時，安臥閉目，向上心存二十四星，星大一寸，如連結之狀。又存一星之中，輒有一人，合二十四人。人皆如小兒始生之狀，無衣服也。於是二十四星，直從天上虛空中來下，廻繞一身三匝。三匝畢，以次咽入口，凡作二十四咽，咽時輒覺吞一星也。覺從口内徑至臍中，臍中名曰受命之宮也。又覺星光照一腹內，洞徹五藏。又存星光化爲二十四眞人，並吐黃氣如煙，以布滿腹中，鬱鬱然洞徹內外也。良久微呪曰："二十四眞人，廻入黃庭，口吐黃氣。二十四星，灌我命門，百神受靈。使我骨強，魂魄安寧。五藏受符，天地相傾。"畢，名曰眞氣入守命門，以辟災禍百鬼之疾，令人長生不死。

奔辰飛登五星法

後聖李君奉受《八素眞經奔辰隱書》，施行其法，乃致太微天帝下迎，五星同輿，乘玄[41]華三素，北登玉清，受書爲上清金闕帝君。

飛登木星之道：歲星員鏡，木精玄朗東陽之胲。星中有九門，門中出九鋒芒，鋒芒光垂九百萬丈。一門輒有一青帝備門，奉衛於中央青皇眞君。在中央有始陽上眞青皇道君，諱澄瀾，字清凝。夫人諱寶容，字飛雲，治在木[42]星之內，鎮守九門，運青光流鋒以照上下之眞。欲飛登之法，常思見歲星，當正心視星，以右手拊心而禮之，左手掩兩目，乃九閉炁，又[43]叩齒二十七通，咽液九過，使目閉於手下，心呼歲星中眞皇之君、君夫人名諱字三過畢，曰："願得與始陽青皇眞君、君夫人共乘八景碧輿，上登太上宮。"言畢，乃臨[44]閉目於手下，向星微呪曰："天光[45]交和，精流東方。仰望九門，飛霞散鋒。始陽碧臺，中有青皇。青牙垂暉，映照九方。鬱粲夫人，字曰飛雲。齊服靈錦，虎帔虎帬。腰帶鳳符，首巾華冠。出無入虛，遨遊太元。前策青帝，後從千神。來見迎接，得爲飛眞。上登玉清，高上之房。"呪畢，去手瞑目對星，服星之光二十七吞，存視星九芒，使盡來入喉中也。都畢，又叩齒三通。常行之十四年，木星中青皇大君奏聞高上玉清宮，刻太微藥簡，定名玉書，位爲上清上飛眞人。木星有九門，門內有九青帝，其一帝輒備一門，以奉承於中央青皇上眞人君也。青皇者，東方之上眞，始精之尊神也。出入玉清，與高上爲友也。其門內青帝，或號青靈之公，或號青眞，或號青精，或號青帝君，並受事於中央青皇也。行《八素》之祕道者，則致青皇來降已；行五靈之外法者，則致青神來授書。是故道有深淺，致有尊卑。天無星之時，天陰之夕，可於寢室中，向東存修而呪也。天道微妙，玄綱毫分，不必對星而行之也。有星時，可出庭中，坐立適意。所謂上真之道，登東辰之法，不傳地仙輩也。

飛登火星之道：火星玄鏡，丹精映觀南軒。星有三門，門中出三鋒芒，鋒芒光垂三百萬丈。一門內輒有一赤帝備門，奉衛於南真上皇真君。星中央有丹火朱陽赤皇上真道君諱維浮，字散融。夫人諱華瓶，字玄羅。治在火星內，鎮守三門，運赤光飛雲以覆天下之真人也。欲飛登之法，思見熒惑星，正心視星，以左手拊心而禮之，右手掩口乃三閉氣，又叩齒二十七通，咽液九通，臨閉[46]兩目，心呼熒惑真皇君熒惑夫人諱字三過畢，曰："願得與丹火赤皇君、君夫人共乘八景丹輿，上登玉清宮。"畢，乃向星微呪曰："玄象流映，丹光南冥。仰望三門，朱雲絳城。中有丹皇，名曰維浮。夫人內照，是為華瓶。齊服雲霜，鳳華龍鈴。腰帶虎書，首巾飛青。出無入玄，遨翔五城。前導赤帝，後從六丁。來見招延，得真之名。上登玄虛，金書玉清。"呪畢去手，勿復掩口，故臨[47]目視星，服星之光二十七吞，存令星三芒盡來入喉中。都畢，又叩齒三通，常行之十四年，熒惑星中赤皇上真道君奏聞三元上皇帝，刻玄圃瓊簡，定名金書，位為上清上飛真人。熒惑星有三門，門內有三赤帝，其一帝輒備一門，以奉屬於中央赤皇君也。赤皇者，南方之上真，丹官之貴神，出入玉清，與三元上皇為友也。其星中赤帝君者，或號赤靈之公，或號赤神，或號赤精，或號赤帝，並受事於中央赤皇上真大君也。行《八素之隱書》，則致赤皇來降已；行五靈之外法則致赤神來授書。是以道有隱外，文有秘顯爾。乃招真有尊卑之差，求神有上下之序。若無星之時，天陰之夕，可於寢室南向存之。有星可出中庭，坐立任意，此所謂奔南辰之法，不傳地仙，傳之犯洩漏之罪。地仙自復有《八素經》，論服玉炁吐納之道也。又有《九素經》，論召鬼使精行厨檢魂魄之事。止陸行名山，長生不死而已。《八素經》後有天鈞上曲《陽歌九章》，《九素經》後有鳳吹龍嘯《陰歌八章》，此是地仙之祕書也。今所謂《太上奔辰八素》，行上清之道，非地仙之《八素》也。地仙之嘯歌，以待上清之行遊耳。

飛登金星之道：太白星員鏡，金精煥耀西辰。太白星中有七門，門中出七鋒芒，鋒芒光垂七百萬丈。一門內各有一白帝，凡有七白帝備門，奉衛於西真上皇道君。星中央有太素少陽白皇上真道君諱寥凌，字振尋[48]。夫人諱飆英，字靈恩。治在金星之內，鎮守七門，運白光飛精以映上元真人。欲飛登之法，思見太白星，當正心視星，以右手拊心而禮之，左手掩兩鼻孔，乃七閉氣，又叩齒二十七通，咽液九過，臨[49]閉兩目，心存太白真皇君、君夫人諱字三通畢，曰："願得與太素少陽君、君夫人共乘八景素輦，上登玉清宮。"畢，又向星微呪曰："七炁豔飛，光照西方。仰望七門，靈闕激鋒。素暉燭映，德標金宗。中有少陽，號曰白皇。夫人靈恩，治在玉房。齊服皓錦，流鈴虎章。首巾扶晨，腰佩金璫。出空入虛，遊步玉剛，前導白帝，後從六庚。來下見迎，北登墉宮。名書上清，得爲真公。"呪畢去手，勿得掩鼻，故瞑[50]兩目視星，服星之光芒二十七吞，存令七芒盡來入喉中。都畢，又叩齒三通。常行之十四年，太白星中少陽白皇上真道君奏聞太帝玉皇宮，刻上清金闕，定名玉簡，位爲上清左真公，以綜太極。

太白星有七門，門內有七白帝，其一帝輒備一門，以奉屬於中央白皇道君也。白皇者，西方之上真，太素之尊皇，出入玄清，與皇初道君爲友也。其門內白帝君，或號白靈之公，或號白神，或號白精，或號白帝之君，並受事於中央白皇上真大君也。行《八素》之祕妙，則致白皇來降已；行五靈之外道則致白神來授書。尊卑玄盼，故道有淵階矣。若無星之時，天陰之夕，皆於室中寢處[51]，西向存之。有星可出庭中，坐立任意。若靜齋道士，亦可通於室中存五星之真，方面而並修之也。皆上真之道，奔西辰之法，不傳地仙。

一夕服五星，令常周遍。春服星光，以東方爲始；夏服星光，以南方爲始，隨王月以王星爲先口訣也。星行不必在方面，亦隨星所在向而修行口訣也。行事時，不欲令人見其所爲，當隱辟而爲之也。此是太上之隱道，所謂《隱書》者也。隱而復隱，猶恐鬼神竊看其篇題，何可令世之臭骸輕傳授者聞此標迹乎？不可以盲瞽愚人，殊無所知，而令見其道也。凡人身中亦有七神，七神見之亦爲泄漏，不可不深慎也。修《隱書》之道，而發泄《隱書》之名目者，既當受考三官，又適足以作禍也。每欲省按，皆先屏左右人及雞犬之生物，燒香再拜，乃視之也。

飛登水星之道：辰星員鏡，水精洞映北冥。辰星中有五門，門中出五鋒芒，鋒芒光垂五百萬丈。一門各有一黑帝，凡五黑帝，並備一門，奉衛於北真上皇。星中央有太玄陰元黑皇道君，諱啓恒，字精源[52]。夫人諱玄華，字龍娥。治在水星之內，鎮守五門之中，運玄光流明之炁，以朗耀北元之庭當爲真人者。欲飛登之法，思見水星，正心視星，以兩手拊心，拊心畢，舉兩手以掩兩耳，乃五閉炁，又叩齒二十七通，咽液九過，瞑閉兩目，心呼辰星真皇道君、君夫人名字三過畢，曰：＂願得與陰元黑皇道君、君夫人共乘八景蒼輿，上登上清上元宮。＂畢，又向星微呪曰：＂五炁玄飛，光流北方，仰望五門，蒼闕鬱繁。激芒達觀，靈映景雲。中有黑皇，厥字精源。龍娥紛蕰，俱理玄關。齊服蒼帔，紫錦飛帬。腰佩虎符，首巾蓮冠。出凌九虛，入響玉津。前導黑帝，後從六壬。來下見迎，上登紫房。名書太上，得爲玉真。＂呪畢去手，勿復掩耳，故臨目視星，服星之光芒二十七過，存令五芒盡來入喉中。都畢，又三叩齒。常行之十四年，辰星中太玄上皇真君奏聞高上宮，刻琳房玉札，定玉清紫文，位爲上清真公。

辰星有五門，門內有五黑帝，其一帝輒備一門，以奉屬於中央玄皇君也。玄皇者，北方之上真，太玄之尊君，出入上虛，與紫精道君爲友也。其備門黑帝，或號爲黑靈之公，或號黑神，或號爲黑精，或號爲黑帝君，並受事於中央太玄黑真上皇君。行《八素》之隱道，則致北皇來降已；行五靈之外法，則致黑帝君來授書。尊卑差序，故道有隱顯焉。若天陰之夕及無星見之時，可於室中寢處常修之。此高上之祕道，奔登北辰之上法也。非地仙陸行所得聞者也。玉清上清太極太清九宮，並各有官寮公卿大夫侯伯，署置如一，更相管統，奉屬於上皇。宮闕次第等類相似，但道品有尊貴，德業有昇降。

飛登土星之道：鎮星員鏡，土精鎮廕黃道。鎮星中有四門，門中出四鋒芒，鋒芒光垂四百萬丈。一門各有一黃帝，凡四黃帝備門，奉衛於鎮元黃真君也。星中央有中黃真皇道君諱藏睦，字覘[53]延。夫人諱空瑤，字非賢。治在鎮星之內，鎮鑒四門，運黃裳流炁，朗映中元，照盼學真者。欲飛登之法，思見鎮星，正心視星，以兩手拊心。拊心畢，舉左手以掩洞房上，乃四閉炁，又叩齒二十七通，咽液九過，臨[54]閉兩目，心呼鎮星真皇君、君夫人諱字三過畢，曰："願得與中央太皇道君、君夫人共乘八景黃輿，上登上清宮。"畢，又向星微呪曰："四炁徘徊，合注中元。仰望九極，傍觀四門。黃臺紫房，垂鋒射芒。靈光鬱散，天華落盆。中有黃皇，厥字覘延。夫人潛德，是為非賢。理和命炁，導玄灌元。齊服黃裳，龍錦虎幨。腰佩金符，首巾紫冠。出凌玄空，展光金門。前導黃帝，六已衛軒。來下見迎，上登天關。金書太上，琅簡刻名。飛行太空，得為玉卿。"呪畢去手，勿復掩洞房上，而瞑[55]兩目，服星之光二十七遍，存令四芒盡來入喉中。都畢，又三叩齒。常行之十四年，鎮星中黃上真皇奏聞太上宮，刻霄臺碧簡，定九玄丹文，位為上清真公，下友四極上真人。

鎮星中有四門，門內有四黃帝，其一帝輒備一門，以奉屬於中央黃真皇君也。中央黃真上皇者，中極之高尊，出入太微，與皇初道君為友也。或號曰黃靈之公，或號黃神，或號黃精，或號黃帝君，並受事於中黃上真之君也。行《八素》之祕道，則致黃真道君來迎已；行五靈之外法，則致黃帝來授書矣。天陰無星之時，皆於寢室施行，同存五方也。真人云：在室內存星，亦不異於見星也，勿謂不見星而當廢之也。此太上之隱道，登辰之祕法矣。

吞服星光芒時，當悉存星真上皇、皇夫人乘光中來下，入口咽之，瞑[56]目髣髴，如有其形也。此李君口訣。

恒修太上隱法，招存五星之上皇者，五年之內，髣髴形見；七年都見，與之周行；十四年五星一合來下，共乘玄華之輿，三素紫雲，前導五帝，後從萬真，五星攜之共載，白日登辰，上朝玉清，受書爲上清上真矣。

【校記】

〔1〕《道藏》本收此經作《北帝七元紫庭延生祕訣》。

〔2〕"受"原作"授"，據上書改。

〔3〕"句"，上書作"校"。

〔4〕"每"，上書作"修"。

〔5〕"乃祀之位北"，上書作"於祀位之北"。

〔6〕"下"，上書作"不"。"別"，《道藏輯要》本、《四部叢刊》本均作"列"。

〔7〕"帝"後，疑脫"星"字。

〔8〕"盛須"，《北帝七元紫庭延生祕訣》作"旺凡"。

〔9〕"飯"原作"飲"，據上書改。

〔10〕"某日"原無，據上書增。

〔11〕"亦心念之呪曰"，上書作"心念之呪"。

〔12〕"禮"，上書作"體"。

〔13〕"神"原作"福"，據上書改。

〔14〕"在吾前後左右，周匝數千萬重"，上書作"在吾左右，千重萬重"。

〔15〕"君"，上書作"真形"，下六星同。

〔16〕"靈清"，《上清黃氣陽精三道順行經》作"虛清"。

〔17〕"吐金精之光，北元童子"九字原缺，據上書增。

〔18〕"盻"，疑當作"盼"。

〔19〕"靈"字，《上清黃氣陽精三道順行經》無。

〔20〕"困急之中"，上書作"困危之事"。

〔21〕以上十四字，《上清紫精君皇初紫靈道君洞房上經》（下簡稱《洞房上經》）及《上清紫微帝君南極元君玉經寶訣》（下簡稱《玉經寶訣》）均作"眉上一寸，直入一寸爲玉璫紫闕"。

〔22〕"方"字，上二書無。

〔23〕"方"字，上二書無。

〔24〕"高元紫闕"後，上二書尚有六句二十四字，又"高元"，《玉經寶訣》作"高上"。

〔25〕"化"，本書卷十一《靈臺章》末注作"氣"。

〔26〕"首巾素冠"，《玉經寶訣》作"首建素冠"，《洞房上經》作"首巾素容"。

〔27〕"左佩虎真"，上二書分別作"左佩虎賁""左佩虎文"。

〔28〕"紐"原作"細"，據《洞真太上飛行羽經九真昇玄上記》（下簡稱《九真昇玄上記》）改。

〔29〕"扶"字前疑脫"著"字。

〔30〕"逐我七魄"，《九真昇玄上記》作"遂和我魄"。

〔31〕"胎修"，上書作"腑滌"。

〔32〕"盻"，按音義宜作"盼"。"盼"俗作"盻"，形近而譌也。

〔33〕"起"，《九真昇玄上記》作"超"。

〔34〕"垂"，上書作"乘"。

〔35〕"北台上真"，《上清金書玉字上經》及《洞真三天祕諱》作"北台"。

〔36〕"台"原作"牽"，據上二書改。

〔37〕"魄"，按上下文當作"魂"。

〔38〕"斗，中有"，《上清金書玉字上經》作"一，斗中"。

〔39〕"行"字原缺，據上書補。

〔40〕"九"字原缺，據上書補。

〔41〕"玄"字，《上清太上八素真經》（下簡稱《八素真經》）無。

〔42〕"木"原作"末"，據上書改。

〔43〕"又"原作"反"，依下文例改。

〔44〕"臨"原作"瞑"，據《八素真經》改。

〔45〕"光"，上書作"地"。

〔46〕"臨閉"原作"瞑閑"，據上書改。又"九通"，上書作"九過"。

〔47〕"臨"原作"瞑"，據上書改。

〔48〕"皇"原作"帝"，據上書改。"諱寍淩，字振尋"，本書卷二四《總說星》作"姓皓空，名德摽"。

〔49〕"臨"原作"瞑"，據《八素真經》改。

〔50〕"瞑"，上書作"臨"。

〔51〕"皆於室中寢處"，上書作"可於寢室中"。

〔52〕"諱啓恒，字精源"，上書作"諱啓喧，字精淳"。

〔53〕"貺"，上書作"耽"。

〔54〕"臨"原作"瞑"，據上書改。

〔55〕"而瞑"，上書作"故臨"。

〔56〕"瞑"，上書作"臨"。

雲笈七籤卷之二十六

十洲三島

十洲并序

漢武帝既聞王母說八方巨海之中，有祖洲、瀛洲、玄洲、炎洲、長洲、元洲、流洲、生洲、鳳麟洲、聚窟洲等十洲，並是人跡所希[1]絕處，又始知東方朔非世常人，是以延之曲室，而親問十洲所在，方物之名[2]，故書記之。

方朔云：臣學仙者耳，非得道之人。以國家盛美，特招延儒墨於文綱[3]之內，抑絕俗之道，擯[4]虛詭之迹，臣故韜隱逸而赴王庭，藏養生而侍朱闕矣。亦由尊上好道，且復欲徜徉[5]威儀也。曾隨師之[6]主履行，比至朱陵扶桑之闕，溽[7]海冥夜之丘，純陽之陵，始青之下，月宮之間，內遊七丘，中旋十洲，踐赤縣而遨五嶽，行陂澤而息名山。臣自少及今，周流六天，涉歷八[8]極於是矣。未若陵靈[9]之子，聽[10]真之官，上下九天，洞視百方，北極鉤陳而并華蓋，南翔太丹而栖火[11]夏，東之通陽之霞，西薄寒穴之野，日月所不逮，星漢所不與，其上無復物，其下無復底。臣之所識[12]，如愧不足以酬廣矣[13]。

祖洲

祖洲近在東海之中，地方五百里，去西岸七萬里。上有不死之草，草形如菰苗，長三四尺。人死者以草覆之，皆當時活也。服之[14]令人長生。昔秦始皇苑中，多柱死者橫道，有鳥如烏狀，噛此草覆死人面，當起坐而自活也。有司聞奏，始皇遣使者齎草以問北郭鬼谷先生。鬼谷先生云："臣嘗聞[15]東海祖洲上有不死之草，生瓊田內，或名爲養神芝，其葉似菰，苗叢生，一株可活一人[16]。"始皇於是慨然言曰："可採得之不？"乃使使者徐福發童男童女各五[17]百人，率載樓船等入海尋祖洲，遂不返。福，道士也，字君房，後亦得道。

瀛　　洲

瀛洲在東海[18]中，地方四千里，大抵是對會稽郡，去西岸七十萬里，上生神芝仙草。又有玉石，高且千丈，出泉如酒味，名之爲玉醴泉，飲之數升輒醉，令人長生。洲上多仙家，風俗似吳中，山川如中國也。

玄　　洲

玄洲在北海之中，戌亥之地，地方七千二百里，去南岸三十六萬里，有太玄都，仙伯真公所治，多丘山。又有風山，多風氣響雷電[19]，對天西北門，上多太玄仙官。仙官宮室各異，饒金石紫芝，又是三天所治[20]之處。

炎　　洲

炎洲在南海中，地方二千里，去北岸九萬里。上有風生獸，似豹青色，大如狸。張網取之，積薪數車以燒之，薪盡而獸不燃，灰中而立，毛亦不燋。斫刺不入，打之如皮囊，即以鐵鎚鍛其頭，數千[21]下乃死。而張口向風，須臾復活。以石上菖蒲塞其鼻即死。取其腦和菊花服之，盡十斤，得壽五百年。又有火[22]林山，山中有火[23]光獸，大如鼠，毛長三四寸，或赤或白。山可三百里許，晦夜嘗見此山林，乃是此獸光照，狀如火光相似。取其獸毛以緝爲布，時人號爲火浣布也。國人衣服之，若有垢汙，以灰汁浣之，終不潔淨，唯以火燒兩食久，振擺之，其垢自落，潔白如雪。亦多仙家居處。

長　洲

長洲一名青丘，在南海辰巳之地。地方五千里，去岸二十萬里，上饒山川，又多大樹，樹乃有二千圍者。一洲之上，專是林木，故一名青丘。又[24]有仙草靈藥，甘液玉英。又有風山，山恒震聲。有紫府宮，天真仙女遊於此地。

元　洲

元洲在北海中，地方三千里，去南岸十萬里。上有五芝玄澗，澗水如蜜漿，飲之長生，與天地相畢。服此五芝，亦得長生不死。上多仙家。

流　洲

流洲在西海中，地方三千里，去東岸十九萬里。上多山川，積石名爲昆吾。冶其石成鐵作劍，光明洞照如水精狀，割玉如泥。亦多仙家。

生　洲

生洲在東海丑寅之間，接蓬萊七十[25]萬里，地方二千五百里，去西岸二十三萬里。上有仙家數萬，天氣安和，芝草常生，地無寒暑，安養萬物，亦多山川仙草衆芝，一洲之水味如飴酪，至良洲[26]者也。

鳳麟洲

鳳麟洲在西海之中，地方一千五百里。洲四面弱水繞之，鴻毛不浮，不可越也。洲上多鳳麟數萬，各各爲羣。又有山川池澤，及神藥百種，亦多仙家。煮鳳喙及麟角，合煎作膠，名之爲續弦膠，或名連金泥。此膠能續弓弩已斷之弦，連刀劍斷折之金，更以膠連續之處，使力士掣之，他處乃斷，所續之際終無所損也。天漢三年，帝幸北海，祠恒山。四月，西國王使至，獻靈膠四兩及吉光毛裘。武帝受以付外庫，不知膠裘二物之妙用也。以爲西國雖遠，而上貢者不奇，稽留使者未遣。久之，武帝幸華林園，射虎而弩弦斷。使者從駕，又上膠一分，使口濡以續弩弦。帝驚曰：異物也。乃使武士數人，共對掣引，終日不脫，如未續時。其膠色青如碧玉。吉光毛裘黄色，蓋神馬之類也。裘入水數日不濡，入火不燋。帝於是乃悟，厚謝使者而遣去。又益思方朔之遠見。周穆王時，西胡獻昆吾刀及夜光常滿盃。刀長一尺，盃受三升。刀切玉如切泥，盃是白玉之精，光明照夜冥。夕出盃於中庭以向天，比明而水以滿盃中，汁甘而香美，斯實靈人之器。秦始皇[27]時，西胡獻切玉刀，無復常滿盃耳。如此膠之所出，從鳳麟洲來。劍之所出，從流洲來。並是西海中所有也。

聚窟洲 滄海島附

聚窟洲在西海中申未地，地方三千里，北接崐崘二十六萬里，去東岸二十四萬里。上多神仙靈官，宮第比門，不可勝數，及有獅子、辟邪、鑿齒、天鹿、長牙銅頭鐵額之獸。洲上有大山，形似人鳥之象，因名之爲人鳥山。山專多大樹，與楓木相類，而林芳葉香，聞數百里，此爲反魂樹。亦能自作聲，如羣牛吼，聞之者皆心振神駭。伐其木根，置[28]於玉釜中煮取汁，更微火煎如黑餳狀，令可丸之，名曰驚精香，或名之爲振靈丸，或名之爲返生香，或名之爲振檀香，或名之爲人鳥精，或名之爲却死香，一種六名，斯靈物也。香氣聞數百里，死者在地，聞香氣乃却活，不復亡也。以香薰死人，更加神驗如此。之後征和[29]三年，武帝幸安定，西胡月支國王遣使獻香四兩，大如雀卵，黑如桑椹。帝以其非中國所有，以付外庫。又獻猛獸一頭，形如五六十日犬子，大似狸而色黄，命國使以呈帝。帝見使者抱之，其以[30]羸細禿悴，怪其貢之非也。問使者："此小物可弄，何謂猛獸？"使者對曰："夫威加於百禽者，不必計[31]之以大小。是以神麟故爲巨象之王，鸞鳳必爲大鵬之宗，百足之蟲制於螣，亦不在於巨細也。臣國去[32]此三十萬里，國有常占，東風入律，百旬不休，青雲干呂，連月不散者，當知中國將有好道之君。我王固將賤儒墨而貴道德[33]，薄金玉而厚靈物也。故搜奇蘊而[34]貢神香，步天林而請猛獸，乘氋車而濟弱淵，策驥足以度飛沙，契闊途遙，辛苦蹊路，于今已十三年矣。神香[35]起妖殘之死疾，猛獸却百邪之魅鬼，夫此二物實是養生之要，助政平化[36]。豈圖陛下反不知真乎？是臣國占風之謬矣！今日仰鑒天姿，亦乃非有道之君也。眼多視則淫色，口多言則犯難，身多動則淫賊，心多飾則奢侈，未有用此四者而成天下之治也。"武帝忿[37]然不平，又問使者："猛獸何方而伏百禽？食噉何物？膂力何比？其所生何鄉耶？"使者曰："猛獸所出，或出崑崙，或生玄圃，或生聚窟，或生天路[38]。其壽不貲，食氣飲露。解人言語，仁惠忠恕。當其仁也，愛護蠢動，不犯虎豹以下[39]。當其威也，一聲叫發，千人伏息；牛馬恐駭，驚斷組繫；武士奄忽，失其勢力。當其神也，立興風雲，吐噏雨露，百邪迸走，蛟龍騰蛇，附[40]處于太上之廐，役御獅子，名曰猛獸。蓋神化無常，能爲大禽之宗主，乃獲天[41]之元王，辟邪之長獸者也。靈香即雖少，斯更生之神物也。疫病災死者將能起之，乃聞香氣者即活也。芳又特甚，故難歇也。"於是帝使使者令猛獸發聲試聽之。使者乃指獸，命發一聲，獸舐脣良久，忽叫如天大雷聲霹靂，又兩目礚礈交光，精氣衝天，良久方止。帝登時顛蹶，掩耳振動，不能自止。時衛者武士虎賁俱失仗伏地，諸內外牛馬犬豕之屬，皆絕絆離繫，驚駭放蕩，久許而定。帝忌之，因以此獸付上林苑，令虎食之。於是虎聞獸來，乃相屈聚[42]積如死虎伏。獸入苑，徑上虎頭溺虎口，去十步已來顧視虎，虎輒閉目。帝恨使者言不遜，欲收之。明日失使者及猛獸所在。遣四出尋討，不知所止。到後元[43]元年，長安城內病者數千百，亡者太半。帝試取月支神香，燒之於城內，其死未三日者皆活，芳氣經三月不歇，於是信知其神物也。乃更祕錄者，復[44]一旦又失之，檢函封印如初，無復香也。帝逾懊恨不禮待於使者，益貴方朔之遺語，自愧求李少君之不慭，憝衛叔卿之復去，向使厚待使者，必有所益也[45]。

滄海島在北海中，地方三千里。去岸二十萬里[46]，海四面繞島各五千里，水皆滄色，仙人謂之滄海者也。島上專是大山積石，有名[47]石象、八石、石腦、石桂英、流丹[48]、黃子、石膽之輩百餘種，皆生於島，服之神仙長生。島中紫石室宮，九老仙都治處，仙官數萬衆居之[49]。

三　　島[50]

方丈 扶桑附

方丈洲在東海中心，西南東北岸正等。方丈面各五千里，上專是羣[51]龍所聚，有[52]金玉瑠璃之宮，三天司命所治之處。羣仙若[53]欲升天者，往[54]來此洲受《太上[55]玄生籙》。仙家數十萬，瓊田芝草[56]，課計頃畝，如種稻狀。亦有石泉[57]，上有九原[58]丈人宮，主領天下水神及龍蛇巨鯨陰精水獸之輩。

扶桑在東海之東岸，一萬里復得碧海，海廣狹浩汗與東海等[59]。碧水既不鹹苦，正作碧色，甘香味美。扶桑在碧海之中，地方萬里，上有太帝宮[60]，太真東王父[61]所治處。地多林木，葉皆如桑，又有椹子樹，長者數千丈，徑三千餘圍，樹兩兩同根偶生，更相依倚，是以名扶桑。仙人食其椹，而一體皆作金色，飛翔玄虛。其樹雖大，其葉及椹如中夏桑也。但椹希而赤，九千歲一生實耳，味絕甘香。地生紫金丸玉，如諸夏之瓦石。真仙靈[62]官變化萬端，蓋無常[63]形，有分形爲百身十丈者。

蓬　丘

蓬丘，蓬萊山是也。對東海之東北岸，周廻五千里。外別有圓海繞山，圓海[64]水色正黑，謂之溟海。無風而洪波百丈，不可得往。上有九老丈人九天真王[65]，蓋太上真人之所居，唯飛仙能到其處耳[66]。

崐　崘

崐崘一號曰崐陵[67]，在西海戌地，北海之亥地。地方一萬里，去岸十三萬里，又有弱水周廻繞帀。山東南接積石圃，西北接北户之室，東北臨大活之井，西南至承淵之谷，此四角大山，寔崐崘之支輔也。積石圃南頭是王母宮，王母告周穆王云："山去咸陽三十六萬里[68]，山高平地三萬六千里，上有三角山，方廣萬里，形如偃盆，下狹上廣，故曰崐崘。"山三角：其一角干辰之輝[69]，名曰閬風巓[70]；其一角正西，名玄圃堂。其一角正東，名崐崘宮。其一角有積金，爲天墉城，面方千里，城上安金臺五所，玉樓十二所。其北户山承淵山，又[71]有墉城金臺玉樓相映，如流精之闕，光碧之堂，瓊華之室，紫翠丹房，景雲燭日，朱霞九光，西王母之所治也，真官仙靈之所宗。上通璿璣元氣，流布五常玉衡，理九天而調陰陽，品物羣生，希奇特出，皆在於此。天人濟濟，不可具記。此乃天地之根紐，萬度之綱柄矣。是以太上名山鼎於五方，鎮地理也；號天柱於珉城，象綱輪也。諸百川極深，水靈居之，其陰難到，故治無常處，非如丘陵而可得論。爾乃天地設位，物象之宜，上聖觀方，緣形而著。爾乃處玄風於西極，坐王母於坤鄉，昆吾鎮[72]於流澤，扶桑植於碧津。離合火精，而光獸生於炎野。坎惣衆陰，是以仙都宅於海島。艮位名山，蓬山鎮於寅丑。巽體元女，養巨木於長洲。高風鼓於羣龍之位，暢靈符於瑕丘。至妙玄深幽，神難盡測，真人隱宅，靈仙所在，六合之內，豈唯數處而已哉！此蓋舉其摽末耳。臣朔所見不博，未能宣通王母及上元夫人聖旨。昔曾聞之於得道者，説此十洲大丘靈阜，皆是真仙隩墟，神官所治，其餘山川萬端，並無覩者矣。

其北海外又有鍾山，在北海之子地，隔弱水之北一萬九千里，高一萬三千里，上方七千里，周旋三萬里，自生千芝及神草四十餘種，上有金臺玉闕，亦元氣之所舍，天帝君治處也。鍾山之南有平邪山，北有蛟龍山，西有郊草山，東有東木山。四山，鍾山之枝幹也。四山高鍾山三萬里，宮城五所如一，登四面山，下望見鍾山耳。四面山乃天[73]帝君之城域也。又仙人出入道徑自一路，從平邪山東南入穴中乃至內[74]。北到鍾山北阿門外，乃天帝君總九天之維，貴無比焉。山源周迴，具有四城，其中高山當心，有似於崐崘也。昔禹治洪水既畢，乃乘蹻車度弱水而到此山，祠上帝於北阿，歸大功於九天。又禹經諸五嶽，使工刻石，識其里數高下。其字科斗書，非漢人所曉。今丈尺里數，皆禹時書也。不但刻劚五嶽，諸名山亦然，其所刻之處獨高耳。今書是臣朔所具見，其王母所道諸靈藪，禹所不履，唯書中夏之名山耳。臣先師谷希子者，太上真官也。昔授臣《崐崘》《鍾山》《蓬萊山》及《神州[75]真形圖》。昔來入漢，留以寄所知故人，此書又尤重於《五嶽真形圖》矣。昔也傳受年限正同耳。陛下好道思微，甄心內向，天尊下降，並受傳寶祕。臣朔區區，亦何嫌惜而不上所有哉！然術家幽事，道法隱祕，某師云：師[76]術泄則事多疑，師顯則妙理散，願且勿宣臣之言意也。武帝欣聞至說，明年遂復從受諸《真形圖》，常帶之，則候[77]八節常朝拜靈書，求脫屣[78]焉。朔謂滑稽都虛其心，故弄萬乘，傲公侯，不可得而師友，不可得而喜怒，故武帝不能盡至理於此人矣。

【校記】

〔1〕"希"，《道藏》本《十洲記》作"稀"。
〔2〕"方物之名"，《十洲記》作"所有之物名"。
〔3〕"特招延儒墨於文綱"，上書作"特召名儒墨於文教"。
〔4〕"擯"，上書作"於"。
〔5〕"徜徉"，上書作"抑絕其"。
〔6〕"之"字，上書無。

〔7〕"之闕浡"，上書作"蜃"。

〔8〕"涉歷八"，上書作"廣涉天光"。

〔9〕"陵靈"，上書作"凌虛"。

〔10〕"聽"，上書作"飛"。

〔11〕"火"，上書作"大"。

〔12〕"臣之所識"，上書作"臣所識乃及於是"。

〔13〕此句，上書無"如"字，"廣"後有"訪"字。

〔14〕"服之"，上書作"末服之"。

〔15〕"臣嘗聞"，上書作"此草是"，《五嶽真形序論》作"此是"。

〔16〕"苗叢生，一株可活一人"，《五嶽真形序論》作"苗不叢株止活一人"，本書卷二二作"生不叢株"。

〔17〕"五"原作"三"，據《十洲記》及《五嶽真形序論》改。

〔18〕"東海"原作"東大海"，據上二書刪。

〔19〕"多風氣響雷電"，《十洲記》作"聲響如雷電"，《五嶽真形序論》作"聲氣響電"。

〔20〕"三天所治"，《十洲記》作"三天君下治"，且句後有"甚肅肅也"。

〔21〕"千"，上書作"十"。

〔22〕"火"，《五嶽真形序論》作"炎"。

〔23〕"火"，上書作"夜"。

〔24〕"又"原作"天"，據《十洲記》及《五嶽真形序論》改。

〔25〕"七十"，上二書作"十七"。

〔26〕"洲"字，《五嶽真形序論》無。

〔27〕"皇"原作"至"，據《十洲記》改。

〔28〕"置"，《十洲記》及《五嶽真形序論》均作"心"，連上讀。

〔29〕"征和"原作"延和"，據《十洲記》改。其上"如此之後"四字，《十洲記》無。

〔30〕"其以"，上書作"似犬"。

〔31〕"計"，上書作"繫"。

〔32〕"去"原作"云",據文義改。

〔33〕"賤儒墨而貴道德",《十洲記》作"賤百家而貴道儒"。

〔34〕"而"字原缺,據上書增。

〔35〕"神香"原作"香神",據上書改。

〔36〕"是養生之要,助政平化",上書作"實濟衆生之至要,助政化之昇平"。

〔37〕"忿",上書作"恧"。

〔38〕"路"原作"露",據上書改。

〔39〕"以下"二字,上書無。

〔40〕"騰蛇,附",上書作"騰鶩"。按"騰蛇"宜作"螣蛇"。

〔41〕"貜天",疑當作"貜父"。

〔42〕"屈聚",《十洲記》作"聚屈"。

〔43〕"後元",原作"後元封",按元封在征和之前,與上文不合;上書後文有"明年帝崩"語,據改。

〔44〕"者,復",上書作"餘香,後"。

〔45〕以上三句,上書作"憗衛叔卿於堦庭矣。明年帝崩于五祚宮。月支國香必人烏山震檀却死香也。向使厚待使者,帝崩之時,何緣不得靈香之用耶？自合命殞矣"。

〔46〕"去岸二十萬里"原無,據上書及《五嶽真形序論》增。

〔47〕"有名",上二書作"至多"。

〔48〕"丹"原作"月",據上二書改。

〔49〕"居"原作"記",據《十洲記》改。"長生"至"居之"一段,原錯簡在下文"崐崘"後,今正。

〔50〕《三島》次序,原爲崐崘、方丈、蓬丘,據上書及《五嶽真形序論》改作方丈、蓬丘、崐崘。

〔51〕"羣"原作"面",據上二書改。

〔52〕"有"原作"者",據上二書改。

〔53〕"若",上二書作"不"。

〔54〕"往"，上二書作"皆"。

〔55〕"上"字，上二書無。

〔56〕"瓊田芝草"，上二書作"耕田種芝草"。

〔57〕"石泉"，上二書作"玉石泉"。

〔58〕"原"，上二書作"源"。

〔59〕"與東海等"原作"與合東海等大"，據《十洲記》刪。

〔60〕"太帝宮"原作"太上帝"，據上書改。

〔61〕"太真東王父"，原無"東"字，據上書增。

〔62〕"靈"字原缺，據上書補。

〔63〕"常"字原缺，據上書補。

〔64〕"海"字原缺，據《十洲記》《五嶽真形序論》補。

〔65〕"王"後，上二書有"宮"字。

〔66〕"外別有圓海"至此一段，原錯簡在上文"滄海島"後，今正。

〔67〕"陵"原作"崙"，據《十洲記》改。

〔68〕"三十六萬里"，上書作"四十六萬里"，《五嶽真形序論》作"四十二萬里"。

〔69〕"千辰之輝"，本書卷二二末段作"千辰星之精"。

〔70〕"巔"，上卷作"臺"。

〔71〕"又"原作"入"，據《十洲記》改。

〔72〕"鎮"後原有"在"字，據上書及《五嶽真形序論》刪。

〔73〕"乃天"二字原缺，據《十洲記》增。

〔74〕"乃至內"三字，上書無。

〔75〕"州"原作"洲"，據本書卷一一〇《谷希子》改。

〔76〕以上十二字，《十洲記》作"術家幽其事，道法祕其師"。

〔77〕"則候"，上書作"肘後"，連上讀。

〔78〕"脫屣"，上書作"度脫"。

雲笈七籤卷之二十七

洞天福地

天地宮府圖并序　銀青光祿大夫真一先生司馬紫微集

夫道本虛無，因恍惚而有物；氣元沖始，乘運化而分形；精象玄著，列宮闕於清景；幽質潛凝，開洞府於名山。元皇先乎象帝，獨化卓然；真宰湛爾冥寂，感而通焉！故得瓊簡紫文，方傳代學；琅函丹訣，下濟浮生。誠志攸勤，則神仙應而可接；修鍊克著，則龍鶴昇而有期。至於天洞區畛，高卑乃異；真靈班級，上下不同。又日月星斗，各有諸帝，並懸景位，式辨奔翔。所以披纂經文，據立圖象，方知兆朕，庶覿希夷。則臨目內思，馳心有詣；端形外謁，望景無差。乃名曰《天地宮府圖》。其天元重疊，氣象參差，山洞崇幽，風煙迅遠。以茲縑素，難具丹青，各書之於文，撰《圖經》二卷。真經所載者，此之略備；仙官不言者，蓋闕而未詳。

十大洞天

太上曰：十大洞天者，處大地名山之間，是上天遣羣仙統治之所。
第一王屋山洞。
周廻萬里，號曰小有清虛之天，在洛陽河陽兩界，去王屋縣六十里，屬西城王君治之[1]。
第二委羽山洞。

周廻萬里，號曰大有空明之天，在台州黃巖縣[2]，去縣三十里，青童君治之[3]。

第三西城山洞。

周廻三千里，號曰太玄惣真之天，未詳在所。《登真隱訣》云："疑終南太一山是。"屬上宰王君治之[4]。

第四西玄山洞。

周廻三千里，號三元極真洞天，恐非人跡所及，莫知其所在[5]。

第五青城山洞。

周廻二千里，名曰寶仙九室之洞天，在蜀州青城縣，屬青城丈人治之[6]。

第六赤城山洞。

周廻三百里，名曰上清玉[7]平之洞天，在台州唐興縣，屬玄洲仙伯治之。

第七羅浮山洞。

周廻五百里，名曰朱明輝[8]真之洞天，在循州博羅縣，屬青精先生治之[9]。

第八句曲山洞。

周廻一百五十里，名曰金壇華陽之洞天，在潤州句容縣，屬紫陽真人治之[10]。

第九林屋山洞。

周廻四百里，號曰左[11]神幽虛之洞天，在洞庭湖口，屬北嶽真人治之[12]。

第十括蒼山洞。

周廻三百里，號曰成德隱玄之洞天，在處州[13]樂安縣，屬北海公涓子治之[14]。

三十六小洞天

太上曰：其次三十六小洞天，在諸名山之中，亦上仙所統治之處也。

第一霍桐山洞。

　　周廻三千里，名霍林洞天，在福州長溪縣，屬仙人王緯玄治之。

第二東嶽太山洞。

　　周廻一千里，名曰蓬玄洞天，在兖州乾封縣，屬山圖公子治之。

第三南嶽衡山洞。

　　周廻七百里，名曰朱陵洞天，在衡州衡山縣，仙人石長生治之。

第四西嶽華山洞。

　　周廻三百里，名曰惣仙洞天，在華州華陰縣，真人惠車子主之。

第五北嶽常山洞。

　　周廻三千里，號曰惣玄洞天，在恒州常山曲陽縣，真人鄭子真治之。

第六中嶽嵩山洞。

　　周廻三千里，名曰司馬[15]洞天，在東都登封縣，仙人鄧雲山治之。

第七峨嵋山洞。

　　周廻三百里，名曰虛陵洞天，在嘉州峨嵋縣，真人唐覽治之。

第八廬山洞。

　　周廻一百八十里，名曰洞靈真天[16]，在江州德安[17]縣，真人周正時治之。

第九四明山洞。

　　周廻一百八十里，名曰丹山赤水天，在越州上虞[18]縣，真人刁道林治之。

第十會稽山洞。

　　周廻三百五十里，名曰極玄大元[19]天，在越州山陰縣鏡湖中，仙人郭華治之。

第十一太白山洞。

　　周廻五百里，名曰玄德洞天，在京兆府長安[20]縣，連終南山，仙人張季連治之。

第十二西山洞。

周廻三百里,名曰天柱[21]寶極玄天,在洪州南昌縣,真人唐公成治之[22]。

第十三小溈[23]山洞。

周廻三百里,名曰好生玄上[24]天,在潭州澧陵縣,仙人花丘林治之[25]。

第十四灊山洞。

周廻八十里,名曰天柱司玄天,在舒州懷寧[26]縣,仙人稷丘子治之。

第十五鬼谷山洞。

周廻七十里,名曰貴玄司真天,在信州貴溪縣,真人崔文子治之。

第十六武夷山洞。

周廻一百二十里,名曰真昇[27]化玄天,在建州建陽縣,真人劉少公治之。

第十七玉笥山洞。

周廻一百二十里,名曰太玄法樂[28]天,在吉州永新[29]縣,真人梁伯鸞主之。

第十八華蓋山洞。

周廻四十里,名曰容成大玉天,在溫州永嘉縣,仙人羊公修治之。

第十九蓋竹山洞。

周廻八十里,名曰長耀寶光天,在台州黃巖縣,屬仙人商丘子治之。

第二十都嶠山洞。

周廻一百八十里,名曰寶玄洞天,在容州普寧縣,仙人劉根治之。

第二十一白石山洞。

周廻七十里,名曰秀樂長真天,在鬱林州[30],南海之南也,又云和州含山縣,是白真人治之。

第二十二岣嵝山洞。

　　周廻四十里，名曰玉闕寶圭天，在容州北流縣，屬仙人錢[31]真人治之。

第二十三九疑山洞。

　　周廻三千里，名曰朝真太虛天，在道州延唐縣，仙人嚴真青治之。

第二十四洞陽山洞。

　　周廻一百五十里，名曰洞陽隱觀天，在潭州長沙縣，劉真人治之。

第二十五幕阜山洞。

　　周廻一百八十里，名曰玄真太元天，在鄂州唐年縣，屬陳真人治之。

第二十六大酉山洞。

　　周廻一百里，名曰大酉華妙天，去辰州七十里，尹真人治之。

第二十七金庭山洞。

　　周廻三百里，名曰金庭崇妙天，在越州剡縣，屬趙仙伯治之[32]。

第二十八麻姑山洞。

　　周廻一百五十里，名曰丹霞天，在撫州南城縣，屬王真人治之。

第二十九仙都山洞。

　　周廻三百里，名曰仙都祈仙天，在處州縉雲縣，屬趙真人治之。

第三十青田山洞。

　　周廻四十五里，名曰青田大鶴天，在處州青田縣，屬傅真人治之[33]。

第三十一鍾山洞。

　　周廻一百里，名曰朱日太生天，在潤州上元縣，屬龔真人治之。

第三十二良常山洞。

　　周廻三十里，名良常放命[34]洞天，在潤州句容縣，屬李真人治之[35]。

第三十三紫蓋山洞。

　　周廻八十里，名紫玄洞照天，在荆州常陽[36]縣，屬公羽真人治之。

第三十四天目山洞。

周廻一百里,名曰天蓋滌玄[37]天,在杭州餘杭縣,屬姜真人治之。

第三十五桃源山洞。

周廻七十里,名曰白馬玄光天,在朗州[38]武陵縣,屬謝真人治之[39]。

第三十六金華山洞。

周廻五十里,名曰金華洞元天,在婺州金華縣,屬戴真人治之。

七十二福地

太上曰:其次七十二福地,在大地名山之間,上帝命真人治之,其間多得道之所。

第一地肺山。

在江寧府句容縣界,昔陶隱居幽棲之處,真人謝允治之[40]。

第二蓋竹山[41]。

在衢州仙都縣,真人施存治之。

第三仙磪山。

在溫州梁城縣[42]十五里,近白溪草市,真人張重華治之。

第四東仙源。

在台州黃巖縣,屬地仙劉奉林治之。

第五西仙源[43]。

亦在台州黃巖縣嶠嶺一百二十里,屬地仙張兆期治之。

第六南田山。

在東海東[44],舟船往來可到,屬劉真人治之。

第七玉溜山。

在東海,近蓬萊島[45],上多真仙居之,屬地仙許邁治之。

第八清嶼山。

在東海之西，與扶桑相接，真人劉子光治之。

第九郁木洞。

在玉笥山南，是蕭子雲侍郎隱處，至今陰雨，猶聞絲竹之音，往往樵人遇之，屬地仙赤魯班主之。

第十丹霞洞。

在麻姑山，是蔡經真人得道之處，至今雨夜，多聞鍾磬之聲，屬蔡真人治之。

第十一君山。

在洞庭青草湖中，屬地仙侯生所治。

第十二大若巖。

在溫州永嘉縣東一百二十里，屬地仙李方回治之。

第十三焦源。

在建州建陽縣北，是尹真人隱處。

第十四靈墟。

在台州唐興縣北，是白雲先生隱處。

第十五沃洲。

在越州剡縣南，屬真人方明所治之。

第十六天姥岑。

在剡縣南，屬真人魏顯仁治之。

第十七若耶溪。

在越州會稽縣南，屬真人山世遠所治之。

第十八金庭山。

在廬州巢縣，別名紫微山，屬馬仙人治之。

第十九清遠山。

在廣州清遠[46]縣，屬陰真人治之。

第二十安山。

在交州北，安期先生隱處，屬先生治之。

第二十一馬嶺山。

在郴州郭內水東，蘇躭隱處，屬真人力牧主之。

第二十二鵝羊山。

在潭州長沙縣，婁駕先生所隱處。

第二十三洞真墟[47]。

在潭州長沙縣[48]，西嶽真人韓終所治之處。

第二十四青玉壇[49]。

在南嶽祝融峯[50]西，青烏公治之。

第二十五光天壇。

在衡嶽西源頭，鳳真人所治之處。

第二十六洞靈源。

在南嶽招仙觀觀西，鄧先生所隱地也。

第二十七洞宮山。

在建州關隸鎮五嶺里[51]，黃山公主之。

第二十八陶山。

在温州安國[52]縣，陶先生曾隱居此處。

第二十九三皇井。

在温州橫陽縣，真人鮑察所治處。

第三十爛柯山。

在衢州信安縣，王質先生隱處。

第三十一勒溪。

在建州建陽縣東，是孔子遺硯之所。

第三十二龍虎山。

在信州貴溪縣，仙人張巨君主之。

第三十三靈山[53]。

在信州上饒縣北，墨真人治之[54]。

第三十四泉[55]源。

在羅浮山中[56]，仙人華子期治之。

第三十五金精山。

在虔州虔化縣，仇季子治之。
第三十六閤皂山。
　　在吉州新淦縣，郭真人所治處。
第三十七始豐山。
　　在洪州豐城縣，尹真人所治之地。
第三十八逍遥山。
　　在洪州南昌縣，徐真人治之地。
第三十九東白源。
　　在洪州新吳縣東，劉仙人所治之地。
第四十鉢池山。
　　在楚州，王喬得道之處。
第四十一論山。
　　在潤州丹徒縣，是終真人治之。
第四十二毛公壇。
　　在蘇州長洲縣，屬莊仙人修道之所。
第四十三雞籠山。
　　在和州歷陽縣，屬郭真人治之。
第四十四桐栢山。
　　在唐州桐栢縣，屬李仙君所治之處。
第四十五平都山。
　　在忠州，是陰真君上升之處。
第四十六綠蘿山。
　　在朗州武陵縣，接桃源界。
第四十七虎溪山。
　　在江州南彭澤縣，是五柳先生隱處[57]。
第四十八彰龍[58]山。
　　在潭州澧陵[59]縣北，屬臧先生治之。
第四十九抱福山。

在連州連山縣，屬范真人所治處。
第五十大面山。
在益州成都縣，屬仙人栢成子治之[60]。
第五十一元晨山。
在江州都昌縣，孫真人安期生治之。
第五十二馬蹄[61]山。
在饒州鄱陽縣，真人子州所治之處[62]。
第五十三德山。
在朗州武陵縣，仙人張巨君治之。
第五十四高溪藍水山。
在雍州藍田縣，並太上所遊處。
第五十五藍水。
在西都藍田縣，屬地仙張兆期所治之處。
第五十六玉峯。
在西都京兆縣，屬仙人栢户治之。
第五十七天柱山。
在杭州於潛縣，屬地仙王伯元治之。
第五十八商谷山。
在商州，是四皓仙人隱處。
第五十九張公洞。
在常州宜興縣，真人康桑治之。
第六十司馬悔山。
在台州天台山北，是李明仙人所治處。
第六十一長在[63]山。
在齊州長山縣[64]，是毛真人治之。
第六十二中條山。
在河中府虞鄉[65]縣管，是趙仙人治處。
第六十三菱湖魚澄洞。

在西古姚州，始皇先生曾隱此處。

第六十四綿竹山。

在漢州綿竹縣，是瓊華夫人治之。

第六十五瀘水。

在西梁州，是仙人安公治之。

第六十六甘山。

在黔南，是甯真人治處。

第六十七琨山。

在漢州，是赤須先生治之。

第六十八金城山。

在古限戍，又云石戍[66]，是石真人所治之處。

第六十九雲山。

在邵州武剛[67]縣，屬仙人盧生治之。

第七十北邙山。

在東都洛陽縣，屬魏真人治之。

第七十一廬山。

在福州連江縣，屬謝真人治之。

第七十二東海山。

在海州東二十五里，屬王真人治之。

【校记】

〔1〕"西城王君治之"，《洞天福地嶽瀆名山記（下稱名山記）·十大洞天》作"王褒所理"。

〔2〕"大有空明之天，在台州黃巖縣"，上書作"大有虛明天，在武州"。

〔3〕"青童君治之"，上書作"司馬季主所理"。

〔4〕"未詳在所"至"治之"，上書作"王方平所理，在蜀州"。

〔5〕"莫知其所在"，上書作"在金州"。

〔6〕"屬青城丈人治之"，上書作"甯真君所理"。

〔7〕"清玉"，上書及《無上祕要·洞天品》作"玉清"。

〔8〕"輝"，上二書作"耀"。

〔9〕"青精先生治之"，《名山記·十大洞天》作"葛洪所理"。

〔10〕"紫陽真人治之"，上書作"茅君所理"。

〔11〕"左"原作"尤"，據上書及《無上祕要·洞天品》改。

〔12〕"在洞庭湖口，屬北嶽真人治之"，《名山記·十大洞天》作"龍威丈人所理，在蘇州吳縣"。

〔13〕"處州"，上書作"台州"。

〔14〕"屬北海公涓子治之"，上書作"平仲節所理"。

〔15〕"馬"，《名山記·三十六洞天》作"真"。

〔16〕"洞靈真天"，上書作"洞虛詠真洞天"。

〔17〕"德安"，上書作"潯陽"。

〔18〕"上虞"，上書作"餘姚"。

〔19〕"大元"，上書作"陽明洞"。

〔20〕"長安"，上書作"鰲屋"，"玄德"作"德玄"。

〔21〕"柱"字，上書無。

〔22〕"真人唐公成治之"，上書作"洪崖所居"。

〔23〕"小潙"，上書作"大圍"。

〔24〕"玄上"，上書作"上元洞"。

〔25〕"仙人花丘林治之"，上書作"傅天師所居"。

〔26〕"懷寧"，上書作"桐城"。

〔27〕"真昇"，上書作"昇真"。

〔28〕"玄法樂"，上書作"秀法樂洞"。

〔29〕"永新"，上書作"新淦"。

〔30〕"鬱林州"，上書作"容州北源"。

〔31〕"錢"原作"餞"，據《道藏輯要》本改。

〔32〕"屬趙仙伯治之"，《名山記·三十六洞天》作"褚伯玉沈休文居之"。

〔33〕"屬傅真人治之",上書作"葉天師居之"。

〔34〕"放命",上書作"方會"。

〔35〕"在潤州句容縣,屬李真人治之",上書作"在茅山東北,中茅君所居"。

〔36〕"荆州常陽",上書作"韶州曲江"。

〔37〕"天蓋滌玄",上書作"大滌玄蓋"。

〔38〕"朗州"原作"玄洲",據上書改。

〔39〕"屬戴真人治之",上書作"有皇初平赤松觀"。

〔40〕以上三句,《名山記·七十二福地》作"在茅山,有紫陽觀,乃許長史宅"。

〔41〕"第二蓋竹山"條,上書無。

〔42〕"仙磕山,在溫州梁城縣",上書作"石磕源,在台州黃巖縣"。

〔43〕"第四東仙源""第五西仙源"兩條,上書作"嶠嶺、東仙源,在溫州白溪"。

〔44〕"第六南田山,在東海東",上書作"南田在處州青田"。

〔45〕"在東海,近蓬萊島",上書作"在溫州海中"。

〔46〕"廣州清遠",上書作"婺州浦陽"。

〔47〕"墟",上書作"壇"。

〔48〕"潭州長沙縣",上書作"長沙南嶽祝融峯"。

〔49〕"青玉壇",上書作"玉清壇"。

〔50〕"南嶽祝融峯",上書作"長沙北"。

〔51〕"第二十七洞宮山,在建州關隸鎮五嶺里",上書作"洞宮在長沙北"。

〔52〕"安國",上書作"安固"。

〔53〕"靈山",上書作"靈應山"。

〔54〕"信州上饒縣"上書作"饒州","墨"作"施","治之"作"宅"。

〔55〕"泉",上書作"白水"。

〔56〕"在羅浮山中",上書作"在龍州"。

〔57〕"江州南彭澤縣，是五柳先生隱處"，上書作"湖州安吉縣，方真人修道處"。

〔58〕"龍"，上書作"觀"。

〔59〕"潭州澧陵"，上書作"澧州澧陽"。

〔60〕"益州成都縣"，上書作"蜀州青城山"，"屬仙人柏成子治之"作"羅真人所居"。

〔61〕"蹄"，上書作"跡"。

〔62〕"饒州鄱陽縣"，上書作"舒州"，"真人子州所治之處"作"王先生修洞淵法處"。

〔63〕"在"，上書作"白"。

〔64〕"齊州長山縣"，上書作"兗州"。

〔65〕"虞鄉"，上書作"永樂"。

〔66〕"古限戍，又云石戍"，上書作"雲中郡"。

〔67〕"邵州武剛"，上書作"朗州武陵"。

雲笈七籤卷之二十八

二十八治

二十四治并序

謹按張天師《二十四治圖》云：太上以漢安二年正月七日日中[1]時下二十四治，上八治、中八治、下八治，應天二十四氣，合二十八宿，付天師張道陵奉行布化。張天師，沛國豐縣人也，諱道陵，字輔漢。禀性嚴直，經明行修，學道有方。永平二年，漢帝詔書，就拜巴郡江州令。以元和[2]元年三月十日辛丑，詔書拜爲司空，封食冀縣侯。以芝草圖經歷神仙爲事，任採延年藥餌金液丹[3]。以漢安元年丁丑詔書遷改，不拜。遂解官入益州部界，以其年於蜀郡臨邛縣渠亭山赤石城中，靜思精至。五月一日夜半時，有千乘萬騎來下至赤石城前，金車羽蓋，步從龍虎鬼兵不可稱數。有五人：一人自言吾是周時柱下史也，一人自言吾是新出太上老君也，一人云吾是太上高皇帝中黃真君也，一人言吾是漢師張良子房也，一人言吾是佐漢子淵天師外祖也，子骨法合道，當承老君[4]忠臣之後，今授子鬼號傳世，子孫爲國師，撫民無期。於是道陵方親受太上質勑，當步綱躡紀，統承三天，佐國扶命，養育羣生，整理鬼氣，傳爲國師。依其度數，開立二十四治、十九靜廬，授以正一盟威之道，伐誅邪偽，與天下萬神分符[5]爲盟，悉承正一之道也。

上皇元年七月七日，無上大道老君所立上品治八品，訣要掌中，伏羲造天地，五龍布山嶽，老君立位治，以用化流愚俗，學者不得貪競欲，仙道克成，可傳之與質朴也[6]。

第一陽平治。

治在蜀郡彭州九隴縣[7]，去成都一百八十里，道由羅江水兩岐山口入，水路四十里。治道東有龍門，拒守神水，二栢生其上。西南有大泉，決水歸東。治應角宿，貴人發之，治王始終。嗣師，天師子也，諱衡字靈真，為人廣智，志節高亮，隱習仙業。漢孝靈帝徵為郎中，不就。以光和二年正月十五日己巳，於山昇仙，立治碑一雙在門，名曰嗣師治也。

陽平謫仙妻，不知其姓名。九隴居人張守珪家甚富，有茶園在陽平化仙居內，每歲召採茶人力百餘輩，男女傭工，雜之園中。有一少年賃為摘茶，自言無親族，性甚了慧慇懇，守珪憐之，以為義兒。又一女子二十餘，亦無親族，願為義兒之婦，孝義端恪，守珪甚善之。一旦山水泛溢，市井路絕，鹽酪既闕，守珪甚憂。新婦曰："此可買耳。"取錢出門十數步，置錢樹下，以杖扣樹，得鹽酪而歸。後或有所要，但令扣樹取之，無不得者。其夫術亦如此。因與鄰婦十數人於堋口市相遇，為買酒一椀，與衆婦飲之皆醉，而椀中酒不減。遠近傳說，人皆異之。守珪請問，其術受於何人？少年曰："我陽平洞中仙人耳，因有小過，謫於人間，不久當去。"守珪曰："洞府大小與人間城闕相類否？"答曰："二十四化各有一大洞，或方千里，五百、三百里。其中皆有日月飛精，謂之伏神之根，下照洞中，與世間無異。其中皆有仙王、仙官、仙卿、輔相佐之，如世之職司。有得道之人及積功遷神反生之者，皆居其中，以為民庶。每年三元大節，諸天有上真下遊洞天，以觀其所理善惡。人世死生興廢，水旱風雨，預關於洞中焉。其龍神祠廟血食之司，皆為洞府所統也。二十四化之外，其青城、峨嵋、益登、慈母、繁陽、嶓冢，亦各有洞天，不在十大洞天、三十六小洞天之數。洞之仙曹，如人間郡縣聚落耳，不可一一詳記之也。"旬日之間，忽然夫婦俱去。

右陽平治山，山中有主簿治、嗣師治、係師治。

第二鹿堂山治。

　　治在漢州綿竹縣[8]界北鄉，去成都三百里，上有仙室仙臺，古人度世之處。昔永壽元年，太上老君將張天師於此治上，與四鎮太歲大將軍川廟百鬼共折石爲要，皆從正一盟威之道。山有松栢五龍仙穴，能通船渡，持火入穴，三日不盡。治應亢宿，號長[9]發之，治王八十年。

第三鶴鳴神山上[10]治。

　　治在其上，山與青城天國山相連，去成都二百里，在蜀郡臨邛縣界，徑道三百里，世人不知之，馬底子何丹陽得道處。治前三水共成一帶，神龍居之，有四金釘，二石金銀，鹽三斛，亦言尹喜主之。治應氐宿，賤人發之，治王六十年。《神仙傳》云：張天師遇中國紛亂，乃入蜀鶴鳴山學道也。

第四漓沅山治。

　　治在彭州九隴縣[11]界，與鹿堂山治相連，其間八十里，去成都二百五十里。有果松神草，服之升仙。又有四龍[12]起騎之門，范蠡主之。治應房宿，庶人發之，治王二十年。

第五葛璝山治。

　　治在彭州九隴縣界，與漓沅山相連，去成都縣二百三十里，去陽平治水口四十八里，昔賢於此得道，上有松栗山，高六百丈。治應心宿，道人發之，治王九十年。南康王太尉中書令韋公皋，爲成都尹相國張公之愛壻，而量深器大，舉止簡傲，不狎於俗。張公奕世相家，德望清貴，舉族皆輕侮於韋，以此見薄，亦未之悟也。忽夢二神人謂之曰：「天下諸化，領世人名籍。吾子名係葛璝，祿食全蜀，富貴將及，何自滯耶！勉哉行矣！異日當富貴，無以葛璝爲忘也。」由是韋有干祿之志，謀於其室家，復勉勵之，以粧奩數十萬金資其行計。既達秦川，屬歲饑久雨，因知友所聘，署隴州軍事判官。俄而駕出奉天，郡守奔難行在。皋率土客甲士饋輓軍儲，以申扈衛，以功就拜防禦使。復請赴覲行朝，德宗望而器之。既平寇難，大駕還京，以功檢校右僕射、鳳翔節度使，懇讓乞改西川，乃授西川節度，與張公交代焉。擁師赴任，張假道歸闕，以避其鋒。既而累年蜀境大穰，金帛豐積，南詔內附，乞為臣妾，威名益重，而貢賦不虧，朝廷倚注，戎蠻懾伏。由是請許南詔置習讀院，入質子學生習《詩》《書》《禮》《樂》。公文翰之美，冠於一時，南詔得其手筆，刻石以榮其國。而葛璝之事，久已忘矣。又夢二神人曰："富貴而忘所因，其何甚耶！"公夢覺流汗，驚駭久之，乃躬詣雲林，炷香禱福。遂命工度木，揆日修崇，作南宮飛閣四十間，巨殿修廊，重門邃宇，範金刻石，知無不為。支九隴租賦，於山下阿屯輸貯，糧糧山積，匠石雲起。自製碑刊于洞門之側，上構層樓，揀選僅七十人，以供灑掃，良田五百畝，以贍齋儲。在鎮二十餘年，封至王爵矣，即本命丁卯屬葛璝化也。

第六庚除治。

山去平地三百九十丈，在廣漢郡綿竹[13]縣西，去縣五里，去成都二百八十里。上常有仙人來往，可以度厄[14]養性，昔張力得道之處。山有二石室，三龍頭，淮水遶之。治應尾宿，當道士發之，治王始終。

第七秦中治。

主神仙在廣漢郡德陽[15]縣東九里，去成都二百里，其山浮，昔韓眾於其上得仙。前有大水，東有道徑於漢洛，治面[16]有大石銅為誌。治應箕宿，癲人發之，治王始終。

第八真多治。

山在懷安軍金堂縣[17]，去成都一百五十里。山有芝草神藥，得服之令人壽千歲。山高二百八十丈，前有池水，水中神魚五頭。昔王方平於此與太上老君相見。治應斗宿，女人發之，治王七十年。

無極元年十月五日，真正無極太上立中治[18]八品，氣要訣在掌中。

第一昌利治。

山在懷安軍金堂縣[19]東四十里，去成都一百五十里，昔蜀郡李八伯[20]初學道處。八伯，唐公房之師也。遊行蜀中諸名山，常自出戲於成都市，暮宿於青城山上，故號爲八伯也。其山南有一石室，容八十人，前有三龍門爲誌。治應牛宿，狂惑人發之，治王五百年。

第二隸上治。

山季子先生學道飛仙。治在廣漢郡德陽[21]縣東二十里。山有二石室，有一神井，白鹿白鶴白鳩時來飲之。有石在治前，與慈母[22]治相連。西有赤石溪，上有三松爲誌。山去平地二千九百丈，昔中山衛叔卿於此得道。治應女宿，貧賤人發之，治王百年。

第三涌泉山神治。

昔廣漢馬明生學道得仙，太上老君至此化形住此。治在遂寧郡小漢縣界，上有泉水，治萬民病，飲之無不差愈，傳世爲祝水。治去成都二百里，有懸崖百丈近綿水，猴猿百鳥來在其間。治應虛宿，野人發之，治王三十年。其山小而高，四向有遊道。

第四稠粳治。

在犍爲郡新津[23]縣，去成都一百一十里，汶山江水經焉[24]。山高去平地一千七百丈，昔軒轅學道之處也。治左右有連岡相續，西北有味江[25]水。山亦有芝草仙藥，可養性命。治應危宿，貴人發之，治王五十年。

第五北平治。

在眉州彭山縣[26]，去成都一百四十里。山上有池水，縱廣二百步。中有神芝藥草，食之與天相久，昔越人王子喬得仙。治應室宿，道師發之，治王四十年。一名硍山治。

第六本竹治。

山在蜀州新津縣[27]，去成都一百二十五里。山高一千三百丈，上有一水，有香林在治陌。北有龍穴地道通峨嵋山，上有松，昔郭子聲得道之處也。後有林竹，西去十五里通鶴鳴，山前水中常有神龍遊戲。治應壁宿，龍門吏人發之，治王五百年。

第七蒙秦治。

山在越嶲郡臺登[28]縣西，去城二十里，去成都一千四百二十里。治與越嶲郡隔河水，前有小山，後有大山，高一千丈，昔伊尹於此山學道。上有芝英金液草，服之得度世。後有漢中郡趙昇得道於此。治應奎宿，凡人發之，治王九十年。

第八平蓋治。

山在蜀州新津縣[29]，去成都八十里。前山下有玉人，身長一丈三尺。昔吳郡崔孝通於此山學道，得飛仙。山西有大江，南有長山，北有平川，中有龍門。治應婁宿，陰人發之，治王千年。

無上二年正月七日，無爲大道玄真立下治八品[30]，氣要訣在掌中。

第一雲臺山治。

在巴西郡閬州蒼溪縣東二十里[31]，上山十八里方得，山足去成都一千三百七十里。張天師將弟子三百七十人住治上，教化二年，白日升天。其後一年，天師夫人復升天。後三十年，趙昇王長復得白日昇天。治前有巴西大水，山有一樹桃，三年一花，五年一實，懸樹高七十丈，下無底之谷，唯趙昇乃自擲取得桃子，餘者無能取之。治應胃宿，有人形師人發之，治王五十年。又云：雲臺治山中有玉女乘白鶴，仙人乘白鹿，又有仙師，來迎天師白日升天，萬民盡見之。一云：此天柱山也。在雲臺治前，有立碑處[32]。

雲臺治中錄曰：“施存，魯人，夫子弟子，學大丹之道三百年，十鍊不成，唯得變化之術。後遇張申，爲雲臺治官，常懸一壺如五升器大，變化爲天地，中有日月如世間。夜宿其內，自號壺天，人謂曰壺公，因之得道在治中。”

第二鹿堂治。

山在漢中郡江陽縣，去成都二千九百二十里，陳安世於此山上學道得仙。安世，京兆人也。漢中水過其前山，一名平元山，西有長山，東有流海，帝王所住，有青龍門。治應昴宿，俗人發之，治王五百年。

第三後城山治。

在漢州什邡[33]縣，昔憂[34]子然於此山上學仙得道，左有大水，後有重山，山有神芝，服之壽千歲。一名黃陵山，南有長山，北有青龍，東有松栢爲誌。治應畢宿，凡人發之，治王八十年。

第四公慕治。

在漢州什邡[35]縣，去治一百里，昔蘇子[36]於此山學道得仙。一名北逢仙山，南有石坎，北有懸流水。治應觜宿，病人發之，治王七十年。

第五平岡治。

山在蜀州新津縣[37]，去成都一百里，昔蜀郡人李阿於此山學道得仙，白日升天。治應參宿，道士發之，治王二十年。北有三重曹溪，南有特山爲誌。

第六主簿山治。

在邛州蒲江縣[38]界，去成都一百五十里，蜀郡人王興於此學道得仙。一名秋長山，南有石室玉堂，松栢生其前。治應井宿，徹人發之，治王八十年。

第七玉局治。

在成都南門內，以漢永壽元年正月七日，太上老君乘白鹿，張天師乘白鶴，來至此坐局脚玉牀[39]，即名玉局治也。治應鬼宿，千丈大人發之，治王三世。

第八北邙山治。

在東都洛陽縣[40]，梁水在治左，務成子[41]於此得道。大黃出東穴泉南流[42]。治應柳宿，仙聖發之，治王六十年。

《玄都律》第十六云：治者，性命魂之所屬也。《五嶽名山圖》云：

陽平治屬金，屬角星。鹿堂治金，亢星。鶴鳴治木，氐星。漓[43]沅治土，房星。葛璝治火，心星。庚除治火，尾星。秦中治水，箕星。真多治金，斗星。

右八治是上品，並是後漢漢安元年太上老君所立。

昌利治土，牛星。隸上治火，女星。涌泉治木，虛星。稠粳治火，危星。北平治金，室星。本竹治木，壁星。蒙秦治火，奎星。平蓋治土，婁星。

右八治是中品，置如前云。

雲臺治木[44]，胃星。濜口治木，昴星。後城治土，畢星。公慕治金，觜星。平岡治水，參星。主簿治金，井星。玉局治水，鬼星。北邙治土，柳星。

右八治是下品，置如前云。

岡氐[45]治水，星星。白石治金，張星。鍾茂治水，翼星。具山治土，軫星。《地圖》云：此四治在京師東北。

右此四治是張天師所加，充前二十四治，合成二十八治，上應二十八宿。

平公治屬水，配湧泉治。公慕治屬土，配稠粳治。天台治屬土，配本竹治。瀨鄉治屬金，配昌利治。樽領治屬金，配雲臺治。代元治屬金，配雲臺治。利[46]里治屬火，配隸上治。漓沅治屬金，配昌利治。

右是天師更加此八治，以配八品，周布四海，鎮國化人也。

《太真科》下卷所說云：第一別治有四者：第一具山治，第二鍾茂治，第三白石治，第四岡氐治。

右四品在外名別治，於內名備治，備治足二十八也。則與三八別也。

第二遊治有八者：第一吉陽治，第二平都治，第三河逢治，第四慈母治，第五黃金治，第六太華治，第七青城治，《五符經》作青城山。第八峨嵋治。

右八品是遊治也。

第三配治有八者：第一代元治，第二樽領治，第三瀨鄉治，第四天台治，第五公[47]慕治，第六平公治，第七利里治，第八漓沅治。

右八品是配治也。

第四正治二十有四者：

第一北邙治，第二玉局治，第三主簿治，第四平岡治，第五公慕治，第六後城治，第七漨口治，第八雲臺治。

右是下品八治也。

第一平蓋治，第二蒙秦治，第三本竹治，第四稠稉治，第五北平治，第六湧泉治，第七隸上治，第八昌利治。

右是中品八治也。

第一真多治，第二秦中治，第三庚除治，第四葛璝治，第五漓沅治，第六鶴鳴治，第七鹿堂治，第八陽平治。

右是上品八治也。

第五星宿治二十有八，名上治，一名內治，又名大治，又名正治，是上皇元年七月七日，無上玄老太上大道君所立上中下品。

二十八宿要訣：

第一角宿，上治無極虛无无形，下治陽平山。

第二亢宿，上治無極虛无自然，下治鹿堂山。

第三氐宿，上治無極玄元無爲，下治鶴鳴山。此三治主辰生。

第四房宿，上治虛白，下治漓沅山。

第五心宿，上治洞白，下治葛璝山。此二治主卯生。

第六尾宿，上治三一，下治庚除山。

第七箕宿，上治三元，下治秦中山。此二治主寅生。

第八斗宿，上治三五，下治真多山。此一治主丑生。

右上八品，無上治。

第九牛宿，上治九天，下治昌利山。

第十女宿，上治五城，下治隸上山。此合前三治主丑生。

第十一虛宿，上治元神，下治湧泉山。

第十二危宿，上治丹田，下治稠稉山。此二治主子生。

第十三室宿，上治常先，下治北平山。

第十四壁宿，上治金梁，下治本竹山。此二治主亥生。

第十五奎宿，上治六府，下治蒙秦山。

第十六婁宿，上治太一君，下治平蓋山。

　　右中八品，玄老治之。

第十七胃宿，上治五龍，下治雲臺山。此合前三治主戌生。

第十八昴宿，上治隨天，下治瀘口山。

第十九畢宿，上治六丁，下治後城山。此二治主酉生。

第二十觜宿，上治十二辰，下治公慕山。

第二十一參宿，上治還身，下治平岡山。此二治主申生。

第二十二井宿，上治拘神，下治主簿山。

第二十三鬼宿，上治無形，下治玉局山。此非人所生[48]。

第二十四柳宿，上治聚元，下治北邙山。此三治主未生。

　　右下八品，太上治之。

太上漢安二年正月七日中時，二十四治上八中八下八以應二十四氣，付天師張道陵。

第二十五星宿，上治別形，下治岡氏山。

第二十六張宿，上治保氣，下治白石山。此二治主午生。

第二十七翼宿，上治五玉[49]，下治鍾茂山。

第二十八軫宿，上治金堂，下治具山。此二治主未[50]生。

天師所立四治

天師以建安元年正月七日出下四治，名備治，合前二十八宿也。星宿治隨天立，歷運設教，劫劫有受命爲天師者，各各申明濟世度人，以至太平。太平君出，更加有司，隨其才德，進位神仙。

天師以漢安元年七月七日，立四治付嗣師，以備二十八宿。

第一岡氏治，在蘭武山，應星宿。

第二白石治，在玄極山，應張宿。

第三具山治，在飯陽山，應翼宿。

第四鍾茂治，在元束山，應軫宿。此四治説與前大同小異。

系師以太元二年正月七日，立八品遊治。

峨嵋治在蜀郡界。青城治在蜀郡界。黄金治在蜀郡界。太華治在京兆郡界。慈母治在城市[51]山界。河逢治在上黨郡界。平都治在巴郡界。吉陽治在蜀郡界。

系師者，嗣師子也，諱魯，於陽平山得尸解仙道。又立一治，名系師治。但嗣師治並主簿是天師門下也，又立一治。今按《玄都職治律》第九云：代元治平都治是巡遊治也。是知峨嵋治等亦是遊治。

【校記】

〔1〕"日中"原作"中"，據《無上祕要》卷二三《正一炁治品》增。

〔2〕"元和"原作"延和"，據《三洞珠囊》卷七《二十四治品》改。

〔3〕以上十九字，上書作"以芝草圖經歷神仙，爲國採延年長生樂"。

〔4〕"老君"，上書作"元老"。

〔5〕"符"原作"付"，據上書改。

〔6〕以上二十四字，上書作"以用化流俗，愚者不貪比，真覽競所欲，仙道何足訓，傳之於質朴也"。

〔7〕"彭州九隴縣"，上書作"繁縣"。

〔8〕"漢州綿竹縣"，上書作"蜀郡繁縣"。

〔9〕"號長"，上書作"弓長"。

〔10〕"上"，上書作"太上"。

〔11〕"彭州九隴縣"，上書作"蜀郡繁縣"。下同。

〔12〕"龍"，上書作"龍神"。

〔13〕"綿竹"，上書作"陽泉"。

〔14〕"厄"原作"毛"，據上書及《道藏輯要》本、《四部叢刊》本改。

〔15〕"德陽"，《三洞珠囊》卷七《二十四治品》作"綿竹"。

〔16〕"面"，上書作"西"。

〔17〕"懷安軍金堂縣"，上書作"廣漢郡新都縣"。

〔18〕"中治"原作"治中"，據上書及《無上祕要》改。

〔19〕"懷安軍金堂縣"，《三洞珠囊》卷七《二十四治品》作"廣漢郡碩縣"。

〔20〕"伯"，上書作"百"，下同。

〔21〕"德陽"，上書作"陽泉"。

〔22〕"慈母"原作"綿毋"，據上書改。

〔23〕"新津"，上書作"南安"。

〔24〕"經焉"，上書及《無上祕要》作"九里"。

〔25〕"味江"，《無上祕要》卷二三《正一炁治品》作"沫江"。

〔26〕"眉州彭山縣"，《三洞珠囊》卷七《二十四治品》作"犍爲郡南安縣"。

〔27〕"蜀州新津縣"，上書作"犍爲郡南安縣"。

〔28〕"臺登"，上書作"邛都"。

〔29〕"蜀州新津縣"，上書作"犍爲郡武陽縣"。

〔30〕"立下治八品"原作"立下八品治"，據上書及《無上祕要》改。

〔31〕"閬州蒼溪縣東二十里"，《三洞珠囊》卷七《二十四治品》作"閬曰縣西去六十里"，"曰"疑當作"内"。

〔32〕"處"，上書作"一雙"，無"一云"二字。

〔33〕"漢州什邡"，上書作"漢中郡南鄭"。

〔34〕"昊"，《無上祕要》卷二三《正一炁治品》作"夏"。

〔35〕"漢州什邡"，《三洞珠囊》卷七《二十四治品》作"漢中郡南鄭"。

〔36〕"蘇子"，《無上祕要》卷二三《正一炁治品》作"蘇子玉"。

〔37〕"蜀州新津縣"，《三洞珠囊》卷七《二十四治品》作"犍爲郡南安縣"。

〔38〕"邛州蒲江縣"，上書作"犍爲僰道縣"。

〔39〕"牀"原作"寐"，據上書改。

〔40〕"東都洛陽縣"，上書作"京兆郡長安縣"。

〔41〕"子"原作"丁"，據上書改。

〔42〕"大黄出東穴泉南流",上書作"大黄山東有穴泉,南有東流"。

〔43〕"漓"原作"治",據上書改。

〔44〕"木",上書作"火"。

〔45〕"氐",上書及《無上祕要》卷二三《正一炁治品》作"互",下同。

〔46〕"利"原作"和",據上二書改。

〔47〕"公"原作"八",據上二書改。

〔48〕"此非人所生",《三洞珠囊》卷七《二十四治品》作"此非山"。

〔49〕"玉",上書作"王"。

〔50〕"未",上書作"巳"。

〔51〕"市",上書作"布"。

雲笈七籤卷之二十九

稟生受命

稟受章

《混元述稟篇》曰："夫人生於天地之間，稟二氣之和，冠萬物之首，居最靈之位，總五行之英，參於三才，與天地並德，豈不貴乎？"

《內觀經》云："天地構精，陰陽布化[1]，人受其生。一月爲胞，精血凝也；二月爲胎，形兆胚也；三月陽神爲三魂，動以生也；四月陰靈爲七魄，靜鎮形也；五月五行分五藏[2]，以安神也；六月六律定六府[3]，用滋靈也；七月七精開竅，通光明也；八月八景神具，降真靈也；九月宮室羅布，以定精也；十月氣足，萬象成也。元和哺飼，時不停也。太一居腦[4]，總衆神也；司命處心，納生氣[5]也；桃康住臍，保精根也；無英居左，制三魂也；白元居右，拘七魄也；所以周身，神不空也。《易·繫辭》曰：'乾道成男，坤道成女'是也。"

《因緣經》曰："人始受身從虛無中來，廻黃轉白，構氣凝精，承天順地[6]，合化陰陽。一月爲胞，鬱單天氣下浹身中；二月爲胎，無量壽天氣下浹身中；三月魂具，須延天氣下浹身中；四月魄成，寂然天氣下浹身中；五月生藏，不驕樂天氣下浹身中；六月具六府，化應聲天氣下浹身中；七月明竅，梵輔天氣下浹身中；八月景附，清明天氣下浹身中；九月神降，無愛天氣下浹身中；天神一萬八千，身神一萬八千，共三萬六千，神氣具足[7]，十月而生。在胞之時，三元養育，九氣布化。"歲星爲肝，太白爲肺，鎮星爲脾，熒惑爲心，辰星爲腎。北斗七星開其七竅，七星降七童子以衛其身，七星之氣結爲一星，在人頭上，去頂三尺。人爲善者，其星光大而明；爲惡者，其星暗冥而小。善積則福至，惡積則災生，星光墜滅，其身死矣。

《生神章經》曰："人之受生於胞胎之中，三元育養，九氣結形。九月神布，氣滿能聲。十月[8]神具，九天稱慶。太一執符，帝君品命，主録勒籍，司命定筭，五帝監生，聖母衛房，天地神祇，三界備守。九天司馬在庭，東向讀《生神寶章》九過。男則萬神唱恭，女則萬神唱奉；男則司命敬諾，女則司命敬順，於是而生。九天司馬不下命章，萬神不唱恭諾，終不生也。人得還生人道，濯形太陽，驚天駭地，貴亦難稱[9]。天真地祇[10]，三界齊臨，亦不輕也。當生之時，亦不爲陋也。若能愛其形，保其神，貴其氣，固其根，終不死壞，而得神仙，骨肉同飛，上登三清，與三氣合德，九氣齊并。"反於此者，自取死壞耳，可不哀乎！

《真文經》曰："人之生也[11]，頭圓象天，足方法地，髮爲星辰，目爲日月，眉爲北斗，耳爲社稷，鼻爲丘山[12]，口爲江河，齒爲玉石，四肢爲四時，五藏法五行。"與天地合其體，與道德齊其生，大矣！貴矣！善保之焉。昔天真皇人於峨嵋山中告黄帝曰："一人之身，一國之象也。胷腹之位，猶宫室也；四肢之列，猶郊境也；骨節之分，猶百官也。神猶君也，血猶臣也，氣猶民也[13]，能知治身，則知治國矣。夫愛其民所以安其國，惜其氣所以全其身，民散則國亡，氣竭則身死。亡不可復存，死不可復生。至人消未生之患，治未病之疾，堅守[14]之於無事之前，不追之於既逝之後。民難養而易散，氣難保而易失，審威德者[15]保其理，割嗜欲者保其炁[16]。"得不勤哉！得不成哉！

太上九丹上化胎精中記

《九丹上化之文》，太微帝君受於三天玉童，乃上化九轉，廻精凝神，解散紫胞結節之根，還精補胎，靈鎮窮腸，內充外逸[17]，九竅鮮明，鍊髓易骨，節節納真，其法高妙，祕於九天金房玉室靈都之宮，依《四極明科》萬劫一傳[18]，自無玄名紫簡，綠字上清，不得參聞。有犯靈禁，伐以神兵。密修其道，白日飛仙。

九天丈人告三天玉童曰："天地交運，二象含[19]真，陰陽降炁，上應九玄。流丹九轉，結炁為精，精化成神，神變成人。故人象天地，氣法自然。自然之氣，皆九天之精，化為人身，舍胎養育，九月氣盈，九天氣普，十月乃生。其結胎受炁，有吉有凶，有壽有夭，有短有長，皆稟宿根。結氣不純，藏胃積滯，六府敗傷，形神不固，體不受靈，死氣入竅，何由得存？徒知修學，不識此源。今以相告，一形之真，隨生解結，哺養百神。體自生光，內府鮮明，神安宮宅，萬炁並仙。子其祕之，慎勿輕宣。"

凡人受生，結九丹上化於胞胎之中，法九天之氣，氣滿神具，便於胞囊之內，自識其宿命，知有本根，轉輪因緣，九天之氣，化成其身。既覩陽道，開廣[20]三光，而自忘其所生所由之因爾者，皆由胞根結滯，盤固三關，五府不理，死氣塞門，致靈關不發，而忘其因緣也。若靈真託化，含鍊瓊胎，暫經紫戶，運履人道，挺秀自然，曜景覩靈，便騰身九天，非復結精受氣而為人也。

凡人生稟九天之氣，氣凝為精，精化成丹，丹變成人，結胎含秀，法則自然。假令七月生，則十月胎受波羅答恝天之氣；十一月生[21]則受梵迦摩夷天之氣；十二月生則受梵輔[22]天之氣；正月生則受化應聲天之氣；二月生則受不驕樂天之氣；三月生則受寂然天之氣；四月生則受須延天之氣；五月生則受上上禪善無量壽天之氣；六月生則受鬱單無量天之氣。

凡人從十月結胎，至於六月，則受九天之氣已滿。至七月，合十月，則天地氣盈，受太陽之運而生也。

凡修學之家，仰希神仙，當知鍊身於九丹，解結於五神，引氣於本生，滅根於三關。九鍊十變，百節開明，斷絕胞結，乃知本真。既知本真，便成上仙。學無此法，三宮不聰，死氣不滅，胃不受靈。氣離神遊，赤子不歡，宮宅空廢，邪魔入身。所以百痾從此而生，死不盡命，痛乎何言！

凡陽氣赤，名曰玄丹；陰氣黃，名曰黃精。陰陽交接，二氣降精，化神結胎，上應九天。九天之氣，下布丹田，與精合凝，結會命門。要須九過，是爲九丹，上化下凝，以成於人。一月受氣，二月受靈，三月含變，四月凝精，五月體首具，六月化成形，七月神位布，八月九孔明，九月天氣普，乃有音聲，十月司命勒籍，受命而生。故人禀九天之氣，降陰陽之精。名曰九丹，合成人身。既得爲人，便應返其本真，通理五藏，解散胞根，斷滅死氣，自然成仙也。

解胎十二結法

凡人生在胞胎之中，皆禀九天之氣，凝精以自成人也。既生而胞中有十二結節，盤固五內。五內滯閡[23]，結不可解，節不可滅。故人之病，由於節滯也；人之命絕，由於結固也。兆能解結於胞中十二結節，則求死亦不得也。

胞上部有四結：一結在泥丸中，二結在口中，三結在頰中，四結在目中。欲解上部四結，當以本命日平旦入室燒香，向西北九拜，朝九天元父叩齒九通，三呼元父諱訖[24]，廻向東南三拜，三呼九天玄母諱[25]。還向本命平坐閉眼，思元父身長九寸九分，著玄黃素靈之綬，頭戴七稱珠玉之幘，無極進賢之冠，居九天之上，太極瓊宮玉寶之府丹靈鄉洞元里中，乘碧霞飛輿，從十二飛龍、二十四仙人，從西北來下，入我身中泥丸之境。

次思玄母身長六寸六分，著青寶神光錦繡霜羅九色之綬，頭戴紫元玄黃寶冠，居九炁無極之上，瓊林七映丹房玉寶洞元之府九光鄉上清里中，乘紫雲飛精羽蓋，從十二鳳凰、三十六玉女，從東南來下，入甲身中，治面洞房之內。思父母化爲青黃二氣，宛轉相沓，竟[26]於頭面之上。畢，叩齒九通，微呪曰："甲受九靈之化，結氣不純，節滯盤固，鎮塞靈門。謹以本命，上告高晨，元父玄母，下映我身。八景齊暉，九天同眞，共解上部，四結胞根。廻靈鎮戶，九孔結仙，内胎鍊化，九丹凝神。變青爲赤，二氣纏綿，壽同三光，永享億年。"畢，咽氣八十一過止。

又思鬱單無量天王姓混諱霧霧靈，衣九色無縫自然斑文之裘，頭戴耀精日圓之冠[27]，治天無央玄臺紫戶之内，乘九麟瓊輪，侍玉仙二十四人。

次思上上禪善無量壽天王姓禊[28]諱霊霧霸，衣九色雲文之裘，頭戴暉精月光之冠，治天王國朱林[29]七寶瓊臺，乘十二玄龜飛青羽蓋，從上官太仙玉童三十二人。

次思須延天王姓淬[30]諱霓霣霢，衣九色三法雲文之裘，頭戴天元玉寶明冠，治天玉京靈都宮，乘九色飛鴻三素飛雲，從素靈玉女一十四人。

次思三天眞王共下我身頭面之上，化爲青紫黃三氣，混沌如雲之沓，從口耳鼻孔之中而入，直帀一面。便仰祝曰："三天天王，九玄靈仙，爲我上解頭面之關結，化九丹自然，降精金門之上，交合三真之雲。降流我身，以成我神。盪去死氣，滅絕胞根。靈景鎮固，棄諸凶患。結結得解，節節納真。玄光流布，洞灌幽泉。言名九天，反胎化仙。内充外盈，表裏成神。"畢，仰咽氣九過止。

又思上部八景神童，閉眼存腦神名覺元子字道都，形長一寸一分，著白錦之衣；頭戴三梁寶冠；髮神名玄文華字道衡，形長二寸一分，衣玄雲錦衣，頭戴無極進賢之冠；皮膚神名通衆仲字道連，形長一寸五分，衣黃錦飛帬，頭戴三氣寶天冠；目神名虛監生字道童，形長三寸六分，衣五色章衣，頭戴通天之冠；頂髓神名靈謨蓋字道周，形長五寸，衣白錦素帬，頭戴三梁寶冠；膂神名益歷輔字道柱，形長三寸五分，衣白玉柔衣，頭戴玄元寶冠；鼻神名沖龍玉字道微，形長二寸五分，衣青黃素錦飛羣，頭戴遠遊之冠；舌神名始梁峙字道岐，形長七寸，著絳錦飛帬，頭戴進賢之冠。八景都竟，並如嬰兒之形，一合在面部之上，各安其所。乃叩齒八通，微祝曰："上景一部，八神合真。結氣九丹，化成我身。千乘萬騎，如雲散煙。降匝頭面，施靈布神。上解結節，中滅胞根，下除[31]固滯，通理三關。八景翼體，與靈同年。帝君玄母，曲廻高晨。降我玉華，停我落鮮。返容朱顏，面化金仙。變景逐電，逕造日門。"仰咽八氣，都止，便服《上化九丹陽靈之符》。

胞中部有四結：一結在五藏中，二結在太倉中，三結在大腸中，四結在小腸中。兆欲解中部四結，以本命之日正午時入室燒香，向西北九拜，朝元父三呼元父諱，轉東南三拜，朝玄母三呼玄母諱，還向行年[32]上平坐，叩齒九通，閉目思元父身長九寸九分，著玄黃素靈之綬，頭戴七稱珠玉之幘，無極進賢之冠，居九天之上，太極瓊宮玉寶之府丹靈鄉洞元里中，乘碧霞飛輿，從十二飛龍、二十四仙人，從西北來下，入某身中五藏之內。

次又思玄母身長六寸六分，著青寶神光錦繡霜羅九色之綬，頭戴紫元玄黃寶冠，居九氣無極之上，瓊林七映丹房玉寶洞元之府九光鄉上清里中，乘紫雲飛精羽蓋，從十二鳳凰、三十六玉女，從東南下來，入我五藏之中。思父母化為青黃二氣，混沌如日之圓，映照五藏，光耀内外。便仰祝曰："父靈母精，二氣齊并。九丹凝化，結胎紫瓊。稟景太微，命統九靈。帝君敷神，流真灌生。五藏結絡，六府洞清。胃管開聰，九竅朗明。宿節散滅，新胎更榮。變景鍊髓，冠帶九星。三暉翼部，飛入帝庭。"畢，咽四十五氣止。

又思寂然天王姓津諱霈霋，衣七色龍文通光之裘，頭戴陰精夜光之冠[33]，治天朱宮瓊臺之上，乘八景飛輪，從玉仙十二人。

次思不驕樂天王姓凝諱霸霍霽，衣九色飛霜雲文斑裘，頭戴青華歲星玄精之冠[34]，治天元宮映丹之房[35]九層玉臺，乘白鹿丹霞之輿，從上宮玉仙三十六人。

次思化應聲天王姓耀諱霖霾，衣九色流光耀雲錦裘，頭戴白光太白玉精之冠[36]，治天瓊林上宮朱映之房，乘飛鳳遊霄紫輪，從太真玉仙三十六人。思三天真王共下，入我身五藏之內，化為赤白皂三色之炁，混沌如雲之煙，從心孔而入，直市五内。便微祝曰："九丹凝靈[37]，三氣結纏，玄真充降，内外明鮮。太倉開通，腸胃結仙，斷滅節莖，散除宿根。三合成契，九化凝神，廻精玉胞，以成我身。九色玄黄，流精灌津，盪洗積滯，内無滓塵。華條合秀，種植靈根，孔孔洞朗，節節泠然。骨化景飛，上升紫天。"畢，仰咽九氣止。

又思中部八景神童，閉目存呼喉神名百流放字道通，形長八寸八分，著九色章衣，戴平天紫晨之冠；肺神名素靈生字道平，形長八寸一分，著白錦飛雲之衣，頭戴九元寶冠；心神名焕陽昌字道明[38]，形長九寸，著絳章單衣，頭戴玉晨寶天冠；肝神名開君童字道青，形長七寸，衣飛青羽帬，頭戴三梁之冠；膽神名龍德拘字道放，形長三寸六分，衣青黄緑三色之帬，頭戴無極進賢之冠；左腎神名春元真字道卿，形長三寸七分，著五色變光之帬，頭戴遠遊之冠；右腎神名象地[39]無字道生，形長三寸五分，衣白錦單衣，頭戴三氣寶光之冠；脾神名寶元全字道騫，形長七寸三分，著黄錦飛帬，頭戴紫晨之冠。八景都竟，並如嬰兒之形，一合在五藏之内，各安其所。仍叩齒八通，仰祝曰："中部八景，上變九廻。化精玉胞，結氣紫微。鍊魂固魄，萬神總歸。帝君解結，九孔散開。玄母降靈，節節納暉。内充外盈，華光無衰。得與八景，合輦同飛。本命告使，如兆所廻。運我上升，披觀靈扉。"畢，仰咽八氣止。便服《胎精鍊神之符》。

胞下部有四結：一結在膀胱中，二結在陰中，三結在後門中，四結在兩足中。兆欲解下部四結，以本命日夜半子時生氣始，入室燒香，向西北九拜，朝元父三呼元父諱。轉向東南三拜，朝玄母三呼玄母諱。還向太歲上平坐，叩齒九通，閉目思元父身長九寸九分，著玄黄素靈之綬，頭戴七稱珠玉之幘，無極進賢之冠，居九天之上，太極瓊宫玉寶之府丹靈鄉洞元里中，乘碧霞飛輿，從十二飛龍、二十四仙人，從西北來下，入某身中五藏膀胱之内。

次思玄母身長六寸六分，著青寶神光錦繡霜羅九色之綬，頭戴紫元玄黄寶冠，居九炁無極之上，瓊林七映丹房玉寶洞元之府九光鄉上清里中，乘紫雲飛精羽蓋，從十二鳳凰、三十六玉女，從東南來入我膀胱之內，下至兩腳。即思父母化爲青黃二炁，混沌如日圓，映照一身，光耀內外。便仰祝曰："陰陽交泰，二炁洞明。上化玄丹，下轉黃精。含胎變化，體無常形。帝君監映，九孔納靈。十二部結，散滅黃庭。八景經[40]絡，胃結紫瓊。三魂被鍊，七魄安寧。萬神保鎮，內外齊平。三部八景，與我俱生，運我飛升，上造玉清。"畢，咽二十四炁止。

又思梵輔[41]天王姓精諱霧雲霖，衣九色流雲飛晨之裘，頭戴流丹絳寶熒星玄精之冠[42]，治天南上七映之宮，乘流霞丹霄瓊輿羽蓋，從上宮玉仙十二人。

次思梵迦摩夷天王姓玄[43]諱霹霶，衣九色元鳳飛雲之裘，頭戴玄晨辰星流精之冠，治天九玄鳳[44]城紫瓊玉臺，乘白麟素雲飛輪，從太華仙童三十二人。

次思波梨答憩天王姓王諱靈霈，衣九色無縫玄雲寶裘，頭戴無極流黃鎮星飛精之冠，治天陵嶜玉京大有妙宮九曲之房，乘五色雲輿，從太玄玉童十二人。思三天真王共下降我身，治膀胱之中，下至兩足，化爲紫綠碧三色之炁，混沌如雲霧，從陰中而入，流布膀胱後門兩足之中，內外映照。便祝曰："三天育胎，九氣結神。上化玄丹，下轉變仙。二象交降，以成我身。六胃瓊秀，九府納真。十二結節，各各絕根。盪除穢炁，五靈敷陳。玄母吐精，鍊化光鮮。金仙翼靈，玉華結篇。記名青宮，長保[45]帝晨。"畢，仰咽九炁止。

又思下部八景神童，閉目存呼胃神名同朱育字道展，形長七寸，衣黃錦飛幃，頭戴平天紫晨之冠；窮腸中神名兆滕康字道還，形長二寸四分，衣絳章單衣，頭戴三梁之冠；大小腸中神名蓬送留字道廚，形長二寸一分，衣黃絳飛幃，頭戴玉晨寶天冠；胴中神名受亨勃字道靈[46]，形長九寸一分，衣九色章衣，頭戴飛晨玉冠；胸膈中神名廣瑛宅字道仲，形長五寸，衣白錦飛幃，頭戴無極進賢之冠；兩脅神名辟假馬字道成，形長四寸一分，衣赤白二色之幃，頭戴九元寶冠；左陰右陽[47]中神名扶流起字道圭，形長二寸三分，衣青黃白三色之羣，頭戴遠遊之冠；右陰左陽[48]中神名苞表明字道生，形長二寸三分，衣青黄白三色之羣，頭戴三梁之冠。存八景都畢，並如嬰兒之狀，各安所在，千乘萬騎，帀布在我陰中膀胱後門兩足之中。仍叩齒八通，仰祝曰："下部八景，散神飛仙[49]。含元育炁，鍊胎紫煙。太一元父，玄母交纏。二精流灌，含養内真。帝君定籍，司命改年。節結已散，九孔已鮮。魂魄保固，總攝萬神。與我同升，俱造玉晨。"畢，仰咽液八過止。

又思道一内神名逮無馬字道極生，形長二寸五分，衣紫文明光錦羣，頭戴無極進賢之冠，在兆臍下丹田之中，總統三部二十四真。叩齒三十六通，微祝曰："玄上大神，總領無外。安鎮幽谷，流精紫蓋。衆真侍靈，三部交衛。帝君映席，玄母歡泰。九元同符，司命延邁。三晨齊暉，與真結帶。"畢，仰咽二十四炁都止，便服《三關十二結胞胎内符》，符在本經。

上部四結，固人泥丸。落人華容，殀人生魂。中部四結，合凶爲羣。盤固太倉，迅人遊魂，來妖通姦，景夢不專。下部四結，結人後門。遏人九孔，斷人命根。帝君告靈，九天玉文，消解結節，滅諸根源。

【校記】

〔1〕"陰陽布化"後，本書卷十七《太上老君内觀經》有"萬物以生，承其宿業，分靈道一，父母和合"十六字。

〔2〕"五藏"，上書無"五"字。

〔3〕"六府"，上書作"腑"。

〔4〕"太一居腦"，上書作"太一帝君在頭曰泥丸君"。

〔5〕"生氣"，上書作"心源"，《道藏》本《太上老君内觀經》作"生元"。

〔6〕"承天順地"前，《太上洞玄靈寶業報因緣經》卷八《生神品》有"而元父生神，玄母成形"九字。

〔7〕"神氣具足"，上書作"聲尚神具"，且前有"神，一時生神，金樓玉閣，紫户青門，分靈布化，帀繞身中，表裏相應"二十五字。

〔8〕"十月"，本書卷十六《九天生神章經》及《道藏》本《九天生神章經》均作"聲尚"。

〔9〕"稱"，上二書作"勝"。

〔10〕"祇"，上二書作"神"。

〔11〕"之生也"三字，《太上靈寶五符序》卷上無。

〔12〕"鼻爲丘山"四字原脱，據上書補。

〔13〕"血猶臣也，氣猶民也"原作"血猶民也"，據上書改。

〔14〕"堅守"，上書作"醫"。

〔15〕"者"，上書作"所以"。

〔16〕"者保其炁"，上書作"所以保血氣"。

〔17〕"逸"，《道藏》本《上清九丹上化胎精中記經》作"溢"。又"補胎"作"哺飴"。

〔18〕"傳"原作"時"，據上書改。

〔19〕"含"，上書作"合"。

〔20〕"廣"，《上清九丹上化胎精中記經》及《無上祕要》卷五《人品》作"曠"。

〔21〕"生"字，《上清九丹上化胎精中記經》無，下同。

〔22〕"輔"，《上清外國放品青童内文》卷下及《無上祕要》卷五《人品》所引《洞真九丹上化胎精中記經》作"寶"。

〔23〕"閬"，《上清九丹上化胎精中記經》及《洞真太一帝君太丹隱書洞真玄經》均作"閡"。

〔24〕"訖"，《上清九丹上化胎精中記經》作"遵"。元父諱九靈遵。

〔25〕"諱"下原空二格，上書作"諱沌"。按《上清衆經諸真聖祕》卷二引《上清元始寶真上經九靈太妙龜山元錄》云："九天元父元洞根之氣，諱九靈遵字混太真；九天玄母元洞淵之氣，諱員沌字黄大覆。"所空二格，宜補"員沌"二字。

〔26〕"竟"，《上清九丹上化胎精中記經》作"競"。

〔27〕"之冠"二字原無，據上書增。下同。

〔28〕"禊"，本書卷二二作"祄"。

〔29〕"王國朱林"，《無上祕要》卷二一《仙都宮室品》作"玉國珠林"。

〔30〕"姓淳"，本書卷二二作"姓澤"。

〔31〕"除"原作"降"，據《上清九丹上化胎精中記經》改。

〔32〕"行年"，上書作"流年八字"。

〔33〕"之冠"二字原無，據上下文例增。

〔34〕"之冠"二字原無，據《上清九丹上化胎精中記經》增。

〔35〕"元宮映丹之房"，《無上祕要》卷二一《仙都宮室品》作"元映丹宮"。

〔36〕"太白玉精之冠"原作"太白精"，據《上清九丹上化胎精中記經》增。

〔37〕"靈"，上書作"霄"。

〔38〕"明"原作"名"，據上書及《上清衆經諸真聖祕》卷二改。

〔39〕"地"，上二書作"他"。

〔40〕"經"，《上清九丹上化胎精中記經》作"纏"，疑作"纏"是。

〔41〕"輔"，上書及《上清外國放品青童內文》卷下作"賓"。

〔42〕"之冠"二字原無，據《上清九丹上化胎精中記經》增。下同。

〔43〕"迦摩"原作"摩迦"，據本卷上文改。"姓玄"，本書卷二二作"姓云"。

〔44〕"鳳"，《無上祕要》卷二一《仙都宮室品》作"玉"。

〔45〕"保"，《上清九丹上化胎精中記經》作"侍"。

〔46〕"靈"，上書及本書卷三一《太微帝君太一造形紫元內二十四神回元經》與《無上祕要》卷五所引《洞真造形紫元二十四神經》並作"虛"。"亨"，《上清九丹上化胎精中記經》作"享"，本書卷三一《太微帝君太一造形紫元內二十四神回元經》及《無上祕要》卷五所引《洞真造形紫元二十四神經》均作"厚"。

〔47〕"左陰右陽"，本書卷三一《二十四神回元經》作"左陰左陽"。

〔48〕"右陰左陽"，上書作"右陰右陽"。

〔49〕"散神飛仙"，《上清九丹上化胎精中記經》作"散形變神"。

雲笈七籤卷之三十

禀生受命

帝一混合三五立成法

夫人者，受生於天魂，結[1]成於元靈，轉輪九炁，挺生太一，開關三[2]道，積神幽宮。所以玄液七纏，流津敷澤，日月映其六虛，口目運其神氣，雲行雨施，德擬天地，胞胎內匠，五因來具，立人之道，其如此也。五因者，是五神也；三道者，是三真也。夫五神天之魂，三真道之炁[3]，九炁[4]天之胎，太一天[5]之源，日月天之眼[6]，玄液天之潤，六虛天之光，幽宮天之府，神氣天之化，元靈帝之變。凡此言九天[7]者，乃混合帝君之變，變而化之[8]，是謂九宮，九宮混變而同一矣。若兆欲修已來[9]生，當從所生之宗。所生之宗，謂元父玄母也。元父主炁，化理帝先；玄母主精，變結胞胎。精氣相成，如陰陽相生，雲行雨施，兆已道合無名。數起三五，兆始禀形；七九既帀，兆體乃成。和合三五，七九洞真[10]，象帝[11]之先，當須帝[12]營。天皇之功，九變為靈，功成人體，體與神并，神去則死，神守則生。是以三元為道之始，帝君為道之根，太一為道之變，九天為道之神，九宮為道之宅，玄田為道之圃[13]，玄液為道之津。修之三年[14]，可以照鏡三田，以致神仙。朝適六合，夕守泥丸，堅執胎精，心中常歡。學道之子，須此為緣，見是經者，始可與言。

存念太一，混合帝先，雄雌守神，灌流浩清，常使九天元[15]炁，则[16]合九成也。夫洞[17]其要也，则一体常存，津血自生，雄镇命户，雌守神室，太一无离，与天同时。故《太上隐符》曰："存其雄，守其雌，乃天地不能殄也。"既存之焉，则五神守宅，五藏生华，灵棲绛宫，帝镇泥丸，百神坚固，胎塞命门。久则三一之神夕见，太一帝先晨降，并见形于子之寝处也。子当清洁斋戒，断绝外事，杜塞邪逕，节诸人物，罕为循[18]诣，精心在一，晨夕循道，孜孜不替，沐浴五香，别静一室，烧香左右，以期真炁。太一之道，尤忌血腥臭臊殗秽之气。若泣泪堕落，则帝君悲擾；哭声发口，则太一凝结。故九气止而不变，三一悲而不摄。九炁不变，则三一亦结。结滞日积，生气泄出，而故炁运入。故炁运入，将病将死之始也。是以真人谓哭音为死绝之声，谓泣涕为漏精之津，可不慎避之哉！若一见死尸及积日哀哭者，则帝君获罪讁于太上，太一受考谴于玄虚也。将来三年，子将亡矣。诸不受太一之道者，自不得同之于学生也。所以至忌尸哭殗秽忧泪之感，以为太一帝君之精思也。又不得见死尸，自受书之后，若见四十九尸者，皆不得长生，必中道绝命也。若见二十四尸者，则当蹔过太阴，然后超仙。以为死尸之形，既眄於两眼，尸秽之气，亦滞缠於人思，人思[19]所存，记于绛宫，绛宫所识，虽忌[20]犹存。宜蹔归身顯尸，塞思记之眼故也，子厚慎之哉！见血尸丧殗秽哀哭泣涕，皆太一之至忌也。若恒斋戒，则存思[21]易感，精诚[22]立会，太一镇命，欢欣混合。行之一十八年，白日升晨，此真人迴老反婴之道也。

存三一，守太一，精洞房，会帝君，则化生九灵於子形中，辅子之神明，成子之真仙，保子之长生，固子之胎魂也。白元无英桃君司命太一混合，五神捧籍列符，五神各有所主，混合九变，三五洞化。於是三宫镇真，百节受灵，帝君宝籍，宿命无倾。周旋虚烟，啓通玄精，二十四真，忽然化生。上开上元，下开八冥，左朝六甲，右使六丁。玉华引日，太一并形，千乘万骑，举身登晨，白日升天。真人修是太一之道者，皆得三天之举，故曰举身登晨，白日升天。以鸡鸣时，晨登空无，比日[23]之中，到于三天之上。日之正中为白日，鸡之始鸣为登晨，是以存太一混合，多用雞鳴及生氣時也。

九天九宮，中有九神，是謂天皇九魂，變成九氣，化爲九神，各治一宮，故曰九宮。太清中有太素太和，洞房中有明堂絳宮，是曰六府。上曰天府，下曰洞臺。三五之號，其位不同。一曰太清之中，則三五帝君；二曰三一丹田神，又五者符籍之神，太一公子白元司命桃康君是也。合而名爲三五，三五各有宮室。若三真安在其宮，五神上見帝君，帝君左有元老丈人，右有玄一老君，此則無極之中所謂九君[24]，上一則真一也。九君所謂天之魂，自然成真之子也[25]。知精存九君，深思三真，必能以兆一體，周旋三五之中，反覆七九之裏，使天帝之靈魂，常治在兆己。五神奉籍，周而復始。必將白日登度，何但不死而已？

《高上神霄經》曰："魂生無中，布在九宮，道出八極，常遊絳宮。三宮合化，是爲紫房，紫房所在，先由明堂。兆能知之，當開金門。"金門，洞房內也。又曰："混而合之，出入帝方，三五合一，必成仙王。"此謂洞合之時，三真五神之道也。帝方，太清域也。故《大洞真經》中篇曰："二老在左右方，帝魂不可不分，三九變其上下，太一立其中根，五神奉我生籍，司命塞我死門，九宮合而爲一，六合惣而內真"也。此言謂分別其宮室，混合其變化。此道是太上寶行，長生根本，立人之帝先，爲道之元始，生府之仙宗，帝籍之祕章，洞真之奇妙，九宮之要經也。

九真中經天上飛文

太上曰：夫人生結精積氣，受胎歙血，所以凝骨吐津，散布流液。忽爾而立，悅爾而成，罔爾而具，脫爾而生。於是乃九神來入，五藏玄生，父母唯知生育之始，而不覺神適其間也。人體有尊神，其居無常，展轉榮輸，流注元津。此神外來內結，以立一身。非如三魂七魄，是積靈受氣，生於父母者也。尊神有九[26]名，號曰九真君。分化上下，轉形萬道[27]，子能修之，則出水入火，五藏自生，長齋隱栖，以存其真。

此文一名《九真中經[28]》，一名《天[29]上飛文》，一名《外國放品》，一名《神州靈章》，雖有四號，故書一耳。

第一真法：平旦，大神在心内，號曰天精君。平旦，接手於兩膝上，閉氣瞑目内視，存天精君坐在心中，使大神口出紫氣，以繞[30]心外九重畢，因叩齒九下，咽液九過，祝曰："天精大君，來見心中。身披朱衣，頭巾丹冠。左佩神[31]書，右帶虎文。口吐紫華，養心凝魂，赤藏自生，得爲飛仙。"

第二真法：辰時，大神分形，盡百骨中，號曰堅玉君。辰時，接手兩膝上，閉氣瞑目内視，存堅玉君入坐一身諸百骨中，使口出白炁，吐以繞[32]骨九重畢，因叩齒九下，咽液九過，祝曰："堅玉大君，來入骨中。身披素衣，頭巾白冠。左佩龍書，右帶金真。口吐白炁，固骨凝筋[33]。白骨不朽，筋亦不泯。百節生華，使我飛仙。"

第三真法：巳時，大神分形，盡流入諸精血中，號曰元生君。巳時，接手兩膝上，閉氣瞑目内視，存元生君周遊一身血脈精液之中，使口吐黃氣，以纏孔脈外九重畢，叩齒九下，咽液九過，祝曰："元生大君，周灌血軀。身披黃衣，頭巾紫元。左佩虎籙，右帶龍書。口吐黃津，固血填[34]虛。精盈液溢，九靈俱居。使我飛仙，天地同符。"

第四真法：午時，大神在肝中，號曰青明君。午時，接手於兩膝上，閉氣瞑目内視，存青明大君入坐肝内，使口吐青炁，以繞肝九重畢，叩齒九下，咽液九過，祝曰："青明大君，來入我肝。身披青衣，頭巾翠冠。左佩虎章，右帶龍文。口吐青氣，養肝導神。青藏自生，上爲天仙。太一護精，抱魄檢魂。"

第五真法：未時，大神在脾中，號曰養光君。未時，接手於兩膝上，閉氣瞑目内視，存養光君入坐脾中，使口吐綠炁，以繞脾九重畢，叩齒九下，咽液九過，祝曰："養光大神，來入脾中。身披綠衣，頭巾蓮冠。左佩玉鈴，右帶威神。口吐綠華，養脾灌魂。黃藏自生，上爲真人。"

第六真法：申時，大神在肺中，號曰上[35]元君。申時，接手於兩膝上，閉炁瞑目內視，存上元君入坐肺中，使口吐五色炁，以繞肺九重畢，叩齒九下，咽液九過，祝曰："上元大君，來坐肺中。身披龍衣，黃晨華冠。左把皇籍，右執靈篇。左佩玄書，右帶虎文。口吐五氣，理肺和津。白藏自生，飛仙紫門。"

第七真法：酉時，大神分坐散形在兩腎中，號曰玄陽君。酉時，接手於兩膝上，閉炁瞑目內視，存玄陽君入形，並坐兩腎中，使口吐蒼氣，以繞腎九重畢，叩齒九下，咽液九過，祝曰："玄陽大君，入坐腎中。身披紫衣，頭巾扶晨。左佩龍符，右帶鳳文。口吐蒼華，灌腎靈根，黑藏自生，身爲飛仙。北登玄闕，遊行天關。"

第八真法：戌亥時，大神在膽中，號曰含[36]景君。戌亥時，接手於兩膝上，閉炁瞑目內視，存含景君入坐於膽中，使口吐五色炁，繞膽九重畢，叩齒九下，咽液九過，祝曰："含景大神，來坐膽中。身披錦衣，頭戴紫冠。左佩神光，右帶玉真。口吐五氣，養膽強魂。和精寶血，理液固身。使我上昇，得爲飛仙。"

第九真法：子時，大神在頭洞房[37]之中，號曰帝昌上皇君[38]。子時，平坐接手於兩膝上，閉氣瞑目內視，存帝昌上皇君[39]坐在明堂之內洞房之中[40]，使口吐紫氣，繞頭九重畢，又使吐紫氣繞兩目內外九重畢，又吐紫氣繞舌九重畢，又使吐紫氣繞齒九重畢，凡四九三十六繞氣使都畢。叩齒三十六下，咽液三十六過，祝曰："帝昌祖君，三元上神。鎮守洞房[41]，宮在泥丸。黃闕金室，化爲九真[42]。龍衣鳳帔，紫翠青帢。手把真精，頭巾華冠。左佩玉映，右帶虎文。下坐日月，口吐紫烟。周氣齒舌，朝溉明辰。出丹入虛，呼魄召魂。凝精堅胎，六合長歡。上登太微，得補真官。"

右九真之道畢矣！則泥丸鎮塞，目童長存，五藏自生，血脈保津。若暫入太陰，身經三官者，則九真召魂，太一守骸，三元護炁，太上攝魂，骨肉不朽，五藏不殯，能死能生，能陰能陽，出虛入無，天地俱生。是道士精靜營形，感致九真之氣應也。三元飛精以盈虛，太一抱我尸而反質，微乎微乎！深哉深哉！閉氣使極，吐氣使微妙[43]，出虛入無，令其綿綿不自覺也。

大洞廻風混合帝一之法

此法當六十日一行之耳，皆須本命日用未中已前，夜半已後，二時隨意，閉房自靜，精心內觀，凝神夷氣，默然忘身。存思念讀神名一周，令守死關，燒香左右，令氣彌滿房室，然後施行。若身有病痛處，皆當指呼其處神，使治之也。

《廻風混合爲帝一之道》，以本命之日，若不知本命，當用甲子日也，坐臥任意，在所便安。心密讀神名曰：太微小童干景精字會元子，一名三衿交，一名對帝真，恒守我舌本之下血液之府。小童口出赤氣，繞我一身。舌本是[44]死氣之門，童子嚴固守之，使生血液，上凝泥丸，泥丸堅明，百神方正。

太一尊神號務猶收，字歸會昌，一名解明，一名寄頻，恒守我玉枕之下泥丸後戶。是死氣之門，太一嚴固守之，使泥丸入於真氣，七世父母受仰玄之更生，上籍玉皇，重華萬寧。

帝君延[45]凌梵字履昌靈，一名七神[46]，一名神丈人，恒守我兩眉中間紫戶之外宮。紫戶之外宮是死氣之門，帝君嚴固守之，使華蓋入眉間，升紫房，七世父母罪解而福衝，上登帝宮。

左無英公子玄元叔字合符子，一名元素君，一名神公子，恒守我左腋之下肝之後戶。肝之後戶是死氣之門，神公子嚴固守之，使左腋有玉光，引神明入眼睛。

右白元洞陽君鬱靈標字玄夷絕，一名朱精，一名啓成，恒守我右腋之下肺之後戶。肺之後戶是死氣之門，白元君嚴固守之，使右腋有金光，引神明入六氣之宮。七世反胎生，一身登玉房。

中央司命丈人君理明初字玄度卿，一名神宗，一名神靈華[47]，恒守我絳宮心房之中四孔之戶。四孔之戶是死氣之門，司命丈人君嚴固守之，使心中得其真理，絳宮生五色華，司命丈人口吐紫雲氣，洞溢我五藏内。

命門桃君孩道康字合精延，一名命王，一名胞根，恒守我臍中之關命門外宮。命門外宮是死氣之門，桃君孩道康嚴固守之，使臍中徘徊，黃雲盈溢，三命生根，胞結解泄。令我七祖父母，無閡累殃，宿罪無滯，世世度脫，上生天帝宮。

泥丸天帝君上一赤子玄凝天字三元先[48]，一名伯無上，一名伯史華，恒守我泥丸中九孔之户。九孔之户是死炁之門，上一天帝君嚴固守之，使泥丸玉堅，金曜映真，體生寶光，九孔受靈。令我七祖父母世世安寧，解脫宿罪，共登上清。

絳宮心丹田宮中一元丹皇君神運珠字子南丹，一名生上伯，一名史[49]雲拘，恒守我項中之大椎骨首之户。骨首之户是死炁之門，中一丹皇君神運珠嚴固守之，使百骨受真氣，大椎有日光。七祖父母獲自然之生道，登仙南極宮。

命門下一黃庭元王始明精字元陽昌，一名嬰兒胎，一名伯史原，恒守我兩筦間車軸下户。車軸下户是死炁之門，黃庭元王嚴固守之，使百血結凝，神氣不散，拔出地户，超度八難。

泥丸九真名帝昌上皇字先靈元宗，恒守我口之四際。口之四際是死炁之門，帝昌上皇嚴固守之，使精氣入，故氣出，神光隨身，放光萬丈。七世父母罪脫禍除，生帝君玉房中。

膽中八真名含景君字北臺玄精，恒守我背之中骨之下節。中骨之下節是死炁之門，含景君嚴固守之，使背骨受生氣，下節孔常閉，邪氣不干，真光映形。

兩腎七真名玄陽君字冥光先生，恒守我背窮骨地户。窮骨地户是死炁之門，玄陽君嚴固守之，使地户伏生氣，窮骨受神液，六津調滿，生根深密。

肺中六真名上元素玉君字梁南中童子，恒守我頸外十二關之梁[50]，十二關之梁是死炁之門，上元素玉君嚴固守之，使上帝玉華映神間之下，玉晨之氣入丹元之宮，七世父母解散結滯，受生太上之鄉。

脾中五真名養光君字太昌子，恒守我喉内極根之户。喉内極根之户是死炁之門，養光君嚴固守之，使玉光金真照洞喉根，太帝神氣來往三宫之中。

　　肝中四真名青明君字明輪童子，恒守我胃管之户膏膜之下。膏膜之下是死炁之門，青明君嚴固守之，使三素之氣生華，五停之神侍衛，出入玉液之津，灌澤胃管。

　　精血三真名元生君字黃寧子玄，恒守我鼻兩孔[51]之下源。兩孔之下源是死炁之門，元生君嚴固守之，使精神宣暢於百節，血液盈滿於千關，萬靈之氣輔護，太一之魂保身。

　　骨節二真名堅玉君字凝羽珠，恒守我太倉之府五腸之口。五腸之口是死炁之門，堅玉君嚴固守之，使黃庭香潔，三尸滅絕，中元之炁常滿，帝皇之光鬱鬱，上衝泥丸，敷散筋骨。

　　心中一真名天精液君字飛生上英，恒守我胷中四極之口。四極之口是死炁之門，天精液君嚴固守之，使五臟生華，四關受真，紫液流於胷中，絳炁結於百神，上升玉天，羽衣虎帬。

　　九元之真男名拘制字三陽，恒守我左耳之下伏晨之户。伏晨之户是死炁之門，拘制三陽嚴固守之，使天聰發徹，幽谷鮮明，真炁雲行，往來泥丸。

　　皇一之魂女名上歸字帝子，恒守我右耳之下伏晨之户。伏晨之户是死炁之門，上歸帝子嚴固守之，使幽明之光，上朗泥丸，太无之音，獨樂一身，玄金雲鈞[52]，流徹太和。

　　紫素左元君名翳鬱無刃字安來上，恒守我頭面之境。使萬邪不侵，千精滅亡。又使紫雲衝於泥丸，太素填於鼻孔，景雲被於口齒，玉林聚於髮膚。散七世之積尸，解七祖之罪仇，上生天帝堂，反真更受胎。

　　黃素中元君名圓華黃刃字太張上，恒守我胷腹之境。使鬼魔伏制，三尸滅形。又使黃雲散於支體，金液充於太倉，晨景之暉上華，太真之炁運光。七世父母罪解受胎，更生南宫。

　　白素右元君名啓明簫刃字金門上，恒守我下關之境，從小腹至脚底。使三積宿穢無滯，地尸土鬼沉滅。又使明玉之液上陶於陰極，神素金炁逆充於兩筅，髀受九靈之潤，脚生玄重之雲。累祖解於冥罪，七世散於禍根，更生入南宮，上晏入帝軒。

日中司命君名接生，守我左手。月中桃君名方盈，守我右手。左目童子名飛雲[53]，右目童子名晨嬰，肺部童子名素明，皆各守我兩目之童子，備華蓋之上精，五神固於五關，暉光充於太明，魔氣不入，百會受靈。

胎中一元白炁君名務玄子字育尚生，太一精魂名玄歸子字盛昌，凡二神共守我五藏之上結喉之本户。結喉之本户是死炁之門，二神固密守之，使三華之氣入帝一之府，九明之津生六胎之下，七玄散禍，七祖解結，身登真堂，併列太一。

結中青炁君名案延昌字合和嬰，元君精魂名保谷童字明天[54]，凡二神共守我五藏之下大胃之上口。大胃之上口是死炁之門，二神固密守之，使金液流匜，玉華映魂，神飴溢於窮腸，帝炁充於九關。七祖披釋於玄憂，受更胎於玄仙，上業結解，下脱胞根。

節中黑炁君名斌來生字精上門，帝真精魂名幽臺生字灌上生，凡二神共守我九腸之口伏源[55]之下。伏源之下，是死炁之門，二神固密守之，使太上之炁布散腹内，太一之神廻行百骨，體有玉光，面保金澤。七祖父母得解冥罪累業之先，世世解結，上生帝房，入保飆室。

胞中黃炁君名祖明車字神無極，天帝精魂名理維藏字法珠[56]，凡二神共守我小腹之内二孔之本。二孔之本是死炁之門，二神固密守之，使日月之根生於二户之下，五帝之炁充於極陰之室，精華盈滿，五液填溢。七祖父母反胎，宿對之殃解結，上生南宮，神仙受炁。

血中赤炁君名混離子字叔火[57]堅，司命精魂名發紐[58]子字慶玄，凡二神共守我百關之血絶節之下。絶節之下是死炁之門，二神固密守之，使五常之液盈於六府，靈潤玉澤充於血肉，絶節不空，地門填塞。七祖結散，更生南極，我得玉仙，合道保德。

上玄元父君名高同生字左廻明，下玄玄母名叔火王字右廻光，帝皇太一名重冥空字幽寥無，九帝尊神名日明真字衆帝生，太帝[59]精魂名陽堂玉[60]字八靈，天帝九關魂名錄廻道字絶冥，天紀帝魂名照無阿字廣神，凡七神，守我本命之根[61]胞胎大結，常令胞囊，玉清開明，七祖反胎，我命恒生，三天同符，上與日并。

右我之死門三十九處，太上尊神皆已守備之，使口銜日光，手執月明，照我死門，使我長生，我體常生，讀《大洞真經》，金音仰充，上入太無庭，解結散禍，拔脫七祖靈，反胎會南宮，世世有玉名，三塗滅根，輪轉上清。

三素老君名牢張上字神生道，正一左仙仲成子一名帝賓字四華，正一右仙曲文子一名光堅字靈和，守我鼻下人中。

中央玄一老子林虛夫[62]字靈時道，守我陰莖之端。北方黑帝保成昌字北伐[63]守我膀胱中。西方白帝彰安幸字西華，守我陰囊中。南方赤帝長來覺字南和，守我口舌中。東方青帝彫梁際字清平，守我五藏外。中央黃帝含光露字中細，守兆脾胃之中。凡五帝二老[64]左右仙，備衛本命守我身，祖宗解考，福祚七玄，世世解結，散除胞根，胎精血光，金液玉泉，上生南宮，以爲帝賓，我入八景，廻駕瓊輪，仰升九天，白日飛仙。

泥丸上一帝卿[65]名肇勒精字中玄生，一名起非，一名常扶；絳宮中一輔卿名[66]中光堅字四化靈，一名幽車伯，一名董史華；黃庭下一弼卿[67]名歸[68]上明字谷下玄，一名奉申伯，一名承[69]光生。凡三帝卿神衛我入帝一室，保我本命於九天録。存祝名都畢，更閉兩目，存此百神變成白炁，如白烟之狀，從玄虛中來入我口中，鬱鬱良久，覺見白炁下從下部孔中出，又從玉莖孔中出，又覺白炁從兩脚底、兩手心中並出，並冠繞一軀上下手足，混合一身，與白氣同煙上下不相見。良久，白炁忽復變色成紫雲鬱鬱，又從我口中入頭中及至五藏之間，充滿腹內。良久，紫雲又從兩足底兩掌心大孔玉莖孔中出，冠繞一軀，鬱氣上下，與紫雲相合不相見也。須臾，存紫雲之炁充滿左右及一室之內，又存見口中出風炁吹[70]扇紫雲之煙，紫雲之煙乃廻轉更纏繞，忽成一真人男形也，如始生之狀，長四寸，號曰大洞帝一尊君，名父寧在字合母精，是守死關之[71]衆神徊風混化，共成此帝一之尊君也。又存此尊君來入我口中舌下，又從舌下徑上升紫房六合宮，平坐外向，尊君左手把兆五符，右手把兆五籙，尊君口之左邊有日光徑九分，尊君口之右邊有月光徑一寸。尊君口吐廻風之炁，吹此日月之光，日月之光鬱鬱然，或白色，或黄色，令光炁下入兆五藏六府百節一身之内，洞徹朗然，内外如白日之狀。良久忘身忽然[72]，事訖，乃心祝曰："大洞帝一，太素尊靈。父寧母精，二合雙成。百真一混，一徊始生。身結八煙，變胎元嬰。日月寶光，洞我軀形。太一在上，上與帝并。泥丸保玉，五藏華明。長合日月，手執《洞經》。位爲仙公，晨升上清。《三十九章》，金符羽庭。"畢，此是《廻風混合帝一之道》也，《萬變百化洞真太一之法》，極盡於此矣。

夕夕常存大洞帝一尊君在兆鼻下人中中央，白日常存令在口内上齒之外，鼻人中皮内上脣之裏上齒之外。尊神形皆當向外，坐立起居，在意存之。存尊君口中銜日光，徑九分，照明萬丈，洞明兆身。夫一者，帝之真一也，一之所變歸一者也。讀《洞經》時，亦存帝一尊君在兆面前，以尊神口對兆之口間令相向，聽我讀《洞經》之音，以散七世之結焉。

帝一尊君名父寧在字合母精，日夕常憶之勿忘，辟萬試，滅千患，除惡魔，致神仙也。若兆體中有疾痛不寧處，急存帝一尊君令口吐日光白炁薰我，痛疾即愈。帝一尊君形如始生之男，不著衣服，身長四寸耳，所謂大洞胎始形之真也。

本命日常當讀《大洞真經》三十九章一過，能恒誦習之大吉也。須得萬徧大限充畢，乃得駕自然之雲，乘八光之龍，千乘萬騎，白日升仙矣。萬徧既畢，然後一歲一讀之耳。上帝雲龍脱未來迎者，不過七百日中，忽在人間卒至，便升天矣。兆當堅守雌一，混合五神，精心廻風，大會帝尊，誦習《洞經》三十九章，於是真仙之道畢矣，雲龍之會審矣，罪結之根散矣，上祖獲福命矣，兆勤之矣。

【校记】

〔1〕"結"原作"經",據本書卷四四《太一帝君太丹隱書》及《洞真太一帝君太丹隱書洞真玄經》改。

〔2〕"三"原作"二",據上二書改。

〔3〕"道之炁",上二書作"天之道"。

〔4〕"炁"字原缺,據上二書增。

〔5〕"天"字原缺,據上二書增。

〔6〕"眼"原作"道",據上二書改。

〔7〕"天",上二書作"炁"。

〔8〕"之",上二書作"九"。

〔9〕"來",上二書作"求"。

〔10〕"真",上二書作"冥"。

〔11〕"象帝"原作"帝象",據上二書改。

〔12〕"帝"字原無,據上二書增。

〔13〕"玄田爲道之囿"原無,據《洞真太一帝君太丹隱書洞真玄經》增。

〔14〕"修之三年"原無,據上書及本書卷四四《太一帝君太丹隱書》增。

〔15〕"元",《洞真太一帝君太丹隱書洞真玄經》作"順"。

〔16〕"則"後,上書有"一"字。

〔17〕"洞"後,上書有"真"字。

〔18〕"循",上書作"修"。

〔19〕"人思"原無,據上書增。

〔20〕"忌",上書作"忘"。

〔21〕"思"字原無,據上書增。

〔22〕"誠",上書作"神"。

〔23〕"比日"原作"皆",據上書改。

〔24〕"君",本書卷四三《思修九宫法》作"宫"。

〔25〕"也"字後,本書卷四三《思修九宫法》及卷四四《太一帝君太丹隱書》有"以爲兆神者也。若兆"八字。

〔26〕"九"原作"九宮",據《上清太上帝君九真中經》删。

〔27〕"分化上下,轉形萬道",上書"化"作"爲","轉形"作"旁適"。

〔28〕"中經",上書作"內訣"。

〔29〕"天",上書作"太"。

〔30〕"繞"原作"澆",據上書改。

〔31〕"神",上書作"龍"。

〔32〕"繞"原作"澆",據上書改。

〔33〕"筋"原作"蘇",據上書改。

〔34〕"填",上書作"鎮"。

〔35〕"上"原作"白",據上書及《上清衆經諸真聖祕》卷一所引《九真中經黃老祕言》(下校僅引經名)改。

〔36〕"含"原作"合",據《上清太上帝君九真中經》《九真中經黃老祕言》及本書卷四二、卷五二及本卷下文改。下同。

〔37〕"頭洞房",《上清太上帝君九真中經》《九真中經黃老祕言》作"泥丸紫房"。

〔38〕"帝昌上皇君"原作"無英公",據上二書及本卷下文改。

〔39〕"帝昌上皇君"原作"無英君",據上二書及本卷下文改。

〔40〕"坐在明堂之內洞房之中",上二書作"在泥丸紫房之中"。

〔41〕"帝昌祖君"原作"無英大君",據《上清太上帝君九真中經》改。"三元上神",上書作"帝皇元神","洞房"作"紫房"。

〔42〕"真",上書作"魂",後有"魂生萬變,乃成帝君,五神奉符,七氣上真"十六字。

〔43〕"妙"字,上書無。

〔44〕"是"字前,疑脱"泥丸後户"四字。

〔45〕"延",《大洞玉經》及《洞真太一帝君太丹隱書洞真玄經》作"逢"。

〔46〕"神",上二書作"靈"。

〔47〕"神靈華",上二書作"靈華"。

〔48〕"先"，上二書作"光"。

〔49〕"史"原作"央"，據上二書改。

〔50〕"關之梁"，《大洞真經》《大洞玉經》作"間梁"，本書卷四十二作"關梁"。

〔51〕"兩孔"，本書卷四四《鎮神養生內思飛仙上法》作"兩乳"，前無"鼻"字。

〔52〕"玄金雲鈞"，疑當作"玄雲金鈞"，指古樂。

〔53〕"雲"，《大洞真經》及《九真中經》作"靈"。

〔54〕"天"，《大洞真經》作"夫"，《大洞玉經》作"光"。

〔55〕"源"，上二書作"梁"。下同。

〔56〕"法珠"，上二書作"法運珠"。

〔57〕"火"，《大洞玉經》卷下及《上清衆經諸真聖祕》卷七作"保"。

〔58〕"紐"原作"細"，據上二書及本書卷四四《鎮神養生內思飛仙上法》改。

〔59〕"帝"原作"常"，據本書卷四四《鎮神養生內思飛仙上法》及《大洞真經》、《上清衆經諸真聖祕》卷七改。

〔60〕"陽堂玉"原作"楊堂王"，據《大洞真經》《上清衆經諸真聖祕》及《上清廻神飛霄登空招五星上法經·鎮神養生內思飛仙上法》改。

〔61〕"本命之根"，原作"本命之根本命之根"，據《大洞真經》及《大洞玉經》刪。

〔62〕"林虛夫"原作"林靈天"，據上二書改。

〔63〕"保成昌字北伐"原作"保成曷字北代"，據上二書改。

〔64〕"凡五帝二老"，《大洞真經》作"一老五帝"，其上"中央黃帝含光露字中細，守兆脾胃之中"十六字，據上書增。《大洞玉經》"中細"作"魂明"。

〔65〕"泥丸上一帝卿"原作"帝卿"，據《大洞真經》及《大洞玉經》增。

〔66〕"絳宮中一輔卿名"原作"絳宮中一名卿"，據上二書增改。

〔67〕"黃庭下一弼卿"原作"黃庭下弼卿",據上二書增。

〔68〕"歸"原作"緣",據上二書改。

〔69〕"承"原作"奉",據上二書改。

〔70〕"吹"原作"之",據《大洞真經》末《徊風混合帝一祕訣》改。

〔71〕"是守死關之",上書作"延守兆死關"。

〔72〕"忘身忽然",上書作"忽然忘身"。

雲笈七籤卷之三十一

禀生受命

太微帝君太一造形紫元内二十四神回元經[1]

太微帝君太一造形紫元内神二十四真人，混氣變生，主仙上精，散解胞結，釋滯關元，二十四神所命，乃得除脱也。兆能修存名字者，則治鎮一身，保守元精。欲解節結之法，當先祝之，乃得開關耳。此靈並是結氣之玄宗，成體之具神，連道雲霧，帶生烟熅，能致玉輦龍騎，千萬列行，同與一體，白日登天，此太一[2]真人二十四神存玄元帝君上清乘飈歘之道也。常當安身静心，正氣夷形，閉目内視，忘體念神，燒香盥練，存神守真，髣髴三八，藹暉玄英。行之十八年，太上命太微帝君太一五神化生混靈道君，從二十四真人，千乘萬騎，騁風攝雲，呼吸流升，白日造天。存神之道，勿交非類，深室避事，栖精蹋空，心存目想，微妙守沖，静魂安形，則萬害不傷，百鬼避竄，千妖不行，消災散禍，福慶不可勝紀。先叩齒二十四通，畢乃存思。

腦神名覺元子字道都，形長一寸一分，色正白。

髮神名玄文華字道衡，形長二寸一分，色玄。

皮膚神名通衆仲字道連，形長一寸五分，色黄。

目神名虛監生字道童，形長三寸六分，衣五色。

項髓神名靈謨蓋字道周，形長五寸，色白素衣。

膂神名益歷輔字道柱，形長三寸半，白玉素衣。

鼻神名沖龍玉字道微，形長二寸五分，青白黃色衣。

舌神名始梁峙字道歧，形長七寸，正赤色。

右一身上部八景神童名字，先存之並如嬰兒之形，髣髴在身，各安其所，訖，乃叩齒八通，咽液八過，而微祝曰："上景八神，一合入身。帝君玄母，五神各陳。舉形遯化，流變適真。千乘萬騎，俱升帝晨。白元無英，道養太賓。九靈翼體，玉華銜煙。恍惚十周，徑造日門。"

初存思之始，先三呼神名字，祝訖，又三呼神名字，令聲則出口，三部同爾。

平旦日中夜半三時，恆存二十四神，以次念之，祝呼如上法。

《高上寶神明科經》說曰："叩齒之法，左左相叩名曰扣天鍾，右右相叩名曰搥天磬，中央上下相對相叩名曰鳴天鼓。若卒遇凶惡不祥，當扣天鍾三十過。若經山辟邪，威神大祝，當搥天磬。若存思念道，致真招靈，當鳴天鼓。叩齒雖一，其實有左右上下也。故凶惡而畏天鍾之響，山神而懼天磬之動，招神而肅天鼓之震矣。玄音有節，希微內感，不可以一槩而求，不可以偶然而合也。千章萬事，皆當如此，叩齒之道演矣，鍾鼓之音別矣。是以道數不可乖錯，法術不可雜亂。乖錯則有暗昧之敗，雜亂則有嚚毀之禍，非冥冥之無貫也。行冥貫之無序，則道之不可成，事之不可驗，良由求真之途不得也，履迹跋之造而多忿于世俗矣[3]。扣天鍾三十過，謂無他祝，孤行此以除不祥耳。若有所案，行隨本法，叩齒之多少，不必須扣三十過也。"

喉神名百流放字道通，形長八寸八分，九色衣。

肺神名素靈生字道平，形長八寸一分，純白。

心神名煥陽昌字道明，形長九寸，色赤。

肝神名開君童字道青，形長六寸，色青黃。

膽神名龍德拘字道放，形長三寸六分，色青黃綠。

左腎神名春元真字道卿，形長三寸七分，數變白赤青，五色無常。

右腎神名象地無字道生，形長三寸五分，色白或黑。

脾神名寶元全字道騫，形長七寸三分，色正黃。

右一身中部八景神童名字，次存之並如嬰兒之形，髣髴在身，各安其所，訖，叩齒八通，咽液八過，而微呪曰："中景八神，四變九飛。練魂正身，明景同暉。帝君解結，胎練四歸。上通玄母，散靈步威。得與八神，合輦齊扉。千乘萬騎，上登太微。"
　　胃神名同來[4]育字道展，形長七寸，色黃。
　　窮腸中神名兆滕康字道還，形長二寸四分，黃赤色。
　　大小腸中神名蓬送留字道厨，形長二寸一分，色赤黃。
　　胴中神名受厚[5]勃字道虚，形長九寸一分，九色衣。
　　胸膈神名廣瑛宅字道仲，形長五寸，色白。
　　兩脇神名辟假[6]馬字道成，形長四寸一分，赤白色。
　　左陰左陽神名扶流起字道圭，形長二寸三分，青黃白色。在男存爲左陽，在女存爲左陰。
　　右陰右陽神名苞表明字道生，形長二寸三分，青黃白色。在男存爲右陽，在女存爲右陰。
　　右一身下部八景神童名字，後存之並如嬰兒之形，髣髴在身，各安其所，訖，乃叩齒八通，咽液八過，而微祝曰："下景八神，散形化[7]靈。紫煙鬱生，含元守精。太一元父，帝君挺生。七爽免籍，司命記生。魂魄以安，五華育明。千乘萬騎，與我同并。先造太素，北揖上清。"
　　道一内神名逮無馬字道極生，形長一寸二分，紫色。男存曰道一内神，女存曰真元中靈。右一神，極根之幽神，守中之上靈也。次又存之如嬰兒之狀，安坐其所，訖，乃叩齒二十四通，咽液二十四過，而微祝曰："玄上内真，養形侍晨。總紐攝綱，九度八旋。斗星内朗，宫館九陳。帝君合昌，九道七咽。出液内精，和灌衆神。五藏生華，反老童顔。千乘萬騎，與我昇天。上朝太陛，高揖玉晨。"
　　右一身寶名内字，化生之精神也。不知此名，則仙道不成矣。若解結之日，不先祝此者，則結節不解也。結節不解，必三魂失適，上元内喪，五老失明，帝君乖踈也。男存爲童子之神，女存爲女子之神，俱同一名字也。

存二十四神,當以夜半去枕平卧,握固放體,氣調而微微[8],存思其身神,安念帝君,令髣髴居位,閉目內視之。如有不具,便當燒香,平坐閉目,握固兩膝上,精存衆神,祝行如法。其平旦、日中時存神,自平坐而行之,勿令有見之者矣。皆內視臨閉目而存也。

月一日夜半存神訖,又存兩目中有白無[9]如雞子大,在面目前,須臾變成兩明鏡,徑九寸,以前後照我一體上二十四神,使洞鑒分明。良久乃心祝曰:"大明寶鏡,分形散花。鑒朗元神,制却萬魔。飛行上清,披雲布羅。役使千靈,封山召河。"畢,五日一行之,所謂覆校內精,檢歛五神者也。常能行之,災害不生,而位登高仙。

《拂童之道》,使徹見帝君五神[10]之法,常以甲子之旬庚午日日中時,取清水一升,以一銖真丹投水中攪之,左行三七過[11],祝曰:"玄流朱精[12],生光八明。身神衆列。並來見形。徹視萬里,中達九靈。帝君映童,使我上清。"祝畢,東向以洗目二七過。恒行之者,徹視萬神。祝當微言,以水向月建洗目,不常東向也。

濟衆經[13]

太上道君告普光真人曰:"五種烟熅,聚而成體。會其宿業,因而受識。輪轉其神,有其生也。因識受染,流入惡緣。處在昏衢,居於闇界。蔭蔽垢濁,魔獄禁形。長劫艱辛,失於明性。由是展轉迷波苦海中,未有一人求出離者。"普光又問:"烟熅之理何處流來?闇界明性是誰爲主?神之與識何處禀形?識神是一爲復二耶?是一不合二名,是二各明何事?爲善作惡,不審是誰?若神之所爲,則神妙無方。既曰無方,則無過惡。識爲惡者[14],識當異神。彼此罪罰,何容累及!何以扶我?聞神尊所說,道品中善惡兩業,必由於神,以是言之,識有何罪?臣之愚蒙,實所不了。伏惟哀愍,有以教之。則萬劫因緣,一切咸荷。"

太上道君告普光曰："五無相結，乃有烟熅。觸業生形，因形能化。性理和合，是以爲物。從識生變，神乃爲用。識之與神，不一不異。何以故？法同源故。體則是識，五性相和。用則爲神，照於境智。神若無識，何所用智？識若無神，不能爲理。譬猶荇菜，而爲和羹，五味相和，何曾別異。無菜則味不獨擅，無神則識不爲用。是以用神爲智，味菜爲羹。以此論之，何曾有闇！衆生執著，是故無明。悟則是明，明無定處。迷則爲闇，闇豈殊方。深愛爲獄，形乃被拘[15]，無愛無受，亦無所有。譬如野外，無人之鄉，十二時神，何曾有地。墻垣既至，屋宇斯成，四方之神，以効靈變。故其屋宇，諸神盡在。衆生闇獄，亦復如是。神之來也，不知所從；神之去也，不知所往。惡業若成，獄則爲業。罪咎若盡，亦不知無。且智有大小，神有尊卑，見神則曰無方，一切人應皆聖。何以故？同不同故。普光真人，汝今當知，明闇神識，盡於此也。"

説真父母[16]

天尊言曰："氣氣相續，種種生緣。善惡禍福，各有命根。非天非地，亦又非人。正由心也，心由神也。形非我有，所以得生者，從虛無自然中來，因緣寄胎，受化而生。我受胎父母亦非我始生[17]父母也，真父母不在此。父母貴重，尊高無上。今所生父母，我寄備因緣，禀受養育之恩，故以禮報而稱爲父母焉。故我受形亦非我形也，寄之爲屋宅，因之爲營構[18]，以舍我也。附之以爲形，示之以有無，故得道者無復有形也。及無，身神也一[19]。身神並一，則爲真身，歸於始生父母而成道也。"

九真帝君九陰混合縱景萬化隱天訣[20]

《帝君九陰經》曰：欲變化分形，隱淪八方，匿軀藏影，入室造冥，來致萬物，招制邪魅者，當常齋修《帝君九陰》之精思也。

北斗[21]第一星中名太上宮，宮中有帝君變隱逃元內妃名太一法怛字幸正扶，著黃錦帔丹青飛帬，頹[22]雲髻。

第二星中名中元宮，宮中有帝君保胎化形內嬪名太一三瓮字羅朱嬰，著赤錦帔綠羽飛帬，頹雲髻。

第三星中名真元宮，宮中有帝君六遁七隱上元丹母名太一虛[23]夷字仲雙兆，著青錦帔繡羽華飛帬，頹雲髻。

第四星中名紐幽宮，宮中有帝君匿景藏光中元內妃名太一七烈字橫單槃，著紫錦帔黃華羽帬，頹雲髻。

第五星中名綱神宮，宮中有帝君變體易景斗中大女名太一鬱書字疇丘蘭，著朱錦帔紫青飛帬，頹雲髻。

第六星中名紀明宮，宮中有帝君隱迹散衆斗中中女名太一氣精字抱定陵，著朱錦帔青繡飛帬，頹雲髻。

第七星中名關會宮，宮中有帝君分景萬形斗中少女名太一郁墨字天凡[24]，著朱錦帔青華明羽帬，頹雲髻。

第八星中名帝席宮，宮中有帝君化日月水火斗中高皇左夫人名太一石啓珠字落茂華，著紫錦帔繡羽飛丹帬，頹雲髻。

第九星中名上尊宮，宮中有帝君化金石山河斗中高皇右夫人名太一條字雲育玄[25]，著綠錦帔翠羽華帬，頹雲髻。

右帝君九星斗宮中[26]隱妃九陰名字，若祝說之時，但說位號名字耳，勿道著衣帔及頭髻下也。子能知帝君九陰者，升晨上天，位爲上清真人。兆在世終身不受哭泣災殃，太陰之神衛從，萬靈之精拜謁，分形散變，混合天地。此太陰九妃者，乃帝君之陰宮神也。兆行道解結，奉符上籍，安魂制魄，化生體神，道炁延精，以求長生，而不知帝妃之名字，行九陰以混合者，亦萬不得仙也。

兩眉間却入一寸爲明堂，明堂正方一寸，帝君太陰九妃常居其中。恒以月之偶日齋，用生炁時燒香入別室，坐臥任意，瞑目良久，存帝君安坐在太極紫房中，又存太一五神在六合中，又存北斗九星在心中，又存太陰九妃在明堂中，又存太微童子干景精對立帝君前，童子左手把五符，右手把五籍，又存兆之形立童子後，又存太陰九妃從明堂中上入太極紫房中，以次橫列立兆後，又存太一五神從六合中上入太極紫房中，以次橫列立太陰九妃後。都畢，於是帝君衆神倏欻一合大變，共爲一人[27]，如嬰兒始生之狀，名曰無常童子字變化，左手把九星[28]，頭戴日，口銜月，童子以日月九星之光，映燺兆一身內外洞徹，自覺兆一身通赤如火之炎，無復表裏，表裏皆焜焜然也。此爲帝君太一九陰混合變化萬形也。良久畢，叩齒二十四通，咽液九過，乃微祝曰："洞天神光，回曜紫清。玄陰九晨，隱淪絶冥。斗中夫人，三女散形，神妃內化，萬物立成。電光雷激，雲霧流零。九變十化[29]，生丹起青。太一九女，合化混停[30]。無常縱遁，淪虛館冥[31]。錦帔華袂，紫羽飛幰。左佩隱符，右帶虎文。銜火戴斗，手把絶[32]幡。傍麾八風，四掣景雲。逍遥天綱，化蕩七元。蔽伏山河，巔回五辰。日月塞暉，列宿失真。分形作百，化軀入千。在火爲火，入林爲林。居水爲水，入山爲山。所求忽至，所召已前。倏欻適心，眄目立臻。千種萬物，隨心所言。帝君在形，太上玉晨。無英同景，四及[33]白元。永生天地，保養我身。口有所道，隨意化遷。玉童奉侍，玉華執巾。神妃獻香，四真同軒。事事物物，皆如我言。"畢。

【校记】

〔1〕此經名，《道藏》本作"太微帝君二十四神回元經"。

〔2〕"太一"，《太微帝君二十四神元經》作"太上"。

〔3〕"良由求真之途不得也，履迹跛之造而多怨于世俗矣"，《無上祕要》卷六六《叩齒品》作"良由求真之途，不可履轍迹而多怨"。"迹跛"疑作"蹜跛"。

〔4〕"來"，本書卷二九《太上九丹上化胎精中記》作"朱"。

〔5〕"厚"，上書作"亨"，《道藏》本《上清九丹上化胎精中記經》作"享"。

〔6〕"假",《太微帝君二十四神回元經》作"瑕"。

〔7〕"化",上書作"九"。

〔8〕"微微",上書作"微"。

〔9〕"無",疑當作"炁",以"无""炁"形近而譌也。本書卷四八《寶照法》作"氣"。

〔10〕"帝君五神",本書卷四八《拂童法》作"二十四神"。

〔11〕"三七過",《太微帝君二十四神回元經》作"三五過"。

〔12〕"玄流朱精",本書卷四八《拂童法》作"玄元水清"。

〔13〕"濟衆經",《道藏》本作"太上洞玄濟衆經"。

〔14〕"識爲惡者",《太上洞玄濟衆經》作"兩業必由,誰爲惡者"。

〔15〕"拘"原作"枯",據上書改。

〔16〕題目"説真父母",上書無。

〔17〕"生"原作"主",據上書改。

〔18〕"構",《敦煌道經圖録編》中《太上洞玄靈寶衆篇序章·三元品戒經道君問難罪福篇》作"室"。

〔19〕"及無,身神也一",上書作"及我無身,我有何患?所以有患者,爲我有身爾。有身則百惡生,無身則入自然。立行合道,則身神一也"。

〔20〕"九真帝君九陰混合縱景萬化隱天訣",《道藏》本《上清太上九真中經絳生神丹訣》載此書,首多"太上"二字,《道藏闕經》則多"上清太上"四字,"訣",皆作"經"。

〔21〕"北斗",《太上九真帝君九陰混合縱景萬化隱天經》(下稱《隱天經》)無。

〔22〕"頯",上書作"鞞",下同。

〔23〕"虚",上書及《上清衆經諸真聖祕·九星帝君内嬪諱》均作"靈"。

〔24〕"太一郁墨字天凡","墨"《隱天經》作"黑";"天凡",上書及《上清衆經諸真聖祕·九星帝君内嬪諱》均作"天凡娬"。

〔25〕"太一條字雲育玄",上二書分别作"太一愛條字雲育""太一愛修字雲育玄"。

〔26〕"帝君"原作"九帝君","宫中"原作"中宫",據《隱天經》改。

〔27〕"共爲一人"原作"共爲一人一人",據上書刪。

〔28〕"無常童子字變化,左手把九星",上書作"無常童子字變化玉,手把五星"。

〔29〕"九變十化",上書作"九十變化"。

〔30〕"合化混停",上書作"宫變混淳"。

〔31〕"遁,淪虛館冥",上書作"淪,遂館幽冥"。

〔32〕"把絕",上書作"抱絳"。

〔33〕"及"原作"文",據上書改。

雲笈七籤卷之三十二

雜修攝

養性延命錄并序

夫稟氣含靈，惟人爲貴。人所貴者，蓋貴於[1]生。生者神之本，形者神之具。神大用則竭，形大勞則斃。若能遊心虛靜，息慮無爲，候[2]元氣於子後，時導引於閑室，攝養無虧，兼餌良藥，則百年耆壽，是常分也。如恣意以耽聲色，役智而圖富貴，得喪榮於懷抱[3]，躁撓未能自遣，不拘禮度，飲食無節，如斯之流，寧免夭傷之患也！余因止[4]觀微暇，聊復披覽《養生要集》，其集乃前彥[5]張湛道林之徒，翟平黃山之輩，咸是好事英奇，志在寶育，或鳩集仙經真人壽考之規，或採摭彭祖李聃長齡之術，上自農黃已來，下及魏晉之際，但有益於養生，乃無[6]損於後患。諸本先皆記錄，今略取要法，刪棄繁蕪，類聚篇題[7]，號爲《養性延命錄》[8]，庶補助於有緣，冀憑[9]以濟物耳。

《神農經》曰：食穀者智慧聰明，食石者肥澤不老，謂鍊五石也。食芝者延年不死，食元氣者地不能埋，天不能殺。是故食藥者與天地相弊[10]，日月並列。

老君《道經》曰：谷神不死，河上公曰："谷，養也，能養神不死。神爲五藏之神，肝藏魂，肺藏魄，心藏神，腎藏精，脾藏志。五[11]藏盡傷，則五神去矣。"是謂玄牝。言不死之道在於玄牝。玄、天也，天於人爲鼻。牝、地也，地於人爲口。天食人以五氣，從鼻入，藏於心。五氣清，爲精神聰明音聲五性。其鬼曰魂，魂者雄也，出入人鼻與天通，故鼻爲玄也。地食人以五味，從口入，藏於胃。五味濁，爲形骸骨肉血脈六情。其鬼曰魄，魄者雌也，出入於口與地通，故口與地通，故口爲牝也。玄牝之門，是謂天地根。根、元也，言鼻口之門乃是天地之元氣所從往來也。綿綿若存，鼻口呼吸喘息，當綿綿微妙若可存，復若無有也。用之不勤。用氣當寬舒，不當急疾勤勞。

老君《德經》曰：出生謂情欲出於五内，魂定魄静故生也。入死，謂情欲入於智臆，精散神惑故死也。生之徒十有三，死之徒十有三，言生死之類各十有三，謂九竅四關也。其生也，目不妄視，耳不妄聽，鼻不妄嗅，口不妄言，手不妄持，足不妄行，精不妄施。其死也反是。人之生，動之死地亦十有三。人欲求生，動作反之十三之死地也。夫何故？以其求生之厚。所以動之死地者，以其求生活之太厚也。遠道反天，妄行失紀。蓋聞善攝生者，陸行不遇兕虎，入軍不被甲兵。兕無所投其角，虎無所措其爪，兵無所容其刃。夫何故？以其無死地焉。以其不犯上十三之死地也。

《莊子・養生篇》曰："吾生也有涯，向秀曰："生之所禀，各有涯也。"而智也無涯，嵇康曰："夫不慮而欲，性之動也。識而發感，智之用也。性動者遇物而當，足則無餘。智從感而求，倦而不已。故世之所患，常在於智用，不在性動也。"以有涯隨無涯，殆已。郭象曰："以有限[12]之性，尋無窮之智，安得而不困哉！"已而爲智者，殆而已矣。"向秀曰："已困於智矣，又爲智以攻之者[13]，又殆矣。"《莊子》曰："達生之情者，不務生之所無以爲。向秀曰："生之所無以爲者，性表之事也。"張湛曰："生理自全，爲分外所爲，此是以有涯隨無涯也。"達命之情者，不務智之所無奈何。"向秀曰："命盡而死者是。"張湛曰："乘生順之理，窮所禀之分，豈智所奈何！"

《列子》曰："少不勤行，壯[14]不競時。"長而安貧，老而寡慾，閑心勞形，養生之方也。

《列子》曰："一體之盈虛消息，皆通於天地，應於萬[15]類。"張湛曰："人與陰陽通氣。"和之於始，和之於終，静神滅想，生之道也。始終和則神志不散。

老君[16]《妙真經》曰：人常失道，非道失人；人常去生，非生去人。故養生者慎勿失道，爲道者慎勿失生，使道與生相守，生與道相保。

《黃老經·玄示》[17]曰：天道施化，與萬物無窮。人道施化，形神消亡。轉神施精，精竭故衰。形本生精，精生於神。不以精施，故能與天合德。不與神化，故能與道同式。《玄示》曰：以形化者，尸解之類，神與形離，二者不俱。遂象飛鳥入海爲蛤，而隨季秋陰陽之氣。以氣化者，生可冀也。以形化者，甚可畏也。

嚴君平《老君指歸》曰："遊心於虛静，結志於微妙，委慮於無欲，歸指於無爲，故能達生延命，與道爲久。"

《大有經》曰："或疑者云：'始同起於無外[18]，終受氣於陰陽，載形魄[19]於天地，資生長於食息，而有愚有智，有强有弱，有壽有夭，天耶？人耶[20]？'解者曰：'夫形生愚智，天也；强弱壽夭，人也。天道自然，人道自已。始而胎氣充實，生而乳食有餘，長而滋味不足，壯而聲色有節者，强而壽。始而胎氣虛耗，生而乳食不足，長而滋味有餘，壯而聲色自放者，弱而夭。生長全足[21]，加之導養，年未可量。'"

《道機》曰："人生而命有長短者，非自然也。皆由將身不謹，飲食過差，淫泆無度，忤逆陰陽，魂神不守，精竭命衰，百病萌生，故不終其壽。"

《河圖帝視萌》曰："侮天地者凶，順天時者吉。春夏樂山高處，秋冬居卑深藏，吉利多福，壽考無窮。"

《雒書寶予命》曰："古人治病之方，和以醴泉，潤以元氣，藥[22]不辛不苦，甘甜多味，常能服之，津流五藏，繫之在肺[23]，終身無患。"

《孔子家語》曰：食肉者勇敢而悍，虎狼之類。食氣者神明而壽，仙人靈龜是。食穀者智慧而夭，人也。不食者不死而神。直任喘息，而無思慮。傳曰：雜食者，百病妖邪所鍾。所食愈少，心愈開，年愈益。所食愈多，心愈塞，年愈損焉！

太史公司馬談[24]曰：夫神者生之本，形者生之具也。神大用則竭，形大勞則斃，神形早衰，欲與天地長久，非所聞也。故人所以生者，神也。神之所託者，形也。神形離別則死，死者不可復生，離者不可復返，故乃聖人重之。夫養生之道有都領大歸，未能具其會者，但思每與俗反，則闇踐勝轍，獲過半之功矣。有心之徒，可不察歟！

《小有經》曰："少思、少念、少欲、少事、少語、少笑、少愁、少樂、少喜、少怒、少好、少惡。行此十二少，乃養生之都契也。多思則神怠，多念則志[25]散，多欲則損智，多事則形疲，多語則氣爭，多笑則傷藏，多愁則心懾，多樂則意溢，多喜則忘錯昏亂，多怒則百脈不定，多好則專迷不治，多惡則憔煎[26]無歡。此十二多不除，喪生之本也，無多者幾乎真人。大計奢懶者壽，慳靳[27]者夭，放散劬勞[28]之異也。田夫壽，膏粱夭，嗜慾多少之驗也。處士少疾，遊子多患，事務繁簡之殊也。故俗人競利，道士罕營。"

胡昭曰："目不欲視不正之色，耳不欲聽醜穢之言，鼻不欲向羶腥之氣，口不欲嘗毒辣之味，心不欲謀欺詐之事，此辱神損壽。"又居常而歎息，晨夜而吟嘯，不止[29]來邪也。夫常人不得無欲，又復不得無事，但當和心少念靜慮[30]，先去亂神犯性之事，此則嗇神之一術也。"

《黃庭經》曰："玉池清水灌靈根，審能修之可長存。"名曰飲食自然。自然者，則是華池。華池者，口中唾也。呼吸如法，咽之則不飢也。

《老君尹氏內解》曰："唾者，漱[31]為醴泉，聚為玉漿，流為華池，散為精汋，降為甘露。故口為華池，中有醴泉[32]。漱而咽之，溉藏潤身，流利百脈，化養萬神，肢節毛髮，宗之而生也。"

《中經》[33]曰："靜者壽，躁者夭，靜而不能養減壽，躁而能養延年。然靜易御，躁難持。盡順養之宜者，則靜亦可養，躁亦可養。"

韓融元長曰："酒者，五穀之華，味之至也，亦能損人。然美物難將而易過，養性所宜慎之。"

邵仲堪曰："五穀充肌體而不能益壽，百藥療疾延年而不能甘口。充肌甘口者，俗人之所珍。苦口延年者，道士之所寶。"

《素問》曰："黃帝問岐伯曰：'余聞上古之人，春秋皆百歲，而動作不衰，謂血氣猶盛也。今時之人，年始半百，動作皆衰者，時世異耶？將人之失耶？'岐伯曰：'上古之人，其知道者。法則陰陽，和於術數，房中交接之法。飲食有節，起居有度，不妄動作，故能形與神俱，盡終其天命，壽過百歲[34]。今時之人則不然，以酒爲漿，以妄爲常，醉以入房，以慾竭其精，以好[35]散其真，不知持滿，不時御神，務快其心，逆於陰陽，治生起居，無節無度[36]，故半百而衰也。'"

老子曰："人生大期，百年爲限，節護之者，可至千歲，如膏之用小炷與大耳。衆人大言而我小語，衆人多煩而我少記，衆人悖暴而我不怒，不以人事累意，不脩君臣之義[37]，淡然無爲，神氣自滿，以爲不死之藥，天下莫我知也。無謂幽冥，天知人情。無謂闇昧，神見人形。心言小語，鬼聞人聲。犯禁滿千，地收人形。人爲陽善，正人報之。人爲陰善，鬼神報之。人爲陽惡，正人治之。人爲陰惡，鬼神治之。故天不欺人依以影，地不欺人依以響。"老君曰："人修善積德而遇其凶禍者，受先人之餘殃也；犯禁爲惡而遇其福者，蒙先人之餘福也。"

《名醫叙病論》曰："世人不終耆壽，咸多夭歿者，皆由不自愛惜，忿爭盡意，邀名射利，聚毒攻神，內傷骨體，外乏[38]筋肉，血氣將無，經脈便壅，內裏空疎，惟招衆疾，正氣日衰，邪氣日盛矣！不異舉滄波以注爝火，頽華嶽而斷涓流，語其易也，甚於茲矣！"

彭祖曰："道不在煩，但能不思衣，不思食，不思聲，不思色，不思勝，不思負，不思失，不思得，不思榮，不思辱，心不勞，形不極，常導引，內氣息，但爾可得千歲。欲長生無限者，當服上藥。"

仲長統曰："蕩六情之者[39]，有心而不以之思，有口而不以之言，有體而不以之安。安之而能遷，樂之而不愛。以之圖之，不知日之益也，不知物之易也，彭祖老聃庶幾。不然，彼何爲與人者同類而與人者異壽？"

陳紀元方曰："百病橫夭，多由飲食。飲食之患，過於聲色。聲色可絕之踰年，飲食不可廢之一日。爲益亦多，爲患亦切。"多則切傷，少則增益。

張湛云："凡貴權勢者，雖不中邪，精神內傷，身必死亡。非妖牪[40]外侵，直由冰炭內煎，則自崩傷中嘔血。始富後貧，雖不中邪，皮焦筋出，委痺爲攣。貧富之於人，利害猶輕[41]於權勢，故痾疹損[42]於形骸。動勝寒，靜勝熱。能動能靜，所以長生。精氣清淨，乃與道合。"

《莊子》曰："真人其寢不夢。"

《慎子》云："晝無事者夜不夢。"

張道人年百數十，甚翹壯也，云："養性之道，莫久行、久坐、久臥、久聽，莫強食飲，莫大醉，莫大愁憂，莫大哀思，此所謂能中和。能中和者，必久壽也。"

仙經曰："我命在我，不在於天。但愚人不能知此道爲生命之要，所以致百病風邪者，皆由恣意極情，不知自惜，故虛損生也。譬如枯朽之木，遇風即折；將崩之岸，值水先頹。今若不能服藥，但知愛精節情，亦得一二百年壽也。"

張湛《養生集叙》曰："養生大要，一曰嗇神，二曰愛氣，三曰養形，四曰導引，五曰言語，六曰飲食，七曰房室，八曰反俗，九曰醫藥，十曰禁忌。過此以往，義可略焉。"

青牛道士言："人不欲使樂，樂人不壽。但當莫強爲力所不任，舉重引強，掘地苦作，倦而不息，以致筋骨疲竭耳。然勞苦勝於逸樂也。能從朝至暮常有所爲，使之不息乃快。但覺極當息，息復爲之，此與導引無異也。夫流水不腐，戶樞不朽者，以其勞動數故也。飽食不用坐與臥，欲得行步，務作以散之。不爾，使人得積聚不消之疾，及手足痺蹷，面目黧皺，必損年壽也。"皇甫隆問青牛道士，青牛道士姓封字君達。其養性法則可施用[43]。大略云："體欲常勞，食欲常少，勞無過極，少無過虛。去肥濃，節鹹酸，減思慮，損[44]喜怒，除馳逐，愼房室。"武帝行之有効。

彭祖曰："人受氣，雖不知方術，但養之得理，常壽一百二十歲。不得此者，皆傷之也。少復曉道，可得二百四十歲。復微加藥物，可得四百八十歲。"嵇康亦云："道養得理，上可壽千歲，下可壽百歲。"彭祖曰："養壽之法，但莫傷之而已。夫冬溫夏涼，不失四時之和，所以適身也。重衣厚褥，體不堪[45]苦，以致風寒之疾。厚味脯腊，醉飽厭飫，以致聚結之疾。美色妖麗，嬪妾盈房，以致虛損之禍。淫聲哀音，怡心悅耳，以致荒耽之惑。馳騁遊觀，弋獵原野，以致發[46]狂之失。謀得戰勝，兼弱取亂，以致驕逸之敗。蓋聖賢或失其理[47]也。然養生之具，譬猶水火，不可失適，反爲害耳！"彭祖曰："人不知道，經[48]服藥損傷。血氣不足，內理空疎，髓腦不實，內已先病，故爲外物所犯，風寒酒色以發之耳！若本充實，豈有病乎？"

仙人曰：罪莫大於淫，禍莫大於貪，咎莫大於讒。此三者禍之車，小則危身，大則危家。若欲延年少病者，誠勿施精，施精命夭殘。勿大溫，消骨髓。勿大寒，傷肌肉。勿咳唾，失肌汁。勿卒呼，驚魂魄。勿久泣，神悲感[49]。勿恚怒，神不樂。勿念內，志恍惚。能行此道，可以長生。

雜戒忌禳災祈善[50]

久視傷血，久臥傷氣，久立傷骨，久行傷筋，久坐傷肉。遠思強健傷人，憂恚悲哀傷人，喜樂過差傷人，忿怒不解傷人，汲汲所願傷人，戚戚所患傷人，寒暖失節傷人，陰陽不交傷人，凡交須依導引諸術。若能避衆傷人事，而復曉陰陽之術，則是不死之道。大樂氣飛揚，大愁氣不通，用精令人氣力乏，多睡[51]令人目盲，多唾[52]令人心煩，貪美食令人洩痢。俗人但知貪於五味，不知有元氣可飲。聖人知五味之毒焉故不貪，知元氣可服故閉口不言，精氣息[53]應也。唾不咽則氣海不潤，氣海不潤則津液乏，是以服元氣，飲醴泉，乃延年之本也。

沐浴無常不吉，夫婦同浴不吉。新沐浴及醉飽，遠行歸還大疲倦，並不可行房室之事，生病切慎之。丈夫勿頭北向臥，令人神不安，多愁忘。勿跋井，今古大忌。若見十步地墻，勿順牆坐臥，被風吹發癲癇疾。勿怒目久視日月，使目睛失明。凡大汗勿脫衣，不慎多患偏風，半身不遂。新沐浴訖不得露頭當風，不幸得大風刺風疾。觸寒來勿面臨火上，成癇起風眩頭痛。勿跋床懸脚，久成血痹，足重腰疼。凡脚汗勿入水，作骨痹，亦作遁疾[54]。久忍小便，脉[55]冷兼成冷痹。凡食熱物汗出，勿盪風，發痓頭痛，令人目澁饒睡。凡欲眠勿歌詠，不祥。眠起勿大語，損人氣。凡飛鳥投人，不可食，鳥[56]若開口及毛下有瘡，並不可食之。凡熱泔洗頭冷水濯，成頭風。凡人臥，頭邊勿安火鑪，令人六神不安[57]。冬日溫足凍腦，春秋腦足俱凍，此乃聖人之常法也。凡新哭泣訖便食，即成氣病。夜臥勿覆頭，婦人勿跋竈坐，大忌。凡唾不用遠，遠即成肺病，令人手重背疼咳嗽。凡人魘，勿點燈照，定魘死，暗喚之即吉，亦不可近前及急喚。凡人臥勿開口，久成病渴，并失血色。凡旦起，勿以冷水開目洗面，令人目澁失明饒淚。凡行途中觸熱，逢河勿洗面，生烏黚。人睡訖忽覺，勿飲水更臥，成水痹。凡時病新汗解，勿飲冷水，損人心腹不平復。凡空腹不可見聞臭屍氣，入鼻令人成病。凡欲見死屍，皆須先飲酒及咬蒜，辟毒氣。凡小兒不用令指月，兩耳後生瘡欲斷，名月會[58]瘡，擣蝦蟆末傅即差，并別餘瘡並不生。凡產婦不可見狐臭人，善令產婦著腫。凡人臥，不用隱膊[59]下，令人六神不安。凡臥，春夏欲得頭向東，秋冬頭向西，有所利益。凡丈夫飢欲得坐小便，飽則立小便，令人無病。凡人睡欲得屈膝側臥，益人氣力，凡臥欲得數轉側。語笑欲令至少，莫令聲高大。春欲得瞑臥早起，夏秋欲得侵夜臥早起，冬欲得早臥晏起，皆有所益。雖云早起莫在雞鳴前，晏起莫在日出後。冬日天地閉，陽氣藏，人不欲作勞出汗，發洩陽氣損人。新沐浴訖，勿當風結髻，勿以濕髻臥，使人患頭風眩悶，髮秃面腫，齒痛耳聾。濕衣及汗衣皆不可著久，令發瘡及患風[60]。

老君曰："正月旦中庭向寅地再拜，呪曰：'某甲年年受大道之恩，太清玄門，願還某甲去歲之年。'男女皆三通自呪，常行此道延年。"玄女有清神之法，淮南有祠竈之規，咸欲體合真靈，護生者也。仙經祕要："常存念心中有氣大如雞子，内赤外黄，辟衆邪延年也。欲却衆邪百鬼，常存念爲炎火如斗，煌煌光明，則百邪不敢干人，可入瘟疫之中。暮卧常存作赤氣在外、白氣在内以覆身，辟衆邪鬼魅。"老君曰："凡人[61]求道，勿犯五逆六不祥，有犯者凶。大小便向西，一逆；向北，二逆；向日，三逆；向月，四逆；仰視天及星辰，五逆。夜起裸形，一不祥；旦起嗔恚，二不祥；向竈罵詈，三不祥；以足向火，四不祥；夫妻晝合，五不祥；怨恚師父，六不祥。"凡人旦起，常言善事，天與之福；凡言奈何歌嘯，名曰請禍。慎勿上牀卧歌，凶。始卧伏卧床，凶。飲食伏床，凶。以匙筯擊盤上，凶。司陰之神在人口左，人有陰禍，司陰白之於天，天則考人魂魄。司殺之神在人口右，人有惡言，司殺白之於司命，司命記之，罪滿即殺。二神監口，惟向人求非，安可不慎言！舌者身之兵革，善惡由之而生，故道家所忌。飲玉泉者，令人延年除百病。玉泉者，口中唾也。雞鳴、平旦、日中、晡時、黄昏、夜半，一日一夕，凡七[62]漱玉泉飲之，每飲輒滿口，咽之延年。髮，血之窮；齒，骨之窮；爪，筋之窮。千過梳髮髮不白，朝夕啄齒齒不齲，爪不數截筋不替。人常數欲照鏡，謂之存形，形與神相存，此其意也。若矜容顔色自愛翫，不如勿照。凡人常以正月一日、二月二日、三月三日、四月八日、五月一日、六月二十七日、七月十一日、八月八日、九月二十一日、十月十四日、十一月十一日、十二月三十日，但常以此日取枸杞菜煑作湯沐浴，令人光澤，不病不老。月蝕宜救人除殃，活萬人與天同功。天不好殺，聖人則之。知不好之[63]者，是助天地長養，故招勝福。善夢可説，惡夢默之，則使之延命[64]也。"

服氣療病[65]

《元陽經》曰："常以鼻内氣，含而漱滿，舌料脣齒咽之，一日一夜得千咽甚佳。當少飲食，多則氣逆百脈閉，百脈閉則氣不行，氣不行則生病。"《玄示》[66]曰："志者氣之帥也，氣者體之充也。善者遂其生，惡者喪其形。故行氣之法，少食自節，動其形，和其氣，志意專一，固守中外，上下俱閉，神周形骸，調暢四溢，修守關元，滿而足實，因之而衆邪自出。"

彭祖曰："常閉氣內息，從平旦至日中，乃跪坐拭目，摩搦身體，舐脣咽唾，服氣數十，乃起行言笑。其偶有疲倦不安，便導引閉氣以攻所患。必存其身頭面九竅五藏四肢至于髮端，皆令所在覺其氣雲行體中，起於鼻口，下達十指末，則澄和真神，不須針藥灸刺。凡行氣欲除百病，隨所在作念之。頭痛念頭，足痛念足，和氣往攻之，從時至時，便自消矣。時氣中冷，可閉氣以取汗，汗出周身則解矣。行氣閉氣雖是治身之要，然當先達解其理趣。又宜空虛，不可飽滿。若氣有結滯，不得空流，或致瘡癤。譬如泉源，不可壅遏。若食生魚生菜肥肉及喜怒憂恚不除，而以行氣，令人發上氣。凡欲學行氣，皆當以漸。"

劉安曰："食生吐死，可以長存。謂鼻內氣爲生，口吐氣爲死[67]也。凡人不能服氣從朝至暮常習不息，徐而舒之，但令鼻內口吐，所謂吐故納新也。"

《服氣經》曰："道者氣也，保氣則得道，得道則長存。神者精也，保精則神明，神明則長生。精者、血脈之川流，守骨之靈神也。精去則骨枯，骨枯則死矣！是以爲道，務寶其精。從夜半至日中爲生氣，從日中後至夜半爲死氣。當以生氣時正偃臥，瞑目握固，握固者，如嬰兒之捲手，以四指押大母指也。閉氣不息，於心中數至二百，乃口吐氣出之。日增息，如此身神具，五藏安。能閉氣至二百五十息，華蓋明。華蓋明則耳目聰明，舉身無病，邪不忤人也。凡行氣以鼻內氣，以口吐氣，微而引之，名曰長息。內氣有一，吐氣有六。內氣一者，謂吸也。吐氣六者，謂吹呼唏呵噓呬，皆出氣也。凡人之息，一呼一吸，元有此數。欲爲長息吐氣之法，時寒可吹，溫可呼，委曲治病。吹以去熱，呼以去風，唏以去煩，呵以下氣，噓以散滯，呬以解極。凡人極者則多噓呬，道家行氣，多不欲噓呬。噓呬者，長息之心[68]也。此男女俱存法，法出於仙經。行氣者，先除鼻中毛，所謂通神之路。若天惡風猛大寒[69]大熱時，勿取氣。"

《明醫論》云："疾之所起，自生五勞，五勞既用，二藏先損，心腎受邪，府藏俱病。五勞者：一曰志勞，二曰思勞，三曰心勞，四曰憂勞，五曰疲勞。五勞則生六極：一曰氣極，二曰血極，三曰筋極，四曰骨極，五曰精極，六曰髓極。六極即爲七傷，七傷故變爲七痛，七痛爲病，令人邪氣多，正氣少，忽忽喜怒悲傷，不樂飲食，不生肌膚，顏色無澤，髮白枯槁。甚者令人得大風偏枯筋縮，四肢拘急攣縮，百關隔塞，羸瘦短氣，腰脚疼痛。此由早娶用精過差，血氣不足，極勞之所致也。凡病之來，不離於五藏，事須識相[70]。若不識者，勿爲之耳。心藏病者，體有冷熱，呼吹[71]二氣出之。肺藏病者，胷膈脹滿，嘘氣[72]出之。脾藏病者，體上遊風颭颭，身痒疼悶，唏氣出之。肝藏病者眼疼，愁憂不樂，呵氣出之。已上十二種調氣法，但常以鼻引氣，口中吐氣，當令氣聲逐字吹呼嘘呵唏呬吐之。若患者依此法，皆須恭敬用心爲之，無有不差，此即愈病長生要術也。"

導引按摩[73]

《導引經》云：清旦未起，啄齒二七，閉目握固，漱漏[74]唾三咽氣。尋閉而不息自極，極乃徐徐出氣，滿三止。便起，狼踞鴟顧，左右自搖曳不息自極，復三。便起下床，握固不息，頓踵三。還上一手下一手，亦不息自極三。又叉手項上，左右自了戾不息復三。又伸兩足，及叉手前却自極，復三。皆當朝暮爲之，能數尤善。平旦以兩掌相摩令熱，熨眼三過，次又以指按目四眥，令人目明。按經云：拘寃門，制魄户，名曰握固，與魂魄安門户也，此固精明目留年還魄之法。若能終日握之，邪氣百毒不得入。握固法，屈大拇指於四小指下把之，積習不止，即眼[75]中亦不復開。一説云，令人不遭魔魅。

《內解》云：一曰精，二曰唾，三曰淚，四曰涕，五曰汗，六曰溺，皆所以損人也，但爲損者有輕重耳。人能終日不涕唾，隨有漱漏[76]咽之。若恒含棗核咽之，令人愛氣生津液，此大要也。謂取津液，非咽核也。常每旦琢齒三十六通，能至三百彌佳，令人齒堅不痛。次則以舌漱漏滿口中津液[77]咽之，三過止。次摩指少陽令熱以熨目，滿二七止，令人目明。每旦初起，以兩手掩兩耳，極上下熱挼之，二七止，令人耳不聾。次又啄齒漱玉泉三咽，縮鼻閉氣，右手從頭上引左耳二七，復以左手從頭上引右耳二七止，令人延年不聾。次又引兩鬢髮舉之一七，則總取髮兩手向上極勢攀上一七，令人血氣通，頭不白。又法：摩手令熱以摩面，從上至下，去邪氣，令人面上有光彩。又法：摩手令熱摩身體，從上至下，名曰乾浴，令人勝風寒時氣熱，頭痛百病皆除。夜欲卧時，常以兩手揩摩身體，名曰乾浴，辟風邪。峻坐，以左手托頭，仰右手向上盡勢托，以身并手振動三；右托頭振動亦三，除人睡悶。平旦日未出前，面向南峻坐，兩手托䐜盡勢振動三，令人面有光澤生。旦起未梳洗前，峻坐，以左手握右手於左䐜上，前却盡勢挼左䐜三；又以右手握左手於右䐜上，前却挼右䐜亦三次。又兩手向前盡勢推三次。又又兩手向䐜前，以兩肘向前盡勢三次。直引左臂，捲曲右臂，如挽一斛五斗弓勢，盡力爲之；右手挽弓勢亦然。次以右手托地，左手仰托天盡勢；右亦然。次捲兩手向前築各三七次。捲左手盡勢向背上握指三，右手亦如之。療背膊臂肘勞氣，數爲之彌佳。平旦便轉訖，以一長拄杖策腋，垂左脚於床前，徐峻盡勢掣左脚五七廻；右亦如之，療脚氣疼悶，腰腎冷氣，冷痺及膝冷並主之，日夕三掣彌佳。勿大飽及忍小便掣，如不用拄杖，但遣所掣脚不着地，手扶一物亦得。晨夕梳頭滿一千梳，大去頭風，令人髮不白。梳訖，以鹽花及生麻油搓頭頂上彌佳，如有神明膏搓之甚佳。旦欲梳洗時，叩齒一百六十，隨有津液便咽之，訖，以水漱口，又更以鹽末揩齒，即含取微酢清漿半小合許熟漱，取鹽湯吐洗兩目訖，以冷水洗面，不得遣冷水入眼中，此法齒得堅淨，目明無淚，永無蠹齒。平旦洗面時，漱口訖，咽一兩咽冷水，令人心明淨，去胷臆中熱。

譙國華佗善養性，弟子廣陵吳普、彭城樊阿受[78]術於佗。佗嘗語普曰："人體欲得勞動，但不當使極耳。人身常搖動，則穀氣消，血脈流通，病不生。譬猶户樞不朽是也。古之仙者及漢時有道士君倩者，爲導引之術，作熊[79]經鴟顧，引挽腰體，動諸關節，以求難老也。吾有一術，名曰五禽戲：一曰虎，二曰鹿，三曰熊，四曰猿，五曰鳥，亦以除疾，兼利手足，以常[80]導引。體中不快，因起作一禽之戲，遣微汗出即止，以粉塗身，即身體輕便，腹中思食。"吳普行之，年九十餘，耳目聰明，牙齒堅完，喫食如少壯也。虎戲者，四肢距地，前三擲，却二擲，長引腰，乍却[81]仰天，即返距，行前、却各七過也。鹿戲者，四肢距地，引項反顧，左三右二，左右伸脚，伸縮亦三亦二也。熊戲者，正仰以兩手抱膝下，舉頭左僻地七，右亦七，蹲地，以手左右托地。猿戲者，攀物自懸，伸縮身體，上下一七，以脚拘物自懸，左右七，手鉤却立，按頭各七。鳥戲者，雙立手，翹一足，伸兩臂，揚眉鼓力，各[82]二七，坐伸脚，手挽足距各七，縮伸二臂各七也。夫五禽戲法任力爲之，以汗出爲度。有汗以粉塗身，消穀食[83]，益氣力[84]，除百病，能存行之者必得延年。又有法：安坐，未食前自按摩，以兩手相叉，伸臂股，導引諸脈，勝於湯藥。正坐，仰天呼出，飲食醉飽之氣立消。夏天爲之，令人涼矣。

【校记】

〔1〕"於"，《道藏》本《養性延命録》作"爲"。

〔2〕"候"，上書作"服"。

〔3〕"榮於懷抱"，上書作"恒切於懷"。"榮"，疑當作"縈"。

〔4〕"止"原作"正"，據上書改。

〔5〕"前彥"，上書作"錢彥"。

〔6〕"乃無"，上書作"及招"。

〔7〕"題"後，上書有"分爲上下兩卷，卷有三篇"十字。

〔8〕"延命"原作"延年"，據上書改。

〔9〕"憑"後，上書有"緣"字。

〔10〕"與天地相弊"，上書作"與天相異"。

〔11〕"五"原作"三"，據上書改。

〔12〕"限"原作"根",據上書改。

〔13〕"又爲智以攻之者",原無"智"字,據上書增。

〔14〕"壯",《列子·天瑞篇》作"長"。

〔15〕"萬",《列子·周穆王篇》作"物"。

〔16〕"老君",《道藏》本《養性延命錄》作"混元"。

〔17〕"示"原作"禾",據上書改。下同。

〔18〕"外",本書卷三五《至言總養生篇》作"物"。

〔19〕"魄",上書作"魂"。

〔20〕"耶"字原無,據《道藏》本《養性延命錄》及本書卷三五《至言總養生篇》增。

〔21〕"全足",本書卷三五《至言總養生篇》作"合度"。

〔22〕"元氣藥",上書作"氣藥"。

〔23〕"繫之在肺",上書及《道藏》本《養性延命錄》均作"繫在心肺"。

〔24〕"談"原作"論",據《道藏》本《養性延命錄》改。

〔25〕"志"原作"忘",上書改。

〔26〕"燋煎",上書作"憔悴"。

〔27〕"靳",上書作"勤"。

〔28〕"勞",上書作"悇"。

〔29〕"不止",上書作"干正"。

〔30〕"少念靜慮",本書卷三五《至言總養生篇》作"約念靜身損物"。

〔31〕"漱",本書卷五六《元氣論》引《老子節解》作"溢"。

〔32〕"故口爲華池,中有醴泉","口"原作"曰",據《道藏》本《養性延命錄》改。此九字《元氣論》無,似爲陶弘景所增。

〔33〕"中經",本書卷三五《至言總養生篇》作"黃帝中經"。

〔34〕"故能形與神俱,盡終其天命,壽過百歲",《黃帝內經素問》卷一作"故能形與神俱,而盡終其天年,度百歲乃去"。

〔35〕"好",上書作"耗"。

〔36〕"逆於陰陽,治生起居,無節無度",上書作"逆於生樂,起居無

節"。

〔37〕"君臣之義",《道藏》本《養性延命錄》作"仕禄之業"。

〔38〕"乏",上書作"貶"。

〔39〕"之者",上書作"五性"。

〔40〕"妖殃",本書卷三五《至言總養生篇》作"妖禍"。

〔41〕"輕"字原無,據上書補。

〔42〕"損",上書作"止"。

〔43〕"其養性法則可施用"八字注文,《道藏》本《養性延命錄》作正文。

〔44〕"損",本書卷三三《攝養枕中方》作"捐"。

〔45〕"堪",《道藏》本《養性延命錄》作"勞"。

〔46〕"發"原作"荒",據上書及本書卷三三《攝養枕中方》改。

〔47〕"或失其理",本書卷三三《攝養枕中方》作"戒其失理"。

〔48〕"經",《道藏》本《養性延命錄》作"徑"。

〔49〕"感"原作"蹙",據上書改。

〔50〕"雜戒忌禳災祈善",上書作"雜誡忌禳害祈善篇第三"。

〔51〕"睡",上書作"視"。

〔52〕"唾",上書作"睡"。

〔53〕"息",上書作"自"。

〔54〕"疾",上書作"痊"。

〔55〕"脉",上書作"膝"。

〔56〕"鳥",上書作"焉",連上句。

〔57〕"令人六神不安",上書作"令人頭重目赤鼻乾。凡卧訖,頭邊勿安燈,令人六神不安"。

〔58〕"會",上書作"蝕"。

〔59〕"隱膊",上書作"於窻檽"。

〔60〕"風"下,上書有"瘙痒"二字,又"著久"作"久著"。

〔61〕"人"原作"入",據上書改。

〔62〕"七"，疑當作"六"。

〔63〕"知不好之"，《道藏》本《養性延命録》作"不好殺"。

〔64〕"使之延命"，上書作"養性延年"。

〔65〕"服氣療病"，上書作"服氣療病篇第四"。

〔66〕"示"原作"末"，據上書改。

〔67〕"口吐氣爲死"原無，據上書增。

〔68〕"心"，疑當作"忌"。

〔69〕"天惡風猛大寒"，《道藏》本《養性延命録》作"天露惡風猛寒"。

〔70〕"相"，上書作"根"。

〔71〕"吹"原作"吸"，據上書改。

〔72〕"氣"字原無，據上書增。

〔73〕"導引按摩"，上書作"導引按摩篇第五"。

〔74〕"漏"，上書作"滿"。

〔75〕"眼"，疑當作"眠"。

〔76〕"漏"，《道藏》本《養性延命録》作"滿"。

〔77〕"漱漏滿口中津液"，上書作"攪漱口中津液滿口"。

〔78〕"受"原作"授"，據上書改。

〔79〕"熊"原作"猿"，據上書及《後漢書·華佗傳》《三國志·華佗傳》改。

〔80〕"常"，《後漢書·華佗傳》《三國志·華佗傳》作"當"。

〔81〕"乍却"，《道藏》本《養性延命録》作"側脚"。

〔82〕"各"原作"右"，據上書改。

〔83〕"穀食"，上書作"穀氣"。

〔84〕"氣力"二字原無，據上書增。

雲笈七籤卷之三十三

雜修攝

攝養枕中方[1] 太白山處士孫思邈撰

夫養生繕性，其方存於卷者甚衆。其或幽微祕密，疑[2]未悟之心。至於澄神內觀，遊玄採真，故非小智所及。常思所尋設能及之，而志不能守之，事不從心，術即不驗。誠由前之誤，交切而難遣；攝衛之道，賒遠而易違。是以混然同域，絕而不思者也。嵇叔夜悟之大得，論之未備，所以將來志士，覽而懼焉！今所撰錄，並在要典。事雖隱祕，皆易知易爲，以補斯闕。其學者不違情欲之性而俯仰可從，不棄耳目之翫而顧眄可法，旨約而用廣，業少而功多。余研覈方書，蓋亦久矣！搜求祕道，略無遺餘。自非至妙至神，不入玆錄。誠信誠効，始冠于篇。取其弘益，以貽後代。苟非其道，慎勿虛傳。傳非其人，殃及三世。凡著五章爲一卷，與我同志者寶而行之云爾。

自　　慎

夫天道盈缺，人事多屯。居處屯危，不能自慎，而能尅濟者，天下無之。故養性之士，不知自慎之方，未足與論養生之道也，故以[3]自慎爲首焉。夫聖人安不忘危，恒以憂畏爲本營，無所畏忌，則庶事隳壞。經曰：人不畏威，則大威至矣。故以治身者不以憂畏，朋友遠之；治家者不以憂畏，奴[4]僕侮之；治國者不以憂畏，鄰境侵[5]之，治天下者不以憂畏，道德去之。故憂畏者，生死之門，禮教之主，存亡之由，禍福之本，吉凶之元也。是故士[6]無憂畏，則身名不立；農無憂畏，則稼穡不滋；工無憂畏，則規矩不設；商無憂畏，則貨殖不廣；子無憂畏，則孝敬不篤；父無憂畏，則慈愛不著；臣無憂畏，則勳庸不建；君無憂畏，則社稷不安。養性者失其憂畏，則心亂而不治，形躁而不寧，神散而氣越，志蕩而意昏，應生者死，應存[7]者亡，應成者敗，應吉者凶。其憂畏者，其猶水火不可暫忘也。人無憂畏，子弟爲勍敵，妻妾爲寇仇。是以太上畏道，其次畏物，其次畏人，其次畏身。故憂於身者不拘於人，畏於己者不制於彼，慎於小者不懼於大，戒於近者不悔於遠。能知此者，水行蛟龍不得害，陸行虎兕不能傷，處世謗讟不能加[8]。善知此者，萬事畢矣！

夫萬病橫生，年命橫夭，多由飲食之患。飲食之患過於聲色，聲色可絕之踰年，飲食不可廢於一日，爲益既廣，爲患亦深。且滋味百品，或氣勢相伐，觸其禁忌，更成沉毒。緩者積年而成病，急者災患而卒至也。

凡夏至後迄秋分，勿食肥膩餅臛之屬，此與酒漿果瓜相妨。或當時不覺即病，入秋節變生，多諸暴下，皆由涉夏取冷太過，飲食不節故也。而或者以病至之日，便爲得病之初，不知其所由來者漸矣。欲知自慎者，當去之於微也。

夫養性者，當少思、少念、少欲、少事、少語、少笑、少愁、少樂、少喜、少怒、少好、少惡，行此十二少者，養生之都契也。多思則神殆，多念則志散，多欲則損智，多事則形勞，多語則氣爭，多笑則傷藏，多愁則心懾，多樂則意溢，多喜則忘錯昏亂，多怒則百脈不定，多好則專迷不理，多惡則憔悴無歡，此十二多不除，喪生之本也。唯無多無少[9]幾乎道也。故處士少疾，遊子多患，繁簡之殊也。是故田夫壽，膏粱夭[10]，嗜欲多少之驗也。故俗人競利，道士罕營。夫常人不可無欲，又復不可無事，但約私心，約狂念[11]，靖躬損思，則漸漸自息耳！封君達云："體欲常勞，食欲常少，勞勿過極，少勿過虛。恒去肥濃，節鹹酸，減思慮，捐[12]喜怒，除馳逐，慎房室，春夏施瀉，秋冬閉藏。"又魚膾生肉諸腥冷之物，此多損人，速宜斷之，彌大善也。心常念善，不欲謀欺詐惡事，此大辱神損壽也。

彭祖曰："重衣厚褥，體不堪苦，以致風寒之疾。甘味脯腊，醉飽饜飫，以致疝結[13]之病。美色妖麗，嬪妾盈房[14]，以致虛損之禍。淫聲哀音，怡心悅耳，以致荒耽之惑。馳騁遊觀，弋獵原野，以致發狂之迷。謀得戰勝，取亂兼弱，以致驕逸之敗。"斯蓋聖人戒其失理，可不思以自勗也？

夫養性之道，勿久行、久坐、久聽、久視，不強食，不強飲，亦不可憂思愁哀。飢乃食，渴乃飲，食止，行數百步，大益。人夜勿食，若食，即行約五里，無病損[15]。日夕有所營爲，不住爲佳，不可至疲極，不得大安無所爲也。故曰："流水不腐，戶樞不蠹。"以其勞動不息也。

《想爾》曰：想爾，蓋仙人名。"勿與人爭曲直，當減人算壽。若身不寧，反舌塞喉，嗽漏咽液[16]無數，須臾即愈。道人疾，閉目內視，使心生火，以火燒身，燒身令盡，存之使精神如髣髴，疾即愈。若有痛處，皆存其火燒之，祕驗。"

仙經禁忌

凡甲寅日[17]，是尸鬼競亂精神躁穢之日，不得與夫妻同席言語面會，必當清淨沐浴，不寢警備也。

凡服藥物，不欲食蒜、石榴、豬肝、犬肉[18]。

凡服藥，勿向北方，大忌。

凡亥子日不可唾，減損年壽。

凡入山之日，未至百步，先却百步，足反登山[19]，山精不敢犯人。

凡求仙，必不用見尸。

又忌三月一日，不得與女人同處。

仙道忌十敗[20]

一勿好淫，二勿爲陰賊凶惡，三勿酒醉，四勿穢慢不淨，五勿食父母[21]本命肉，六勿食己本命肉，七勿食一切肉，八勿食生[22]五辛，九勿殺一切蜫蟲衆生，十勿向北大小便，仰視三光。

仙道十戒

勿以八節日行威刑，勿以晦朔日怒，勿以六甲日食鱗甲之物，勿以三月三日食五藏肉、百草心，勿以四月八日殺伐樹木，勿以五月五日見血，勿以六月六日起土，勿以八月四[23]日市附足之物，勿以九月九日起牀席，勿以八節日雜處。

學仙雜忌

若有崇奉六天及事山川魔神者，勿居其室，勿饗其饌。

右已上忌法，天人大戒。或令三魂相嫉，七魄流競；或胎神所憎，三宮受惡之時也。若能奉修，則爲仙材；不奉修失禁，則爲傷敗。

夫陰丹內御房中之術，黃道赤氣交接之益[24]，七九朝精吐納之要，六一迴丹雄雌之法，雖獲仙名，而上清不以比德；雖均至化，而太上不以爲高。未弘至道，豈覿玄闈[25]？勿親經孕婦女，時醉華池，酣鬯自樂。全真獨卧，古之養生，尤須適意。不知祕術，詎可怡乎！勿抱嬰兒，仙家大忌。

夫建志內學養神求仙者，常沐浴以致靈氣。如學道者每事須令密，泄一言一事，輒減一筭，一筭三日也。

凡咽液者常閉目內視。學道者常當別處一室，勿與人雜居。著淨衣燒香。

凡書符當北向，勿雜用筆硯。

凡耳中忽聞啼呼及雷聲鼓鳴[26]，若鼻中聞臭氣血腥者，並凶兆也。即燒香沐浴齋戒，守三元帝君求乞救護。行陰德，爲人所不能爲，行人所不能行，則自安矣[27]。

夫喜怒損志，哀樂害性[28]，榮華惑德，陰陽竭精，皆學道之人大忌，仙法之所疾也。

夫習眞者，都無情慾之感[29]，男女之想也。若丹白存於胸中，則眞感不應，靈女上尊不降。陰氣所接，永不可以修至道。吾常恨此，賴改之速耳！所以眞道不可以對求，要言不可以偶聽，慎之哉！

導　引

常以兩手摩拭面上，令人面[30]有光澤，斑皺不生，行之五年，色如少女。摩之令二七而止。臥起平氣正坐，先叉手掩項，目向南[31]視上，使項與手爭爲之三四。使人精和，血脈流通，風氣不入，行之不病。又屈動身體四極，反張側掣，宣搖百關，爲之各三。

又臥起，先以手內著厚帛，拭項中四面及耳後周匝熱，溫溫如也。順髮摩頂[32]，良久摩兩手，以治面目，久久令人目自明，邪氣不干。都畢，咽液三十過，導內液咽之[33]。又欲數按耳左右，令無數，令耳不聾，鼻不塞。

常以生氣時，咽液二七過[34]，按體所痛處，每坐常閉目內視，存見五藏六腑，久久自得分明了了。

常以手中指按[35]目近鼻兩眥兩眥目睛明也。閉氣爲之，氣通乃止。周而復始行之，周視萬里[36]。

常以手按兩眉後小穴中此處目之通氣者也。三九過，又以手心及指摩兩目及顙上，又以手旋耳各三十過，皆無數時節也。畢，以手逆乘額上三九過，從眉中始，乃上行入髮際中。常行之，勿語其狀，久而上仙。修之時，皆勿犯華蓋。華蓋、眉也。

行　氣

凡欲求仙，大法有三：保精、引氣、服餌。凡此三事，亦階淺至深，不遇至人，不涉勤苦，亦不可卒知之也。然保精之術列叙百數[37]，服餌之方略有千[38]種，皆以勤勞不强[39]爲務。故行氣可[40]以治百病，可以去瘟疫，可以禁蛇獸，可以止瘡血，可以居水中，可以辟飢渴，可以延年命。其大要者，胎息而已。胎息者，不復以口鼻噓吸，如在胞胎之中，則道成矣。

夫善用氣者，噓水，水爲逆流；噓火，火爲滅炎；噓虎豹，虎豹爲之伏匿；噓瘡血，瘡血則止；聞有毒蟲所中，雖不見其人，便遥爲噓呪我手，男左女右，彼雖百里之外，皆愈矣。又中毒卒病，但吞三九[41]之氣，亦登時差[42]也。但人性多躁，少能安靜，所以修道難成。

凡行氣之道，其法當在密室閉户安牀暖席，枕高二寸半，正身偃卧，瞑目閉氣，息於胸膈[43]，以鴻毛著鼻上，毛不動，經三百息，耳無所聞，目無所見，心無所思，當以漸除之耳。若食生冷五辛魚肉，及喜怒憂恚而行[44]氣者，非止無益，更增氣病，上氣嗽[45]逆也。不能閉之，即稍學之。初起，三息、五息、七息、九息、而一舒氣，尋[46]更噏之。能十二息不舒[47]氣，是小通也；百二十息不舒氣，是大通也[48]。此治身之大要也。常以夜半之後生氣時閉氣，以心中數數，令耳不聞，恐有誤亂，以手下籌，能至於千，即去仙不遠矣。

凡吐氣，令入多出少[49]，恒以鼻入口吐。若天大霧惡風猛寒，勿行氣，但閉之，爲要妙也。

彭祖曰："至道不煩，但不思念一切，則心常不勞。又復導引行氣胎息，真爾[50]可得千歲。更服金丹大藥，可以畢天不朽。"

清齋休糧，存日月在口中，晝存日夜存月，令大如鐶[51]。日赤色有紫光九芒，月黄色有白光十芒。存咽服光芒之液，常密行之無數。若不[52]修存之時，恒令日月還住[53.]面明堂中，日在左，月在右，令二景與目瞳合氣相通也。所以攝[54]運生精，理和[55]魂神，六丁奉侍，天兵衛護，此上[56]真道也。凡夜行及眠卧，心有恐者，存日月還入明堂中，須臾百邪自滅，山居恒爾。凡月五日夜半，存日象在心中，日從口入，使照一心[57]之内，與日共光相合會。當覺心腹霞光映照。畢，咽液九遍。到十五日二十五日二十九日[58]亦如是，自得百關通暢，面有玉光。又男服日象，女服月象，一日勿廢，使人聰明朗徹，五藏生華。

守　　一

夫守一之道，眉中却行一寸爲明堂，二寸爲洞房，三寸爲上丹田。中丹田者，心也；下丹田者，臍下一寸二分是也。一[59]有服色姓名，出《黄庭經》中。男子長九分，女子長六分。昔黄帝到峨嵋山見皇人於玉堂中，帝請問真一之道，皇人曰："長生飛仙，則唯金丹；守形却老，則獨真一，故仙重焉。"[60]凡諸思存，乃有千數以自衛，率多煩雜勞人。若知守一之道，則一切不須也。仙師曰："凡服金丹大藥，雖未去世，百邪不敢近人。若服草木小藥餌八石，適可除病延年，不足以禳外禍。或爲百鬼所柱，或爲太山橫召，或爲山神所輕，或爲精魅所侵，唯有守[61]真一，可以一切不畏也。"《守一法》具在《皇人守一經》中。

太清存神鍊氣五時七候訣

夫身爲神氣之[62]窟宅，神氣若存，身康力健；神氣若散，身乃謝焉。若欲存身，先安神氣，即氣爲神母，神爲氣子，神氣若具，長生不死。若欲安神，須鍊元氣。氣在身内，神安氣海，氣海充盈，心安神定。若神氣不散[63]，身心凝静。静至定俱，身存年永。常住道元，自然成聖。氣通神境，神通性慧，命住[64]身存，合於真性。日月齊齡，道成究竟。依銘鍊氣，欲學此術，先須絶粒，安心氣海，存神丹田，攝心淨慮，氣海若俱，自然飽矣！專心修者，百日小成，三年大成。初入五時，後通七候。神靈變化，出没自在[65]。峭壁千里，去住無礙。炁若不散，即氣海充盈，神静丹田，身心永固。自然迴顏駐色，變體成仙，隱顯自由，通靈百變。名曰度世，號曰真人，天地齊年，日月同壽。此法不服氣，不咽津，不辛苦，要喫但喫，須休即休，自在自由，無阻[66]

無礙。五時七候,入胎定觀耳。

五　　時

第一時心,動多静少,思緣萬境,取捨無常,念慮度量,猶如野馬,常人心也。

第二時心,静少動多,攝動入心,而心[67]散逸,難可制伏,攝之勤[68]策,進道之始。

第三時心,動静相半,心静似攝,未能常静,静散相半,用心勤策,漸見調熟。

第四時心,静多動少,攝心漸熟,動即攝之,專注一境,失而遽得。

第五時心,一向純静,有事[69]觸亦不動,由攝心熟,堅固准定矣。

從此已後,處顯而入七候,任運自得,非關作矣!

七　　候

第一候:宿疾並銷,身輕心暢。停心在内,神静氣安。四大適然,六情沉寂。心安玄境[70],抱一守中。喜悦日新,名爲得道。

第二候:超過常限,色返童顔。形悦心安,通靈徹視。移居别郡,揀地而安。隣里之人,勿令舊識。

第三候:延年千載,名曰僊人。遊諸名山,飛行自在。青童侍衛,玉女歌揚。騰蹋烟霞,綵雲捧足。

第四候:鍊身成氣,氣遶身光。名曰真人,存亡自在。光明自照,晝夜常明。遊諸洞宫,諸仙侍立。

第五候:鍊氣爲神,名曰神人。變通自在,作用無窮。力動乾坤,移山竭海。

第六候:鍊神合色,名曰至人。神既通靈,色形不定。對機施化,應物現形。

第七候：高超物外，迥出常倫。大道玉皇，共居靈境。賢聖集會，弘演至真。造化通靈，物無不達。修行至此，方到道源。萬行休停，名曰究竟。

今時之人，學道日淺，曾無一候，何得通靈？但守愚情，保持穢質，四時遷運，形委色衰。體謝歸空，稱爲得道，謬矣！此胎息定觀，乃是留神駐形真元[71]。祖師相傳至此，最初真人傳此術。術在口訣，凡書在文。有德志人，方遇此法。細詳留意，必獲無疑。賢智之人，逢斯聖文矣。

【校記】

〔1〕"攝養枕中方"，《道藏》本收錄作"枕中記"。

〔2〕"疑"後，《枕中記》多"於"字。

〔3〕"故以"，上書作"夫"。

〔4〕"奴"，上書作"臣"。

〔5〕"侵"，上書作"叛"。

〔6〕"士"原作"仕"，據上書改。

〔7〕"存"原作"死"，據上書改。

〔8〕"處世謗讟不能加"，上書作"五兵不能及，疾病不能侵，讒賊不能謗，毒蠆不能加"。

〔9〕"無少"，上卷《養性延命錄》作"者"。

〔10〕"田夫壽，膏粱夭"，《枕中記》作"田夫壽高，貴命年夭"。

〔11〕"約私心，約狂念"，上書作"和心約念"。

〔12〕"捐"，上卷《養性延命錄》作"損"。

〔13〕"疝結"，上書作"聚結"。

〔14〕"嬪妾盈房"四字原無，據上書增。《枕中記》作"媚妾盈房"。

〔15〕"損"，《枕中記》作"常須"，連下句。

〔16〕"嗽漏咽液"，上書作"漱津咽唾"。

〔17〕"甲寅日"，上書作"甲寅庚申日"。

〔18〕"犬肉"後，上書有"猪肉房中都絶爲上"八字。

〔19〕"先却百步，足反登山"，上書作"先却行百步，反足乃登山"。

〔20〕"仙道忌十敗"，上書將其與下之"仙道十戒""學仙雜忌"並列於篇題"避忌"下作子目。

〔21〕"母"原作"命"，據上書改。

〔22〕"生"，上書作"菫膩"。

〔23〕"四"，上書作"八"。

〔24〕"黄道赤氣交接之益"八字原無，據上書及《洞真太上説智慧消魔真經》增。

〔25〕"不以爲高。未弘至道，豈覿玄闕"，上二書作"不以爲貴。此穢仙濁真，固不得覿乎玉闕矣"。

〔26〕"凡耳中忽聞啼呼及雷聲鼓鳴"，《枕中記》作"凡耳中忽聞叫唤啼呼及瀨水雷聲鼓鳴"，較近於《洞真太上道君元丹上經》文。

〔27〕"則自安矣"，《枕中記》作"矜孤愍窮，扶危拯傾，即衆惡自滅"。

〔28〕"哀樂害性"，上書及《真誥》均作"哀感損性"。

〔29〕"感"原作"惑"，據上二書改。

〔30〕"面上，令人面"，原作"一面上，令人"，據《枕中記》改。

〔31〕"目向南"，上書及《上清太極真人撰所施行祕要經》引《大洞真經精景按摩篇》均作"因仰面"。

〔32〕"頂"，《枕中記》作"項"。

〔33〕"導内液咽之"，上書作"以導内液"。

〔34〕"咽液二七過"，上書作"咽液三七遍，閉目内視訖"。

〔35〕"按"原作"接"，據上書改。

〔36〕"周視萬里"，上書作"洞視千里"。

〔37〕"列叙百數"，上書作"近有百法"，且下有"行氣亦有數千條"七字。

〔38〕"千"，上書作"十"。

〔39〕"强"，上書作"絕"。

〔40〕"可"，《抱朴子·釋滯篇》作"或可"，後六"可"同，且"可以居水中"之後，有"或可以行水上"。

〔41〕"三九"原作"三九九當作九"，據《枕中記》及上書删。

〔42〕"差"原作"善"，據上二書改。

〔43〕"息於胸膈"原作"自止於胸膈"，據《枕中記》改。

〔44〕"行"原作"引"，據上書改。

〔45〕"嗽"原作"放"，據上書改。

〔46〕"尋"字原無，據上書增。

〔47〕"不舒"二字原無，據上書增。

〔48〕此句後，上書有"百二十息不舒氣，可以除病。隨病所在念之，頭痛念頭，足痛念足，欲令其愈，和氣攻之，便自銷矣"。

〔49〕"令入多出少"原作"令人多出少入"，據上書及《抱朴子·釋滯篇》改。

〔50〕"胎息，真爾"，《枕中記》作"不息，直爾"。

〔51〕"鐶"原作"環"，據《上清明堂玄真經訣》及本書卷二三《太上玄真訣服日月法》改。

〔52〕"不"字原無，據上二書增。

〔53〕"住"字原無，據上二書增。

〔54〕"攝"原作"倚"，據上二書改。

〔55〕"和"原作"利"，據上二書改。

〔56〕"上"字原無，據上二書增。

〔57〕"心"原作"身"，據《登真隱訣》卷中《太虛真人南嶽赤君内法》及本書卷二三《金仙内法》改。

〔58〕"二十九日"四字原無，據上二書增。

〔59〕"一"字原重，據《抱朴子·地真篇》删。

〔60〕引文中之"飛仙""唯""却老""獨""仙重焉"，上書分別作"仙方""唯有""却惡""獨有""古人尤重也"。

〔61〕"守"字原無，據上書及《枕中記》增。

〔62〕"之"原作"爲"，據《存神鍊氣銘》改。

〔63〕"若神氣不散"，上書作"定若不散"。

〔64〕"性慧"，上書作"慧命"。"住"原作"注"，據上書改。

〔65〕"在"原作"存"，據上書改。

〔66〕"無阻"二字原無，據上書增。

〔67〕"入心，而心"，上書作"入静，心多"。

〔68〕"勤"原作"動"，據上書改。

〔69〕"有事"，上書作"有事無事"。

〔70〕"境"原作"竟"，據上書改。

〔71〕"真元"，上書作"之道"，無下"祖師相傳至此，最初真人傳此術"十三字。

雲笈七籤卷之三十四

雜修攝

太清導引養生經 凡十二事

赤松子者，神農時雨師，能隨風上下，至高辛氏時猶存。《導引術》云："導引除百病，延年益壽。"朝起布蓆東向爲之，息極乃止，不能息極五通止。此自當日日習之，久久知益。

常以[1]兩手叉頭上，挽至地，五噏五息，止脹氣。又側臥，左肘肘地，極掩左手腦；復以右手肘肘地，極掩右手腦，五息止[2]，引筋骨。

以兩手據右膝上，至腰胯起頭，五息止，引腰氣。左[3]手據腰，左膝右手極上[4]引，復以右[5]手據腰，右膝左手極上引，皆五息止，引心腹氣。左手據腰，右手極上引，復以右手據腰，左手極上引，五息止，引腹中氣。

叉手胸脇前，左右搖頭不息，自極止，引面耳邪氣，不復得入。

兩手叉[6]腰下，左右自搖，自極止，通血脈。

兩手相叉，極左右，引肩中氣。

兩手相叉，反於頭上，左右自調，引肺肝中氣。

兩手叉胸前左右極，引除皮膚中煩氣。

兩手相叉，左右舉肩，引皮膚氣。

正立，左右搖兩胜，引腳氣。

甯先生導引養生法_{蝦蟇龜鼈等氣法附}

甯先生者，黃帝時人也。爲陶正，能積火自燒而隨烟上下，衣裳不灼。先生曰：夫欲導引行氣，以除百病，令年不老者，常心念一[7]，以還丹田。夫生人者丹，救人者還，全則延年，丹去尸存乃夭[8]。所以導引者，令人肢體骨節中諸邪氣皆去，正氣存處。有能精誠勤習理行之，動作言語之間，晝夜行之，骨節堅強，以愈百病。若卒得中風病固，瘋瘓不隨，耳聾不聞，頭眩癲疾，欬逆上氣，腰脊苦痛，皆可按圖視像，於其疾所在，行氣導引，以意排除去之。行氣者則可補於中，導引者則可治於四肢，自然之道。但能勤行，與天地相保。

常以子後午前[9]解髮東向，握固，不息一通，舉手左右導引，手掩兩耳，令髮黑不白[10]。

東向坐，不息再通，以兩手中指口唾[11]之二七，相摩拭目，令人目明。

東向坐，不息三通，手捻鼻兩孔，治鼻宿息肉愈。

東向坐，不息四通，琢齒無數，伏前側坐，不息六通，愈耳聾目眩。還坐，不息七通，愈胸中痛欬。

抱兩膝自企於地，不息八通，愈胸以上至頭耳目咽鼻疾。

去枕握固不息，企於地，不息九通，東首，令人氣上下通徹。鼻內氣愈羸弱，不能從陰陽法，大陰霧勿行之。

蝦蟇行氣法

正坐自動搖臂，不息十二通，愈勞及水氣[12]。左右側臥，不息十二通，治痰飲不消。右有飲病右側臥，左有飲病左側臥，有不消者，以氣排之。日初出、日中、日入時，向日正立，不息九通，仰頭吸日精光九咽之，益精百倍。若入火，垂兩臂不息，即不傷。

又法：面南方蹲踞，以兩手從膝中入，掌足五指令內曲，利腰尻完治，淋遺溺愈。

箕踞交兩腳，手内並腳中，又叉兩手極引之，愈瘶中精氣不泄矣。兩手交叉頤下自極，致[13]肺氣，治暴氣欬[14]。

舉右手展左手坐，以右腳上掩左腳，愈尻完痛。

舉手交頸上，相握自極，治脇下痛。

舒左手，以右手在下握左手拇指自極，舒右手，以左手在下握右手拇指自極，皆治骨節酸疼。

掩兩腳，兩手指著足五指上，愈腰折不能低[15]。若血久瘀，爲之愈佳。豎[16]足五指，愈腰脊痛。不能反顧頸痛。

以右手從頭上來下，又挽下手，愈頸不能反顧視。

坐地，掩左手，以右手指搭[17]肩挽之傾側，愈腰膝及小便不通。

龜鼈等氣法

《龜鼈行氣法》[18]：以衣覆口鼻，不息九通，正臥，微微鼻出内氣，愈鼻[19]塞不通。反兩手據膝上，仰頭像鼈取氣，致元氣至丹田，治腰脊不知痛。手大拇指急捻鼻孔不息，即氣上行致泥丸腦中，令陰陽從數至不倦。以左手急捉髮，右手還項中，所謂血脈氣各流其根。閉巨陽之氣，使陰不溢信明[20]，皆利陰陽之道也。

正坐以兩手交背後，名曰帶縛，愈不能大便，利腹，愈虛羸。

坐地，以兩手交叉[21]其下，愈陰滿。

以兩手捉繩轆轤倒懸，令腳反在其上，愈頭眩風癲。以兩手牽反著背上，挽繩自懸，愈中[22]不專精，食不得下。

以一手上牽繩，下手自持腳，愈尻久痔[23]。

坐地，直舒兩腳，以兩手叉挽兩足自極，愈腸不能受食吐逆。

東向坐仰頭，不息五息[24]五通，以舌撩口中沫滿二七咽，愈口乾苦。

《鴈行氣法》：低頭倚臂，不息十二通，以意排留飲宿食從下部出，自愈[25]。

《龍行氣法》：低頭下視，不息十二通，愈風疥惡瘡熱，不能入咽。

可候病者以向陽明仰臥，以手摩腹至足，以手持引足，低臂十二，不息十二通，愈腳足溫痺不任行，腰脊痛。

以兩手著項相叉，治毒不愈，腹中大氣即吐之。

噏月精法

噏月精：凡月初出時、月中時、月入時，向月正立，不息八通，仰頭噏月精八咽之，令陰氣長，婦人噏之，陰精益盛子道通。

凡入水舉兩手臂，不息不〔26〕沒。

面向北方箕踞，以手挽足五指，愈伏兔〔27〕痠尻筋急。

箕踞，以兩手從曲腳入據地，曲腳加其手，舉尻，其可用行氣，愈淋瀝乳痛。

舉腳交叉項，以兩手據地，舉尻持任息極，交腳項上，愈腹中愁滿，去三蟲，利五藏。

蹲踞，以兩手舉足，蹲極橫治氣衝腫痛寒疾。

致腎氣法：蹲踞，以兩手舉足五指，低頭自極，則五藏氣總至，治耳不聞目不明，久爲之，則令人髮白復黑。

彭祖導引法〔28〕 凡十事

彭祖者，殷大夫，歷夏至商，比年七百，常食桂得道。《導引法》云："導引除百病，延年益壽要術也。"

凡十節五十息，五通二百五十息。欲爲之，常於夜半至鷄鳴平旦爲之，禁飽食沐浴。

一、凡解衣被臥，伸腰瞑少時〔29〕，五息止，引腎氣，去痟渴，利陰陽〔30〕。

二、挽兩足指，五息止，引腹中氣，去疝瘕，利九竅。

三、仰兩足指，五息止，引腹〔31〕脊痺偏枯，令人耳聰。

四、兩足〔32〕相向，五息止，引心肺，去欬逆上氣。

五、踵内相向，五息止，除五絡之氣，利腸胃，去邪氣。

六、掩左脛，屈右膝，內厭之，五息止，引肺氣，去風虛，令人目明。

七、張腳兩足指，五息止，令人不轉筋。

八、仰臥，兩手牽膝置心上，五息止，愈腰痛。

九、外轉兩足十通[33]止，治諸勞。

十、解髮東向坐，握固不息，一通。舉手左右導引，以手掩兩耳，以指掐兩脈邊五通[34]，令人目明，髮黑不白，治頭風。

王子喬導引法 凡三十四事

王子喬《八神導引法》，延年益壽除百病。《導引法》曰：枕當高四寸，足相去各五寸，手[35]去身各三寸，解衣披髮，正偃臥，勿有所念，定意，乃以鼻徐內氣，以口出之，各致其藏所，竟而復始，欲休先極之而止，勿強長息，久習乃自長矣。氣之往來，勿令耳聞鼻知[36]，微而專之，長遂推之，伏兔[37]股胻，以省為貴，若存若亡，為之百，動腹鳴氣，有外聲，足則溫[38]。成功之士，何疾而已[39]。

喉嚨如白銀環，一十二[40]重繫膺，下去得肺。肺色白澤，前兩葉高，後兩葉卑。心繫其下，上大下銳，大率赤如茄華未拆[41]，倒懸著肺下也。肝又繫其下，色正青，如鳧翁頭也，六葉抱胃，前兩葉高，後四葉卑。膽繫其下，如綠綈囊。脾在中央亦抱胃，正黃如金鑠也。腎如兩伏鼠，挾脊直齊[42]肘而居，欲得其居高也。其色正黑，肥肪絡之，白黑昭然。胃如素囊，念其屈折右曲，無污穢之患。肝藏魂[43]，肺藏魄，心藏神，脾[44]藏意，腎藏志，此名曰神舍。神舍修則百脈調，邪病無所居矣。小腸者長九尺[45]，法九州。一云：九土，小腸者，長二丈四尺。

諸欲導引，虛者閉目，實者開目，以所苦行氣不用第，七息止，徐徐往來，度二百步所，卻坐，小咽氣五六。不差，復如法引，以愈為効。諸有所苦，正偃臥被髮如法，徐以口內氣填腹自極，息欲絕，徐以鼻出氣數十所，虛者補之，實者瀉之，閉口溫氣，咽之三十過，候腹中轉鳴乃止。往來二百步，不愈復爲之。病在喉中胸中者，枕高七寸。病在心下者，枕高四寸。病在臍下者，去枕，以口出氣鼻内氣[46]者名曰補，閉口溫炁咽之者名曰瀉。

閉氣治諸病法：欲引頭病者仰頭，欲引腰脚病者仰足十指，欲引胸中病者挽足十指，引臂病者掩臂[47]，欲去腹中寒熱，諸所不快，若中寒身熱，皆閉氣張腹，欲息者徐以鼻息，已復爲，至愈乃止。

一、平坐生腰[48]脚兩臂，覆[49]手據地，口徐吐氣，以鼻内之，除胸中肺中痛，咽氣令溫，閉目也。

二、端坐[50]生腰，以鼻内氣閉之，自前後搖頭各三十，除頭虛空耗，轉地閉目搖之。

三、左脇側臥，以口吐氣，以鼻内之，除積聚心下不便。

四、坐生腰，徐以鼻内炁，以右手持鼻，除目昏、淚若出[51]，去鼻中息肉、耳聾，亦除傷寒頭痛洸洸[52]，皆當以汗出爲度。

五、正偃臥，以口徐出氣，以鼻内之，除裹急。飽食後小咽，咽氣數十令溫，若氣寒者，使人乾嘔。腹痛，從鼻内氣七十咽，即[53]大塡腹内。

六、右脇側臥，以鼻内氣，以口小吐[54]氣數十，兩手相摩熱以摩腹，令其氣下出之，除脇皮膚痛，七息止。

七、端坐生腰，直上展兩臂，仰兩手掌，以鼻内氣，閉之自極七息，名曰蜀王臺，除脇下積聚。

八、覆臥去枕立兩足，以鼻内氣四四所，復以鼻出之極，令微氣入鼻中，勿令鼻知，除身中熱背痛。

九、端坐生腰，舉左手仰其掌，却右手，除兩臂背痛結氣。

十、端坐，兩手相叉抱膝，閉氣鼓腹二七或三七，氣滿即吐，候[55]氣皆通暢，行之十年，老有少容。

十一、端坐生腰，左右傾側，閉目以鼻内氣[56]，除頭風，自極七息止。

十二、若腹中滿飲食飽，坐生腰，以鼻內氣數十，以便爲故，不便復爲之，有寒氣腹中不安亦行之。

十三、端坐，使兩手如張弓滿射，可治四肢煩悶背急，每日或時爲之佳。

十四、端坐生腰，舉右手仰掌，以左手承左脇，以鼻內氣自極七息，除胃寒食不變則愈。

十五、端坐生腰，舉左手仰掌，以右手承右脇，以鼻內氣自極七息，除瘀血結氣等。

十六、兩手却據，仰頭，自以鼻內氣，因而咽之數十，除熱身中傷死肌肉等。

十七、正偃臥，端展足臂，以鼻內氣自極七息，搖足三十而止，除胸足中寒周身痺厥逆嗽。

十八、偃臥屈膝，令兩膝頭內向相對，手翻兩足生腰，以鼻內氣自極七息，除痺疼熱痛兩胜不隨。

十九、覺身體昏沈不通暢，即導引，兩手抱頭，宛轉上下，名爲開脇。

二十、踞伸右脚，兩手抱左膝頭生腰，以鼻內氣自極七息，除難屈伸拜起胜中痛瘀痺病。

二十一、踞伸左足，兩手抱右膝生腰，以鼻內氣自極七息，展左足著外，除難屈伸拜起胜中疼。一本云：除風目晦耳聾。

二十二、正偃臥，直兩足，兩手捻胞所在令赤，如油囊裹丹，除陰下濕小便難頹小腹重不便。腹中熱，但口出氣鼻內之數十，不須小咽氣，即腹中不熱者，七息已，溫氣咽之十所。

二十三、踞兩手抱兩膝頭，以鼻內氣自極七息，除腰痺背痛。

二十四、覆臥，傍視兩踵生腰，以鼻內氣自極七息，除脚中弦痛轉筋脚酸疼。二十五段元闕[57]。

二十六、偃臥，展兩胜[58]兩手，兩踵相向，亦鼻內氣自極七息，除死肌不仁足胜寒。

二十七、偃臥，展兩手兩胜，左傍[59]一本作停字兩足踵，以鼻內氣自極七息，除胃中食苦嘔。

二十八、踞坐腰，以兩手引兩踵，以鼻內氣自極七息，布兩膝頭，除痺嘔逆。

二十九、偃臥，展兩腳兩手，仰足指，以鼻內氣自極七息，除腹中弦急切痛。

三十、偃臥，左足踵拘右足拇指，以鼻內氣自極七息，除厥疾。人腳錯踵，不拘拇指，依文用之。

三十一、偃臥，以右足踵拘左足拇指，以鼻內氣自極七息，除周身痺。

三十二、病在左，端坐生腰，左[60]視目，以鼻徐內氣，極而吐之數十一止[61]，所閉目目上入。

三十三、病在心下若積聚，端坐生腰，向日仰頭，徐以鼻內氣因而咽之，三十所而止，開目作。

三十四、病在右，端坐生腰，右視目，以鼻徐內氣而咽之數十止。

導引雜說

《文選‧江賦》云："噏翠霞。"此謂導引服氣，稍與《枕中》相類，俱用之。兩手相捉，細搋如洗手法。兩手相叉翻覆向胸前，如挽三石弓力，左右同。兩手相重共按髀，徐徐搋身，以返搥背上十度，作拳向後築十度。大坐偏倚如排山，如把千斤石，上下數度。兩手抱頭，宛轉胜上。兩手據地，縮身曲脊三度；兩手相叉，以腳蹋中立地反拗三[62]舉；起立，以腳前後踏空。大坐伸腳，以手勾腳指。

右導引之法，深能益人延年，與調氣相須，令血脈通，除百病。宜好將息，勿令至大汗，能通伏氣行之，甚佳。

又導引法在《枕中》卷，與此導引消息，並宜相參作之，大佳。

諸服氣要法並忌觸雜錄，如能服之，便成真人。忌陰寒雨霧熱等邪氣，不可輒服也。危、執、閉、破、除此等日，亦不可服。

凡日午已後，夜半已前，名爲死氣，不可服也。唯酉時氣可服，爲日近明淨，不爲死氣，加可服耳[63]。

凡服氣，取子午卯酉時服是也。如冬月，子時氣不可服也，爲寒。如夏月，午時氣不可服，爲熱。仍須以意消息，大署若是。如腹中大冷，取近日氣及日午氣是。如腹中大熱，服夜半氣及平旦氣。如冬寒，即於一小淨室中生炭火煖之，服即腹中和[64]。如夏極熱時，取月中氣服，即涼大冷[65]。

每欲服氣，常取體中安隱，消息得所。如安隱時，不住消息耳。消息住[66]，先舒手展足，按捺支節，舉脚跟向上左右展足，長出氣三兩度，心念病處隨氣出，病遂盡矣。如服氣之時胸中悶，微微細吐之，悶定則掩口勿盡，盡則復吸入。凡服氣入及出吐皆須微微，吹綿不動，是其常候也。如入氣太急，勿令自耳聞，則驚五神，招其損也。如出氣太急，令自耳聞亦然。如後腹內熱及時節熱，出入氣太急，轉轉增熱則盛也。如服冷及時寒，出入太急，令自耳聞，亦增冷甚也。

初入氣之時，善將息，以飽爲度。若飽後[67]，即左右拓更開托，左右捩及蹴空各三度，然後咳嗽耳，拔髮摩面轉腰，令四肢節皮肉骨髓頭面貫徹，腹中即空。如前服之取飽，更不須動作耳，自然安泰也。

神炁養形説[68]

混元既分，天地得位，人與萬物各分一氣而成形。動者禀乎天，靜者法乎地。天地之間最靈者人，能養人之形者唯氣與神。神者，妙萬物而爲言；氣者，借沖虛以爲用。至人之言，莫先乎氣；至人之用，莫妙乎神。我先生得至人之道，見生死之機，常味於無味，用於無用，爲於無爲，事於無事。知神氣可以留形，故守虛無以養神氣。知窈冥可以致信，故入窈冥而觀至精。則天地之間，其猶橐籥乎！至人之不死，其猶谷神乎！先生曰：虛無之中有物謂之神，窈冥之中有物謂之氣，氣者結虛無以成妙。故大洞真人曰："三月內視，注心一神，則靈[69]光化生，纏綿五藏。"其理明矣！且氣者神之母，神者氣之子，欲致其子，先修其母。若神不受味於氣，則氣無以通靈。子不求食於母，則母無以致和。《道經》曰："既得其母，以知其子。既知其子，復守其母。"《東華玉書》云："繫子長留心安寧"[70]，此皆謂修真之要言也。加以耳目者，神之戶。《道經》曰："專氣致柔，能如嬰兒乎？"《黃庭經》曰："仙人道士非有神，積精所致和專仁。"[71]正謂此也。後來學者，或納四時五芽之氣，或服引七宿二景之精，握固以象胎形，閉氣以爲胎息，殊乖真人之妙旨，蓋是古來之末事。如此之徒，濁亂元氣，尤損於形神。夫至人以心遊於恬惔[72]，飲潄於玄泉，胎息於無味，則神光内照，五氣生靈，自然有紫烟上浮，玉彩交映。敬傳先生之旨，化白爲朱，積精成形，口銜靈芝，降於形中，是謂真仙之術，守中抱一，抱一勿失，與天地齊畢矣。

將攝保命篇

夫人禀二儀之氣，成四大之形，愚智貴賤則別，好養貪生不異。貧迫者力微而不達，富貴者侮傲而難持，性愚者未悟於全生，識智者或先於名利，自非至真之士，何能保養生之理哉！其有輕薄之倫，亦有矯情冒俗，口誦其事，行已違[73]之。設能行者，不踰晦朔，即希長壽，此亦難矣。是以達人知富貴之驕傲，故屈迹而下人；知名利之敗身，故割情而去欲；知酒色之傷命，故量事而撙節；知喜怒之損性，故豁情以寬心；知思慮之銷神，故損情而内守；知語煩之侵氣，故閉口而忘言；知哀樂之損壽，故抑之而不有；知情欲之竊命，故忍之而不爲。若加之寒溫適時，起居有節，滋味無爽，調息有方，積氣補於泥丸，魂魄守藏，和神保氣，吐故納新，嗜慾無以干其心，邪淫不能惑其性，此則持身之上品，安有不延年者哉！

【校記】

〔1〕"常以"之後，《道藏》本《太清導引養生經》有"朝起布席東向，先以"八字。

〔2〕"止"原作"上"，據上書改。

〔3〕"左"原作"右"，據上書改。

〔4〕"上"原作"止"，據上書改。

〔5〕"右"原作"左"，據上書改。

〔6〕"叉"原作"支"，據上書改。

〔7〕"一"，上書作"有一還丹"。

〔8〕"丹去尸存乃夭"，上書作"去則衰朽"。

〔9〕"常以子後午前"六字原無，據上書增。

〔10〕此句後，上書有"卧引爲三，以手指掐項邊脈三通，令人目明"。

〔11〕"口唾"，上書作"點口中唾"。

〔12〕"及水氣"，上書作"大佳"。

〔13〕"致"，上書作"利"。

〔14〕此句後，上書有"舉兩脚夾兩頰邊，兩手據地，服療宿壅"。

〔15〕"低"，上書作"低仰"。

〔16〕"愈佳"，上書作"即愈"。"竪"字原無，據上書增。

〔17〕"搭"字，上書無。

〔18〕"法"字原無，據上書增。

〔19〕"鼻"字原無，據上書增。

〔20〕"信明"疑當作"囟門"，音近而譌。

〔21〕"又"後原有"又"字，據《道藏》本《太清導引養生經》刪。

〔22〕"愈中"原作"中愈"，上書改。

〔23〕"痔"後，上書有"及有腫"三字。

〔24〕"五息"二字，上書無。

〔25〕"自愈"原作"息愈"，據上書改。

〔26〕"不"字原無，據上書增。

〔27〕"兔"原作"免"，據上書改。

〔28〕"彭祖導引法"，上書作"彭祖穀仙卧引法"。

〔29〕"瞑少時"，上書作"填小腹"。

〔30〕此句後，上書有"又云：申左脚，屈右膝，内壓之，五息止，引脾去心腹寒熱，胸臆邪脹"。

〔31〕"腹"，上書作"腰"。

〔32〕"足"後，上書有"内"字。

〔33〕"通"後，上書有"内轉兩足十通"六字。

〔34〕"兩脈邊五通"，上書作"項邊脈三通"。

〔35〕"手"原作"半"，據上書改。

〔36〕"鼻知"原作"鼻無知"，據上書删。

〔37〕"兔"原作"免"，據上書改。

〔38〕"有外聲，足則温"，上書作"有外聲足，則得成功"。

〔39〕"而已"，蔣力生等校注本引《四庫》本注作"不已"。

〔40〕"一十二"原作"一十"，據上書增。

〔41〕"大率赤如茄華未拆"，上書作"率率赤如蓮華未開"。

〔42〕"齊"，上書作"臍"。

〔43〕"肝藏魂"三字原無，據《道藏》本《太清導引養生經》增。

〔44〕"脾"原作"肝"，據上書改。

〔45〕"尺"原作"赤"，據上書改。

〔46〕"以口出氣鼻内氣"，上書作"以口納氣鼻出氣"。

〔47〕"掩臂"二字原無，據上書增。

〔48〕"生腰"，疑當作"伸腰"。下同。

〔49〕"覆"原作"履"，據《道藏》本《太清導引養生經》改，《神仙食氣金櫃妙録·治萬病訣》作"展"。

〔50〕"坐"，《四部叢刊》本及《道藏輯要》本作"端坐"。

〔51〕"除目昏，淚若出"，《道藏》本《太清導引養生經》"昏"作"晦"，"若"作"苦"。

〔52〕"洸洸"原作"洗洗"，據上書改。

〔53〕"鼻内氣七十咽即"，上書作"口納氣七十所"。

〔54〕"吐"，上書作"咽"。

〔55〕"候",上書作"即"。

〔56〕"以鼻内氣",上書作"以口納氣,厥逆填腹"。

〔57〕"二十五段元闕",上書作"二十五、偃臥,展兩手,外踵指相向,亦鼻納氣自極七息,除兩膝寒脛骨疼"。

〔58〕"胜",上書作"脚"。

〔59〕"展兩手兩胜,左傍",原無"展"字,"傍"原作"膀",據上書增改。又"胜",上書作"脚"。

〔60〕"左"原作"右",據上書改。

〔61〕"止"字上書無,疑"一"亦衍文。

〔62〕"三",《道藏輯要》本、《四部叢刊》本作"五"。

〔63〕"加可服耳",《神仙食氣金櫃妙録·行氣訣》作"加之服亦可耳"。

〔64〕"服即腹中和",上書作"服之則腹中沖和"。

〔65〕"即涼大冷",上書作"則大涼矣"。

〔66〕"住"後至段末,上書作"則加導引引之尤佳矣"。

〔67〕"後"後至段末,上書作"即導引之,自然安泰也"。

〔68〕"神炁養形説",《道藏》本收録作"神氣養形論"。

〔69〕"靈",《神氣養形論》作"神"。

〔70〕"繫子長留心安寧"原作"母繫子長流心安寧",據《道藏》本《太上黄庭外景玉經》改。《神氣養形論》作"繫子長存心安寧"。

〔71〕"仙人道士非有神,積精所致和專仁","有神"《外景經·中部經》作"異有"。此二句《内景經·仙人章》作"仙人道士非有神,積精累氣以爲真",《神氣養形論》"以爲真"作"迺成真"。

〔72〕"心遊於恬惔",《神氣養形論》作"心遊於淡,炁合於漠"。

〔73〕"違"原作"達",據《道藏輯要》本、《四部叢刊》本改。

雲笈七籤卷之三十五

雜修攝

明補

凡質氣礙，皆是妄想而所爲，並由想効也。想成即變化無常，捨想則庶事空寂。以其取鍊力，毛孔開流，所以須隨而補之。其補之法，還舒脚手而臥息，想項上有酥團，融流注心，周遍四肢。又想身臥酥乳池中以澡沐，久爲令人皮膚光澤。既取氣鍊補訖，欲起出行，體上有汗，當須少米粉摩令汗解燥，然後始得見風日，不然傷人。凡數章，是一時間所作法耳，恐後難曉，是以依序别勒成章焉。

禁忌

夫鹽能益腎，欲[1]能傷肺，故須忌之。喳之取味，欲令人衰，故須禁之。夫因欲以生，因欲以死，譬于桃蹊李逕，紫蕚紅葩，遇風而開，遇風而落。但人以身爲國也，神爲君也，精爲臣也，氣爲民也，當須衆戴元后，本固邦寧，君臣康强，所以治也。夫氣化爲精，精化爲神，神化爲嬰兒，故男女構精，所以化生人形。若能蓄精，便得自育。夫育精爲血脈之泉源，骨髓之靈神[2]，五藏傷而筋骨枯，即魂魄不守矣！特宜慎焉！猶恐欲性熾隆，陶染難割，雖自强抑，尚恐夢交，當須修習靜觀，以防遏之，是謂不死之道。還精補腦，延齡能益，名上仙籍，王母内傳，若能終竟不唾淚者，亦可含一棗唭咽津液也。

方　　便

　　凡人之心，或迷不悟，故須方便，示以理矣。假令童子既獲妙術，乃趍而出，遇博公子，因而問之曰："子免於八難乎？何以學道？"對曰："何謂八難？"曰："不廢道心，一難；不就明師，二難；不託閑居，三難；不捨世務，四難；不割恩愛，五難；不棄利欲，六難；不除喜怒，七難；不斷色欲，八難。"童子曰："僕無此累矣。"公子曰："凡人所患，皆多以氣爲主。或有背氣脚氣痓癖等，皆以氣爲根。今子乃咽氣於腹中，能不爲病乎？"童子曰："鄙哉言乎！良可哀耳。夫氣起於太極，超乎萬象之外。應清明以出入，佇神機以卷舒，澄淺碧於高天，淡輕紅於落日。不干雲雨，不犯塵埃。沉清漢而淨漪瀾，度危絃而蓄哀韻。呼吸玄牝之門，澡雪希夷之域，載營魄，修谷神，去三尸，消百病者。此乃清泠調和有道之氣，故能生成靈命焉。至如起於空隙之間，因於燥濕之處，隨腥臊之穢饌，逐徭役之奔喘，伺宴息之失序，俟劑和之乖宜，結洟涊而不敬，積勃鬱而遂留，時結齒於胸鬲，或煩疼於骨髓，久而不消，將傾大漸，所謂垢濁沉溺之死氣也。"公子曰："夫人身匪瓠瓜，焉能不食？是身即病，未或可除。故知食爲養身之資，身乃有病之聚。今子乃去食養身，留身除病，豈不惑哉？"童子笑而應之曰："善哉，或但疑者常抱此疑，不疑者因茲而得也，故天地因乎[3]而生，天地滅而非滅，其疑者迷而不悟也，但不知耳。又不聞乎甘肥者貪欲之本，即爲得病之源也。調氣澄心，離二入道者，斯仙之常也。真教不二，但至仁齊物，理合捐軀，非謂賢聖繫之名實。夫百篇之義，一乘之典，或務理國之倫，或究虛寂之相，詎返入流之始，豈暇汾水之遊哉！譬如[4]穿履去泥，傘蓋除雨，未可得也，亦何怪哉？"公子既聞此言已，童子泠然乘風而去，莫知所之也。

化身坐忘法

　　每夜人定後，偃卧閉目，然後安神定魄忘想，長出氣三兩度，仍須左右捩之，便起抐腰，如前法攝心入臍下，作影人長三四寸。然後遣影人分身百億，聳頭而出屋，鑽房而上，上至天，滿法界皆是我身，便想中明即自見之。既見之，便令影人入臍下便大飽，其化身到來亦戰身動，大況似行氣法。仍須正念凝情於身，但用心無不動也。故老君曰："道以心得之。"

胎息法

　　老君曰："人之不死，在於胎息矣。"夜半時日中前，自舒展脚手，抐脚咳嗽，長出氣三兩度。即坐握固；攝心臍下，作影人長三二寸，以鼻長吸引來，入口中即閉，閉定勿咽之，亦勿令出口，即於臍下合氣作小點子下之米大，如下數已盡，却還吸引如前。初可數得三十二十點子，漸可數百及二百，後五百，若能至數放千點子，此小胎息長生却老之術。

影　　人

　　分身作影人長三四寸許，立影人鼻止，令影人取天邊元空太和之氣，從天而下，穿屋及頭，直入四肢百脈，無處不徹。其氣到來，覺身戰動。每一度爲一通，須臾即數十通，便大飽矣。人有大病，作之十日，萬病俱差。當下氣之時作念之，我身本空，我神本通，心既無礙，萬物以無障礙。何以故？得神通故。凡一切作法，一種即須下之吐氣法，皆須作虵喙，莫動上頷。其吸氣之時，微叩齒令熱。

服紫霄法

坐忘握固，遊神聳頭而出，鑽屋直上，到彼天邊，引紫霄而來，直下穿屋，而從頭上入，內於腹中，常含紫氣隨神而來。向作解心，我本未悟之時，不知道體，今既覺悟，法本由來，不從他得。我知今來得自在者，更無別法，直作定心。心決定故，即得作意，見此氣衆多而來，併聚稠密如赤雲，拯神上天。但作解脫，直以心往天上取亦得，即下方萬物皆空，屋亦空，人性與道同，此神通久視也。

至言總養生篇

老君《西昇經》曰："僞道養形，真道養神。真神通道[5]，能亡能存。神能飛形，并能移山，形爲灰土，其何識焉？"

又曰：凡"人之[6]哀人不如哀身，哀身不如愛神，愛神不如含神，含神不如守身，守身長久長存也。"故"神生於形，形成於神[7]，形不得神不能自生，神不得形不能自成，形神合同，更相生，更相成。神常愛人，人不愛神。"故絕聖棄智，歸無爲也。《雒書寶予命》曰："古人治病之方，和以醴泉，潤以氣藥，不辛不苦，甘甜多味。常能服之，津流五藏，繫在心肺，終身無患。"

《大有經》曰："或疑者云：'始同起於無物，終受氣於陰陽，載形魂於天地，資生長於食息，而有愚有智，有強有弱，有壽有夭，天耶人[8]耶？'解者曰：'形生愚智，天也；強弱壽夭，人也。天道自然，人道自己。始而胎氣充實，生而乳哺有餘，長而滋味不足，壯而聲色有節者，強而壽。始而胎氣虛耗，生而乳哺不足，長而滋味有餘，壯而聲色自放者，弱而夭。生長而合度[9]，加之以道養，年未可量也。'"

潁川胡昭字孔明，曰："常人不得無欲，又復不得無事，但當和心約念，靜身損物，先去亂神犯性者，此嗇神之一術耳。"

《黃帝中經》曰：夫稟五常之氣，有靜有躁，剛柔之性，不可易也。

静者不可令躁，躁者不可令静。静者躁者，各有其性，違之則失其分，恣之則害其生。故静之弊在不開通，躁之弊在不精密。治生之道，慎其性分。因使抑引隨宜，損益以漸，則各得適矣。然静者壽，躁者夭，静而不能養減壽，躁而能養延年。然静易御，躁難持，盡慎養之宜者，静亦可養，躁亦可養也。

"凡貴權勢者，雖不中邪，精神内傷，身必死亡。非妖禍外至，直冰炭内結，則傷崩中嘔血而已[10]。始富後貧，雖不傷邪，皮焦筋出，委辟内攣爲病[11]。貧富之於人，利害猶輕於權勢，故疾痾止於形骸而已矣。"夫養性者，欲使習以成性，性自爲善，不習而無不利也。性既自善，而外百病皆悉不生，禍亂不作，此養性之大經也。善養性者，則治未病之病。故養性者不但餌藥湌霞，其在於五常俱全，百行周備，雖絶藥餌，足以遐年。德行不充，縱玉酒金丹，未能延壽。故老君曰："陸行不避虎兕"者，此則道德之祐也，豈假服餌而祈遐年哉！聖人所以和藥者，以救無知之人也。故不遇道[12]者，抱病歷年，而不修一行，纏痾没齒，終無悔心，此其所以歧、和長遊，彭、附永歸，良有以也。

嵇康曰："養生有五難：名利不去爲一難，喜怒不除爲二難，聲色不去爲三難，滋味不絶爲四難，神慮精散爲五難。五者不去，雖心希難老，口誦至言，咀嚼英華，呼吸太陽，不能回其操，不免夭其年。五者無於胸中，則信順日濟，道德日全，不祈喜而有神，不求壽而延年，此亦養生之大經也。然或服膺仁義，無甚泰之累者，抑亦亞乎！"

歧伯曰："人年四十而[13]陰氣自半也，起居衰矣。年五十體重，耳目不聰明。年六十陰痿，氣大衰，九竅不利，下虛上實，涕泣俱出。故曰知之則強，不知之則老，又曰同出而異名。智者察其同，愚者察其異[14]。愚者不足，智者有餘。有餘[15]則耳目聰明，身體輕強，年老復壯，壯者益理。是以聖人爲無爲，事無事，樂恬淡，無縱欲快志，得[16]虛無之守，故壽命無窮，與天地終[17]，此聖人之理身也。"

真人曰：雖當服餌，而不知養性之術，亦難以長生也。養性之道，不欲飽食便卧及終日久坐，皆損壽也。人欲少勞，但莫大疲及強所不堪耳。人食畢[18]行步踦蹋，有所循爲快也。故流水不腐，户樞不蠹，其勞動故也。人不可夜食，食畢但當行步，計使中[19]數里往來，飽食即卧，生百病也。

夫"欲快意任懷，自謂達識知命，不泥異正，極情肆力，不營持久者[20]，聞此言雖風之過耳，電之經目，不足喻也。故身枯於流連之中，氣絶於綺紈之間，而甘心焉，亦安可告之以養性哉？匪惟不納，反謂妖訛也。而望彼信之，所謂明鏡給於矇瞽，絲竹娱於聾夫者也。"抱朴子曰："一人之身，一國之象也。胸腹之位，猶宫室也；四支之列，猶郊境也；骨節之分，猶百官也。神猶君也，血猶臣也，氣猶民也。故能治民，則治國也[21]。夫愛其民所以安其國，愛其氣所以全其身。民散國亡，氣竭人死。死者不可生也，亡者不可存也。是以聖人消未起之患，治未病之病，醫之於無事之前，不追之於既逝之後。民難養而易危，氣難清而易濁，故審威德所以保社稷，割嗜欲所以固血氣，然後真一存焉，三七守焉，百害却焉，年壽延焉[22]。"人年五十至於一百，美藥勿離手，善言勿離口，亂想勿經心。常以深心至誠，恭敬於物。慎勿詐善，以悦於人。

禁忌篇

玉[23]珉山人《養生方論》云：病由口入，節宣方也。生勞敗静，養道性也。酸鹹以時，禮醫具也。補瀉以性，草經明也。性調乎食，命延乎藥，斷可知也。苽蓼害筋，蒜韭傷血，生葷損氣，葱臊炙神，理生之焗戒也。白蒿、苄音下。苗、地黄苗也。惡實、牛蒡。苜蓿四物，濟身之要也。退與不退，寡之於思慮。進與不進[24]，在秉[25]之常志。凡一切五辛皆害於藥力，又薰人神氣。凡桃李芸薹蒜韭等，不宜丈夫，婦人亦宜少食漸斷。

凡人年四十已下，不宜全食補丸散，爲陰氣尚未足，陽氣尚盛之故[26]也，特宜慎之，就補中有延緩和通者可矣。酉[27]後不飲食，若冬月夜長及性熱，少食溫軟物，食訖搖動令消，不爾成脚氣。入春不[28]宜晚脫綿衣，令人傷寒霍亂，飲食不消，頭痛衝熱汗出。不宜洗身漱口，令人五藏乾，少津液。臥不用著燈及被覆面，兼不用開口。冬夏不用枕冷物鐵石等，令人眼暗。抱朴子曰：或問"所謂傷[29]之者，色欲之間乎？"答曰："亦何獨斯哉！然長生之要，其在房中[30]。上士知之可以延年除病，其次不以自伐。若年尚少壯，而知還[31]陰丹以補腦，采七益[32]於長谷者，不能服藥物，不失一二[33]百歲，但不得仙耳。不知其術者，古人方之於凌坯之拒盛陽，羽堂[34]之中畜火者也。又思所以不逮而強思之，傷也。力所以不勝而強舉之，傷也。深憂重恚，傷也。悲哀焦悴，傷也。喜樂過差，傷也。汲汲[35]所欲，傷也。戚戚所患，傷也。久談言笑，傷也。寢息失時，傷也。挽強弓弩，傷也。沈醉嘔吐，傷也。飽食即臥，傷也。跳走乏氣，傷也。歡呼哭泣，傷也。陰陽不交，傷也。積傷至盡，盡亡非道也[36]。是以養性[37]之方，唾不至遠，行不疾步，耳不極聽，目不極視，坐不至疲，臥不至懻。懻，居致切，強也，直也。先寒而衣，先熱而解。不欲極飢而食，食不過飽[38]；不欲極渴而飲，飲[39]不過多。凡食過多，即結積聚，飲過多則成痰癖。不欲甚勞，不欲甚逸，不欲甚流汗，不欲多唾，不欲奔車走馬，不欲極目遠望，不欲多啖生冷，不欲飲酒當風臥，不欲數沐浴，不欲廣志遠求，不欲規造異巧。冬不欲極溫，夏不欲極涼。不欲露臥[40]星下，不欲臥中見扇[41]。大寒大熱，大風大露，皆不欲冒之。五味不欲偏多，故酸多則傷脾，苦多則傷肺，辛多即傷肝，鹹多則傷心，甜多則傷腎，此五行自然之理。凡言傷者，亦不便覺，謂久則損壽耳。是以善攝生者，臥起有四時之早晚，興居[42]有至和之常制，筋骨有偃仰之方，閑邪[43]有吞吐之術，流行營衛有補瀉之法，節宣勞逸有與奪之要，忍怒以養陰氣，抑喜以養陽氣。然後先將草木以救虧缺，後[44]服金丹以定不窮，養性之道盡於此矣。"

黃帝曰：一日之忌，夜莫飽食。一月之忌，暮莫大醉。一歲之忌，暮莫遠行。終身之忌，臥[45]莫燃燭行房。勿得起恨於人，當以息[46]

怨仇也。一切溫食及酒漿，臨上看不見物形^[47]者，勿食，成卒病。若已食腹脹者，急以藥下之。諸熱食鹹物竟，不得飲冷水酢漿水等，令人善失聲也。

凡人不得北首而臥，臥之勿留燈，令魂魄六神不安多愁恐。亦不可北向喫食、北向尿，北向久坐思惟，不祥起。勿北向唾罵，犯魁罡^[48]神。勿北向冠帶，勿怒目視日月光，令人失明。凡大汗勿脫衣，得偏風半身不遂。

冬日溫足凍腦，春秋足腦俱凍，此聖人之常道。旦起勿嗔恚，旦下牀勿叱呼，勿惡言，勿舉足向火對竈罵，勿咨嗟呼奈何聲，此名請禍，特忌之。勿豎膝坐而交臂膝上，勿令髮覆面，皆不祥。清旦作^[49]善事，聞惡事即於所來方唾之，吉。惡夢，旦不用説，以含水向東方噀之，云："惡夢著草木，好夢成寶玉。"即無咎矣！

凡上牀，先脱左足履。或遠行乘車馬，不用迴顧，顧則神去人。凡一切翻飛蠢動，不可故殺傷損。至於龜蛇，此二物有靈，異於他族，或^[50]殺他有靈者，或陰精害人，深宜慎之。勿陰霧中遠行。

凡行來坐臥，常存北斗魁罡^[51]星在人頭上，所向皆吉。勿食父母兄弟及自身^[52]本命肉等，令人魂魄飛揚，家出不孝悌子息。

凡旦起著衣誤翻著者，云"吉利"，便著無苦也。衣有光，當三振之云"殃去殃去"，則無害。勿塞井及水溝瀆，令人目盲。向午後陰氣起，不可沐髮，令人心虛饒汗，多夢及頭風也。

【校記】

〔1〕"欲"字，《道藏輯要》本、《四部叢刊》本無。

〔2〕"神"原作"沖"，據上二書改。

〔3〕"乎"，《道藏輯要》本作"一"。

〔4〕"譬如"原作"避於"，據上書改。

〔5〕"真神通道"原作"通此道者"，據《西昇經》卷上、《至言總》卷二改。

〔6〕"之"字，《西昇經》卷中無。

〔7〕"神生於形，形成於神"，上書卷下無二"於"字。

〔8〕"人"原作"解"，據《至言總》卷二改。

〔9〕"合度"，本書卷三二《養性延命錄》作"全足"，《至言總》卷二作"合足"。

〔10〕"則傷崩中嘔血而已"，本書卷三二《養性延命錄》作"則自崩傷中嘔血"。

〔11〕"委辟內攣爲病"，上書作"委痺爲攣"，《至言總》卷二作"委辟內爲率"。此段引文前，本書卷三二《養性延命錄》有"張湛云"三字。

〔12〕"遇道"，《至言總》卷二作"悟過"，上句"無知"作"無行"。

〔13〕"而"後原有"養"字，據《黃帝內經素問·陰陽應象大論篇》删。

〔14〕"異"原作"愚"，據上書改。

〔15〕"有餘"二字原無，據上書增。

〔16〕"得"，上書作"於"，"事無事"作"之事"，"無縱"作"之能從"。

〔17〕"終"後，《至言總》卷二有"始"字。

〔18〕"畢"後，上書有"當"字。

〔19〕"中"，上書作"十"。

〔20〕"快意"，《抱朴子·極言篇》作"決意"，"異正"作"異端"，"持久"作"久生"。

〔21〕"故能治民，則治國也"，《抱朴子·地真篇》作"故知治身，則能治國也"。

〔22〕"年壽延焉"，上書作"年命延矣"，《太上靈寶五符序》卷下作"年壽遐焉"。

〔23〕"玉"，《至言總》卷三作"王"。

〔24〕"進"原作"追"，據上書改。

〔25〕"秉"原作"康"，據上書改。

〔26〕"故"原作"後"，據上書改。

〔27〕"酉"原作"自"，據上書改。

〔28〕"不"字，上書無。

〔29〕"傷"字原無，據上書及《抱朴子·極言篇》增。

〔30〕"其在房中"，《至言總》卷三作"其在房中之道"，《抱朴子·極言篇》作"在乎還年之道"。

〔31〕"還"後，《抱朴子·極言篇》有"年服"二字。

〔32〕"七益"，上書作"玉液"，《至言總》卷三作"七液"。

〔33〕"一二"，上二書作"三"。

〔34〕"盛陽，羽堂"，上二書"陽"作"湯"，"堂"作"苞"。

〔35〕"汲汲"原作"校級"，據上二書改。

〔36〕"盡亡非道也"，《至言總》卷三作"至盡則亡，非道也"，《抱朴子·極言篇》作"則早亡，早亡非道也"。

〔37〕"性"，《抱朴子·極言篇》作"生"。

〔38〕"食不過飽"原無，據上書增。

〔39〕"飲"原作"食"，據上書改。

〔40〕"臥"字原無，據上書增。

〔41〕"扇"，上書作"肩"。

〔42〕"居"後原有"而"字，據上書刪。

〔43〕"筋骨""閑邪"，上書分別作"調利筋骨""杜疾閑邪"。

〔44〕"後"字原無，據上書增。

〔45〕"臥"，《至言總》卷三作"暮"。

〔46〕"息"原作"自"，據上書改。"當"，上書作"常"。

〔47〕"形"，上書作"影"。

〔48〕"罡"原作"岡"，據上書改。

〔49〕"作"，上書作"聞諸"。

〔50〕"或"後，上書有"誤"字。

〔51〕"罡"原作"同"，據上書改。

〔52〕"身"字原無，據上書增。

雲笈七籤卷之三十六

雜修攝

玄鑑導引法

抱朴子曰：道以爲流水不腐、戶樞不蠹，以其勞動故也。若夫絕坑停水，則穢臭滋積；委木在野，則蟲蝎太半[1]。真人遠取之於物，近取之於身。故上天行健而無窮，七曜運動而能久，小人習勞而湛若，君子優游而易傷，馬不行而脚直，車不駕而自朽。導引之道，務於詳和，俛仰安徐，屈伸有節。導引秘經，千有餘條。或以逆却未生之衆病，或以攻治已結之篤疾，行之有効，非空言也。今以易見之事，若令食而即卧，或有不消之疾，其劇者發寒熱癥堅矣。飽滿之後，以之行步，小小作務，役搖肌體，及令人按摩，然後以卧，即無斯患。古語有三疾之言，暮食太飽，居其一焉。暮食既飽，便以寢息，希不生疾，故無壽也。諸風痼疾，尠不在卧中得之，卧則百節不動，故受邪炁，此皆病然[2]可見。近魏華佗以五禽之戲教樊阿，以代導[3]引，食畢行之，汗出而已。消穀除病。阿行之，壽百餘歲，但不知餘術，故不得大延年。一則以調營衛，二則以消穀水，三則排却風邪，四則以長進血炁。故老君曰："天地之間，其猶橐籥乎！虛而不屈，動而愈出。"言人導引搖動，而人之精神益盛也。導引於外而病愈於内，亦如針艾攻其榮俞[4]之源，而衆患自除於流末也。導引一十三條如後：

第一治短炁，結跏趺坐，兩手相叉置玉枕上，以掌向頭，以額著地，五息止。

第二治大腸中惡氣，左手按右手指五息，右手按左手指亦如之。

第三治腸中水癖，以左手指向天，五息。以右手指拄地，左足伸，右足展極伸，五息止。

第四治小腸中惡炁，先以左手叉腰，右手指指天極，五息止。右手亦如之。

第五治腰脊間悶，結跏趺坐，以掌相按置左膝上，低頭至頰右，五息。外左廻左膝上還右膝而轉，至五匝止。右亦如之。謂之腰柱。

第六治肩中惡炁，以兩手相叉拊左脅，舉右手肘從乳至頭，向右轉振擿之，從右抽上，右振五過止。

第七治頭惡炁，反手置玉枕上，左右搖之極，五息止。

第八治腰脊病，兩手叉腰，左右搖肩至極，五息止。

第九治胸中，以兩手叉腰，左右曲身極，五息止。

第十治肩中勞疾，兩手相叉，左右擗之，低頭至膝極，五息止。

第十一治皮膚煩，以左右手上振兩肩極，五息止。

第十二治肩胛惡注，左右如挽弓，各五息止。

第十三治髆中注炁冷痺，起立，一足蹋高，一足稍下，向前後掣之，更爲之各二七。無病亦常爲之，萬疾不生。

按摩法

按摩日三遍，一月後百病並除，行及奔馬，此是養身之法。兩手相捉，紐䙡如洗手法。兩手淺相叉，翻覆向胸。兩手相叉共按胜。左右同。兩手相重按胜，徐徐捼身，如挽五石弓。左右同。兩手拳向前築。左右同。又如拓石。左右皆同。以拳却頓，此是開胸法。左右同。大坐斜身偏拓如排山。左右同。兩手抱頭宛轉胜上，此是抽腦法。兩手據地，縮身曲脊，向上三舉，以手杖槌脊上。左右同。大坐伸脚三，用手掔向後，左右同。立地反拗三舉，兩手拒地廻顧，此乃虎[5]視法。左右同。兩手急相叉，以脚踏地。左右同。起立以脚前後踏。左右同。大坐伸脚，當手相勾所伸脚著膝上，以手按之。左右同。凡一十八勢，但老人日能行之三遍者，常補益，延年續命，百病皆除，進食眼明，輕健不復疲也。

食氣法

養生之家，有食炁之道。夫根植華長之類，蚑行蠕動之屬，莫不仰炁以然。何爲能使人飽乎？但食之有法，道家秘之，須其人乃傳，俗人無緣得之知。苟得其道，所甚易也。非唯絶穀，抑亦辟百毒，却千邪，百姓日用而不知。《仙經》云食炁法，從夜半至日中六時爲生炁，從日中至夜半六時爲死氣，唯食生而吐死，所謂真人服六炁也。

食氣絶穀法

向六旬六戊，從九九至八八、七七、六六、五五而飽，或念天蒼，或思黄帝，或春引歲星之炁以肝受之。其餘四方[6]皆然。初爲之頗有小瘦，行四旬已上，顏色轉悦，體力漸壯，白髪更黑，落齒更生，負重履嶮，勝於食穀時。余見十餘人爲之，皆七八十歲，丁健體輕，而耐寒暑，有真驗，非虚傳也。善其術者，可以攻遣百病，消逐邪風，及中惡卒急，尸注所忤，心腹切痛，瘟瘧溪毒，引炁驅之，不過五六十通，無不即除。又行炁久多而斷穀最易，唯有胎息之法獨難。所謂胎息者，如人未生在胎之中時，炁久息也。習則能息鼻口炁，如已息鼻口炁，則可居水底積日矣。

又治金瘡，以炁吹之，血斷痛止。

又蛇虺毒蟲中人，皆禁之即愈。或十數里，便遥治之，呼其姓名而呪之，男呼我左，女呼我右，皆愈，此所共知。孫先生曰："旦夕者，是陰陽轉換之時。"日旦五更初，陽炁至，頻伸眼開，是上生炁，名曰陽息而陰消。暮日入後，陰炁至，凛然時坐睡倒時，是下生炁至，名曰陽消陰息。暮日入後，天地日月，山川江海，人畜草木，一切萬物，體中代謝往來，一時休息。一進一退，如晝夜之更始，又如海水之朝夕，是天地之道耳。面向午，展兩手於膝上，徐按捺肢節，口吐濁氣，鼻引清氣。凡吐者，去故炁引生炁也。《經》云："玄牝門，天地根，綿綿若存，用之不勤。"言鼻是天之門戶，可以出納陰陽生死之炁也。良久，徐徐乃以手左拓右拓，上拓下拓，前拓後拓，瞋目張口，叩齒摩眼，抱頭拔耳，挽鬚挽腰，咳嗽發陽振動也。雙作隻作，反手爲之。然擎足仰展八十九十而止，仰下徐徐定心作止息之法。見空中元和炁下入鳩尾際，漸漸頃如雨晴雲入山，自皮肉至骨至腦，漸漸入腹中，四肢五藏，皆受其潤，如流水滲入地，地徹，即覺達於湧泉，腹中有聲汩汩然。意每存之，不得外緣，即便覺無。炁若徹，即手體振動，兩腳膝躩屈，亦令狀有聲拉拉然，則名一通。兩通乃至日別得三通，覺身體悅懌，膚色滋潤，耳目精明，令人養美力健，百病皆去。行之五年十年，長存不忘，得滿千萬通，去仙不遠也。

攝生月令 _{朝請大夫檢校太子左贊善大夫上柱國姚稱集}

夫攝生大體，略有三條：所爲吐納鍊藏，胎津駐容；其次餌芝木，飛伏丹英；其三次五穀，資衆味，終古不易者，生生性命必繫於茲也。氣之與藥，具摽別卷。今所撰集，用食延生，順時省味者也。

按《扁鵲論》曰："食能排邪而安藏腑，神能爽志以資血氣。攝生者氣正則味順，味順則神氣清，神氣清則合真之靈全，靈全則五邪百病不能干也。故曰：水濁魚瘦，氣昏人病。夫神者生之本，本者生之真，大用則神勞，大勞則形疲也。"

按《彭祖攝生論》曰："目不視不正之色，耳不聽不正之聲，口不嘗毒糲之味，心不起欺詐之謀，此之數種，乃亡魂喪精、減折筭壽者也。"

按《枕中傳》曰："五味者，五行之氣也，應感而成，人即因五味而生，亦因五味而消。"

按《黃帝內傳》曰："食風者靈而延壽[7]，食穀者多智而勞神，食草者愚癡而足力，食肉者鄙勇而多嗔，服氣者長存而得道。"

《孫氏傳》曰："五味順之則相生，逆之則相反。夫人食慎勿慍怒，勿臨食上說不祥之事，勿吞咽忽[8]遽，必須調理安詳而後食。"

《黃帝內傳》曰："春宜食甘，甘走肉，多食甘則痰溢，皮膚粟起。夏宜食辛，辛走氣，多食辛則氣躁好蹟[9]。秋宜食酸，酸走骨，多食酸則筋縮骨中疼。冬宜食鹹，鹹走血，多食鹹則血澁口乾。多食苦則嘔逆而齒踈。"

《養生傳》曰："凡人雖常服餌，不知養生之道，必不全其真也。"

《小有經》曰："才所不勝而強思之，傷也；力所不任而強舉之，傷也；深憂重喜，皆有傷也。"

《抱朴子》曰："一人之身，一國之象。胸腹之位，猶宮室也；四肢之列，猶郊境也；骨節之分，猶百官也。神猶君也，血猶民也[10]。"

《養生傳》曰："一日之忌，暮勿飽食；一月之忌，暮勿大醉；一歲之忌，慎勿遠行[11]；永久之忌，勿向西北二方大小便露赤也。"

孟春，䷊《泰》。斗建寅，日在虛，律中太簇，五將東方，月德丙，月合辛，生氣子，天利卯，五富亥，月殺丑，月厭戌，九空辰，死氣午，歸忌丑，往亡寅，大敗甲寅，血忌丑。

孟春是月也，天地俱生，謂之發陽。天地資始，萬物化生。夜臥早起，以緩其形。使志生生而勿殺，予而勿奪。君子固密，無泄真氣。其藏肝，木位在東方。其星歲，正月二月三月。其卦《震》，其地青州，其書《詩》，其樂瑟，其帝靈威仰，其神勾芒，青龍為九天，白虎為九地，其蟲魚，其畜犬[12]，其穀麥，其果梅，其菜韭，其味酸，其臭腥，其色青，其聲怒，其液泣。立春木相，春分木王，立夏木休，夏至木廢，立秋木囚，秋分木死，立冬木沒，冬至木胎。

仲春，䷡《大壯》。斗建卯，日在室，律中夾鍾，五將北方，月德甲，月合巳，生氣丑，天利辰，五富寅，月殺戌，月猒酉，九空丑，死氣未，歸忌寅，往亡巳，大[13]敗甲午，血忌未。

仲春是月也，號猷於日，和其志，平其心。勿極寒，勿極熱，安静神氣，以法生成。勿食黄花菜及陳菹，發宿疾，動瘤氣。勿食大蒜，令人氣壅，關隔不通。勿食蓼子及雞子，滯人氣。勿食小蒜，傷人志性。勿食兔肉，令人神魂不安。勿食狐狢肉，傷人神。是月腎藏氣微，肝藏正王，宜淨膈去痰，宜泄皮膚，令得微汗，以散去冬温伏之氣。是月六日八日，宜沐浴齋戒，天祐其福。十四日忌遠行，水陸亦不可往。九日忌食一切魚鼈，二十日宜修真道。

季春，☱《夬》。斗建辰，日在婁，律中姑洗，五將西方，月德壬，月合丁，生氣寅，天利巳，五富亥，月殺未，月猷申，九空戌，歸忌子，往亡申，大敗甲戌，斗陽，血忌寅。

季春是月也，萬物發陳，天地俱生，陽熾陰伏。卧起俱早，勿發泄大汗，以養藏氣。勿食韭，發痼疾，損神傷氣。勿食馬肉，令人神魂不安。勿食麋鹿肉等，損氣損志。是月肝臟氣伏，心當向王，宜益肝補腎，以順其時。是月五日，忌見一切生血物，宜齋戒静念真籍，不營俗務。十六日忌遠行，水陸俱不可往。二十七日宜沐浴，是月火相水死。勿犯西北風，勿久處濕地，必招邪毒。勿大汗當風，勿露體星宿下，以招不祥之事。

孟夏，☰《乾》。斗建巳，日在昴，律中仲呂，五將南方，月德庚，月合乙，生氣卯，天利午，五富申，月殺辰，月猷未，九空未，死氣酉，歸忌丑，往亡亥，大敗丁巳，斗陽，血忌申。

孟夏謂之播秀，天地始交，萬物並實。夜卧早起，思無怒，勿泄大汗。夏者火也，位在南方，其藏心，其星熒惑，時四月五月六月。其六月屬土，大王於此月，其地揚州，其書《禮》，其樂竽，其帝赤熛怒，其神祝融，朱雀爲九天，玄武爲九地，其蟲鳳，其畜羊，其穀麻，其果杏，其菜薤，其味苦，其臭焦，其色赤，其聲呼，其液汗。立夏火王，夏至火相[14]，立秋火休，秋分火廢，立冬火囚，冬至火死，立春火没，春分火胎。

仲夏，☷《遘》。斗建午，日在參，律中蕤賓，五將東方，月德丙，月合辛，生氣辰，天利未，五富亥，月殺丑，月猒午，九空卯，死氣戌[15]，歸忌寅，往亡卯，大敗丁酉，血忌卯，斗陽。

仲夏是月也，萬物以成，天地化生。勿以極熱，勿大汗當風，勿曝露星宿，皆成惡疾。勿食雞肉，生癰疽漏瘡。勿食蛇鱔等肉，食則令人折筭壽，神氣不安，慎勿殺生。是月肝臟以病，神氣不行，火氣漸壯，水力衰弱，宜補腎助肺，調理胃氣，以助其時。是月八日忌遠行涉[16]，水陸並不可往。宜安心靜慮，沐浴齋戒，必得福慶之事。是月切忌西北不時之風，此是邪氣，犯之令人四肢不通，致百關無力。

季夏，☷《遯》。斗建未，日在東井，律中林鍾，五將北方，月德甲，月合己，生氣巳，天利申，五富寅，月殺戌，月猒巳，九空子，死氣亥，歸忌子，往亡午，大敗丁丑，血忌酉。

季夏是月也，法土重濁，主養四時，萬物生榮。增鹹減甘，以資腎藏。勿食羊血，損人神魂，少志健忘。勿食生葵，必成水癖。是月腎藏氣微，脾臟獨王，宜減肥濃之物，宜助腎氣，益固筋骨，切慎賊邪之氣。六日沐浴齋戒，絕其營俗。二十四日忌遠行，水陸俱不可往。是月不宜起土功，威令不行。宜避溫氣，勿以沐浴後當風，勿專用冷水浸手足。慎東來邪風，犯之令人手癱緩，體重氣短，四肢無力。

孟秋，☷《否》。斗建申，日在張，律中夷則，五將北方，月德壬，月合丁，生氣午，天利酉，五富巳，月殺未，月猒辰，九空酉，死氣子。歸忌丑，往亡酉，大敗庚申，血忌辰。

孟秋謂之審天地之氣，以急正氣。早起早卧，與雞俱興，使志安寧，以緩形收歛神氣。秋者金也，位在西方，其星太白，時七月八月九月，其卦兌，其地蔡州，其書《春秋》，其樂磬，其帝少昊，其神蓐收，白虎爲九天，青龍爲九地，其蟲虎，其畜雞，其穀黍，其果桃，其菜葱，其味辛，其臭羶，其色白，其聲哭，其液唾。立秋金相，秋分金王，立冬金休，冬至金廢，立春金囚，春分金死，立夏金没，夏至金胎。

仲秋，☷☴《觀》。斗建酉，日在翼，律中南呂，五將南方，月德庚，月合乙，生氣未，天利戌，五富巳，月殺辰，月猒卯，九空酉，死氣丑，歸忌寅，往亡子，大敗庚子，血忌戌。

仲秋是月也，大利平肅，安寧志性，收斂神氣。宜增酸減辛，以養肝氣。無令極飽，令人壅。勿食生蜜，多作霍亂。勿食雞肉，損人神氣。勿食生果子，令人多瘡。是月肝藏少氣，肺藏獨王，宜助肝氣，補筋養脾胃。是月七日，宜屏絶外慮，沐浴齋戒吉。二十九日忌遠行，水陸並不可往。起居以時，勿犯賊邪之風，勿增肥腥物，令人霍亂。其正毒之氣，最不可犯。是月祈謝求福，以除宿愆。

季秋，☶☷《剝》。斗建戌，日在南斗，律中無射，五將東方，月德丙，月合辛，生氣申，天利亥，五[17]富亥，月殺丑，月猒丑，九空寅，死氣寅，歸忌子，往亡辰，大敗庚辰，斗陽，血忌巳。

季秋是月也，草木凋落，眾物伏蟄，氣清風暴為朗。無犯朗風，節約生冷，以防厲疾。勿食諸薑，食之成痼疾。勿食小蒜，傷神損壽，魂魄不安。勿食蓼子，損人志氣。勿以豬肝和飴同食，至冬成嗽病，經年不差。是月肝藏氣微，肺金用事，宜減辛增酸，以益肝氣，助筋補血，以及其時。勿食鴟雉等肉，損人神氣。勿食雞肉，令人魂不安，魄驚散。十八日忌遠行，不達其所。二十日宜齋戒，沐浴淨念，必得吉事，天祐人福。

孟冬，☷☷《坤》。斗建亥，日在房，律中應鍾，五將北方，月德甲，月合巳，生氣酉，天利子，五富巳，月殺戌，月猒辰，九空亥，死氣卯，歸忌丑，往亡未，大[18]敗癸亥，斗陽，血忌亥。

孟冬謂之閉藏，水凍地坼，早卧晚起，必候天曉，使至溫暢，無泄大汗，勿犯冰凍，溫養神氣，無令邪炁外至。冬者水也，位在北方，其星辰，其時十月十一月十二月，其卦坎，其地分冀州，其書《周易》，其樂簫，其帝叶光紀，其神玄冥，玄武為九天，朱雀為九地，其蟲龜，其畜彘，其穀大豆，其果栗，其菜藿，其味鹹，其臭腐，其色黑，其聲沉，其液唾。立冬水相，冬至水王，立春水休，春分水廢，立夏水囚，夏至水死，立秋水没，秋分水胎。

仲冬，䷗《復》。斗建子，日在箕，律中黃鍾，五將北方，月德丁，月合壬，生氣戌，天利丑，五富巳，月殺申，月猒子，九空申，歸忌寅，往亡戌，大敗癸卯，血忌午。

仲冬是月也，寒氣方盛，勿傷冰凍，勿以炎火炙腹背，無食焙肉，宜減鹹增苦，以助其神氣。無發蟄藏，順天之道。勿食蝟肉，傷人神魂。勿食螺蚌蟹鼈等物，損人志氣，長尸蟲。勿食經夏黍米中脯臘，食之成水癖疾。是月腎藏正王心肺衰，宜助肺安神，補理脾胃，無乖其時。是月三日，宜齋戒淨念，以全神志。二十日不宜遠行。勿暴溫暖，切慎東南賊邪之風，犯之令人多汗面腫，腰脊強痛，四肢不通。

季冬，䷒《臨》。斗建丑，日在南斗，律中大呂，五將南方，月德庚，月合乙，生氣亥，天利寅，五富申，月殺辰，月猒巳，九空巳，死氣巳，歸忌子，往亡丑，大敗癸未，血忌子。

季冬是月也，天地閉塞，陽潛陰施，萬物伏藏，去凍就溫。勿泄皮膚大汗，以助胃氣。勿甚溫煖。勿犯大雪。勿食豬狁肉，傷人神氣。勿食霜死之果菜，夭人顏色。勿食生薤，增痰飲疾。勿食熊羆肉，傷人神魂。勿食生椒〔19〕，傷人血脈。七日忌遠行，水陸並不吉。一日宜沐浴。是月肺〔20〕藏氣微，腎藏方王。可減鹹增苦，以養其神。宜小宣，不欲全補。是月衆陽俱息，水氣獨行。慎邪風，勿傷筋骨，勿妄針刺，以其血澁，津液不行。

【校记】

〔1〕"太半"，《道藏輯要》本作"滋生"。

〔2〕"病然"，上書作"病原"，疑當作"炳然"。

〔3〕按《後漢書·華佗傳》《三國志·華佗傳》均云：華佗以五禽之戲教吳普，以漆葉青黏散授樊阿。

〔4〕"俞"，疑當作"腧"。

〔5〕"虎"，《道藏輯要》本、《四部叢刊》本作"虍"。

〔6〕"方",《道藏輯要》本作"時"。

〔7〕"食風者靈而延壽",本書卷三二《養性延命錄》引《孔子家語》及《淮南子·地形訓》均作"食氣者神明而壽",其下數語,亦有出入。

〔8〕"忽",疑當作"怱"。

〔9〕"蹟",《道藏輯要》本作"噴"。

〔10〕"血猶民也"《抱朴子·地真篇》作"血猶臣也,氣猶民也"。

〔11〕"慎勿遠行",本書卷三五《玉珉山人養生方論》作"暮莫遠行",下二句作"終身之忌,臥莫燃燭行房"。

〔12〕"犬"原作"大",據《道藏輯要》本改。

〔13〕"大"原作"天",據《道藏輯要》本、《四部叢刊》本改。

〔14〕"立夏火王,夏至火相",按春、秋、冬三季例,"王""相"宜互乙。

〔15〕"戌"原作"戊",據《道藏輯要》本改。

〔16〕按上下文例,"涉"字疑衍。

〔17〕"五"原作"丑",據上下文例改。

〔18〕"大"原作"犬",據《道藏輯要》本、《四部叢刊》本改。

〔19〕"椒"原作"俶",據上二本改。

〔20〕"肺"原作"時",據上二本改。

雲笈七籤卷之三十七

齋　　戒

齋戒叙

夫入靖修真，要資齋戒，檢口愼過，其道漸階。《南華眞經》云：顏回問道於孔子。孔子曰："汝齋戒，吾將語汝。"顏回曰："回居貧，唯不飲酒不茹葷久矣。"孔子曰："是祭祀[1]之齋，非心齋也。""汝一志，無以耳聽，而以心聽。無以心聽，而以氣聽[2]。""疏瀹汝心志，澡雪汝精神，掊擊汝智慮，我將語汝。夫道冥然難言哉！將爲汝試言其約略爾[3]。"《混元皇帝聖紀》云：按諸經齋法，略有三種：一者設供齋，以積德解愆。二者節食齋，可以和神保壽，斯謂祭祀[4]之齋，中士所行也。三者心齋，謂疏瀹其心，除嗜慾也；澡雪精神，去穢累也；掊擊其智，絕思慮也。夫無思無慮則專道，無嗜無慾則樂道，無穢無累則合道。既心無二想，故曰一志焉，蓋上士所行也。夫齋者齊也，齊整三業，乃爲齊矣。若空守節食，既心識未齊，又唯存一志，則口無貪味，謂兹二法，表裏相資。《大戒經》云："夷心靜默[5]，專想不二，過中不味，内外清虛"是也。子雖薄閑節食，未解調心，故示齋法，令其受道，而末學之徒，孰能虛心一志哉！夫鄙乎祭祀之教，自謂得心齋之理，蓋嗔嚆怠慢之夫矣！雖口談空寂，無解其因[6]，是自矜也。

洞玄靈寶六齋十直

道教五戒：一者不得殺生，二者不得嗜酒，三者不得口是心非，四者不得偷盜，五者不得淫色。十善：一念孝順父母，二念忠事君師，三念慈心萬物，四念忍性容非，五念諫諍蠲[7]惡，六念損己救窮，七念放生養物、種諸果林，八念道邊舍井、種樹立橋，九念爲人興利除害、教化未悟，十念讀三寶經律、恒奉香花供養之具。凡人常行此五戒十善，恒有天人善神衛之，永滅災殃，長臻福祐，唯在堅志。

年六齋

正月　三月　五月　七月　九月　十一月

月十齋

一日，北斗下。八日，北斗司殺君下。十四日，太一使者下。十五日，天帝及三官俱下。十八日，天[8]一下。二十三日，太一八神使者下。二十四日，北辰下。二十八日，下太一下。二十九日，中太一下。三十日，上太一下。

自下中上三太一下日，皆天地水三官、一切尊神俱下，周行天下，伺人善惡。

甲子日，太一簡閱神祇。庚申日，伏尸言人罪過。本命日，計人功行。八節日，有八神記人善惡。三元日，天地水官校人之罪福。

六種齋

第一、《道門大論》云：上清齋有二[9]法：

一、絕羣獨宴，靜氣遺形[10]。清壇肅侶，依《太真》儀格。

一[11]、心齋，謂疏瀹其心，澡雪精神。

第二、靈寶齋有六法：

第一金籙齋，救度國王；

第二黃籙齋，救世祖宗；
　　第三明真齋，懺悔九幽；
　　第四三元齋，首謝違犯科戒；
　　第五八節齋，懺洗宿新之過；
　　第六自然齋，爲百姓祈福。
第三洞神齋，精簡爲上，絕塵期靈。
第四太一齋，以恭肅爲首。
第五指教齋，以清素爲貴。
第六塗炭齋，以勤苦爲功。
　　已上諸齋，自古及今，登壇告盟，啓誓玄聖。或三日七日九日十五日，皆晝夜六時行道，轉經禮懺，儀格甚重。除上清"絕羣獨宴靜氣遺形"、"心齋"之外，自餘皆是爲國王民人，學真道士，拔度先祖，已躬謝過，禳災致福之齋。此時移代[12]異，不無詳略。於靈寶齋中，爲半景之齋，既無宿請，亦無言功，唯只一時或兩時懺悔，亦不三時上香，步虛禮經並闕。或小小齋中，三禮歎願，隨時去取，逐便制儀，既非大集，心達而已。

二種齋

　　《本相經》曰：齋有二種：一則拯道[13]，二則濟度。拯道者，謂發心學道，從初至終，念念持齋，心心不退。復有二門：一謂志心，二謂滅心。志心者，始終運意，行坐動形，寂若死灰，同於枯木，滅諸想念，唯一而已。滅心者，隨念隨忘，神行不係，歸心於寂，直至道場。濟度者，謂迴心至道，翹想玄真，願福降無窮，災消未兆。又云：虔心者，唯罄一心，丹誠十極，燒香禮拜，唯求於道。捨財者，市諸香油，八珍百味，營饌供具，屈請道士。及以凡器，歸心啓告，委命至真。內泯六塵，外齊萬境，冥心靜慮，歸神於道。克成道果，永契無爲，救濟存亡，拔度災苦。隨其分力，福降不羌，功德輕重，各在時矣。

十二齋

《玄門大論》：一者金籙齋，上消天災，保鎮帝王。《簡文》亦云，兼爲師友[14]。

二者玉籙齋，宗云，正爲人民，今此本未行於世[15]。

三者黃籙齋，拯拔地獄罪根，開度九幽七祖[16]。

四者上清齋，求仙念真，練形隱景。

五者明真齋，學士自拔億曾萬祖長夜之魂。

六者指教齋，請福謝罪，禳災救疾。

七者塗炭齋，拔罪謝殃，請福度命。

八者三元齋，學士己身悔罪。

九者八節齋，學士謝過求仙。

十者三皇子午齋，輔助帝王，保安國界。

十一者靖齋，如千日、百日、三日、七日修真之用。

十二者自然齋，救度一切存亡，自然之中修行時節。

八節齋

凡八節之日，是上天八會大慶之日也。其日諸天大聖尊神，上會靈寶玄都玉京上宮，朝慶天真，奉戒持齋，遊行誦經。此日修齋持戒，宗奉天文者，皆爲五帝所舉，書名玉曆。

心　齋

《南華真經》曰：顏淵問道於孔子。孔子曰："汝齋戒，吾將告汝。"顏淵曰："回貧，唯不飲酒不茹葷久矣。"孔子曰："是祭祀之齋，非心齋也。汝一志，無以耳聽而以心聽，無以心聽而以氣聽。"疏瀹汝心，除嗜慾也；澡雪汝精神，去穢累也；掊擊其智，絕思慮也。夫無思無慮則專道，無嗜無慾則樂道，無穢無累則合道。既心無二想，故曰一志。

齋直

《三天內解經》曰：夫爲學道，莫先乎齋。外則不染塵垢，内則五藏清虚，降真致神，與道合居。能修長齋者，則道合真，不犯禁戒也。故天師遺教，爲學不修齋直，冥如夜行不持火燭，此齋直應是學道之首。夫欲啓靈告冥、建立齋直者，宜先散齋。必使宿食[17]臭腥消除，肌體清潔，無有玷汙，然後可得入齋。不爾，徒加洗沐，臭穢在肌膚之內，湯水亦不能除。

《三元齋品》曰："建齋之日，當輸金真玉光九天之信，置於五帝，以招神致靈。"

《三元齋品》曰："學法未備，即俯仰之格多不合儀。"《金鑠流珠經》曰："古來呼齋曰社會，今改爲齋會。"

《太上太真科經》曰：消遣[18]世務三業爲修齋。存三守一，齋爲本基。齋者，齊也、潔也、淨也。不必六時行道，三時講經，晝夜存念，懺悔請福。干造玄虚，更失萬一。能得一者，心攝三業。能攝身者，端拱不擾；能攝口者，默識密明；能攝心者，神與道合。如斯爲主，成聖真仙。未合此者，攝身朝禮，離殺、盜、淫；攝口誦經，免妄言、綺語、兩舌、罵詈；攝心存神，脫貪、恚、癡。十惡既去，十善自來。去來至極，與道合真。

釋齋有九食法

《玄門大論》云：齋法大略有九：一者麤食，二者蔬食，三者節食，四者服精，五者服牙，六者服光，七者服氣，八者服元氣，九者胎食。麤食者，麻麥也；蔬食者，菜茹也；節食者，中食也；服精者，符水及丹英也；服牙者，五方雲芽也；服光者，日月七元三光也；服氣者，六覺之氣，太和四方之妙氣也；服元氣者，一切所禀，三元之氣，太和之精，在乎太虛；胎食者，我自所得元精之和，爲胞胎之元，即清虛降四體之氣，不復關外也。麁食止諸躭嗜，蔬食棄諸肥腯，節食除煩濁，服精其身神體成英帶[19]，服牙變爲牙，服光化爲光，服六氣化爲六氣、遊乎十方，服元氣化爲元氣、與天地合爲體，服胎氣久爲嬰童、與道混合爲一也。此之變化，運運改易，不復待捨身而更受身，往來死生也。今意方法未必止是食事，其或是方藥，或按摩等事可尋也。

説雜齋法

《三元品戒經》云："正月七日，天地水三官檢校之日，可修齋。"《聖紀》云："正月七日名擧遷賞會齋，七月七日名慶生中會齋，十月五日名建生大會齋，三官考覈功過，依日齋戒，呈章賞會，可祈景福。"

《明真科》云："正月、三月、五月、七月、九月、十一月，一歲六齋月能修齋，上三天帝令太一使者除人十苦。"《八道秘言》云："正月、三月、四月、六月、七月、八月、九月、十月、十一月，此九真齋月。一日、十五日、二十九日，此月中三齋日。正月一日名天臘，五月五日名地臘，七月七日名道德臘，十月一日名民歲臘，十二月節日名侯王臘，此五臘日並宜修齋，并祭祀先祖。"《明真科》云："月一日初八日十四日十五日十八日二十三日二十四日二十八日二十九日三十日，已上爲十直齋日。庚申、甲子、八節太一八神下，司察人過咎，修齋太一歡悦。庚申日，人身中伏尸上天言人罪過。本命日，受法人身神吏兵上天計人功過。"《三洞奉道科》云："正旦爲獻壽齋，七日爲延神齋，二月八日爲芳春齋，四月八日爲啓夏齋，五月五日爲續命齋，六月六日爲清暑齋，七月七日爲迎秋齋，八月一日爲逐邪齋，九月九日爲延筭齋，十月一日爲成福齋，十一月十五日爲啓福齋，十二月臘日爲百福齋，二十八日爲迎新齋，立春爲建善齋，春分爲延福齋，立夏爲長善齋，夏至爲朱明齋，立秋爲遐齡齋，秋分爲謝罪齋，立冬爲遵善齋，冬至爲廣慶齋，如此等齋，各具本經儀格。故學道不修齋戒，徒勞山林矣！夫齋者，正以清虛恬靜，謙卑恭敬，戰戰兢兢，如履冰谷，若對嚴君，丹誠謙若，必祈靈應。檢勑內外，無使喧雜。行齋之人，特忌斬衰孝子、新產婦人、月信未斷及痎瘧瘡疥癈疾等，並不得昇齋堂庭壇驅使。如願苦求預齋乞解過咎者，任投辭爲其陳懺悔謝，不得雜登堂宇，應行法事等，仍遷令別坐，兼忌六畜。"

蓋此等人穢觸真靈，賢聖不降，乃修齋無功也。

凡修齋主虔誠，齋官整肅。至如香燈不備，亦曰疏遺。啟聖祈真，莫先於此。香貴在沉水旃檀，依上清香珠丸合和，不得用甲麝。招真致靈，務存精志。如寒棲學真道士修齋，單貧不可致者，亦宜以少爲信，無令頓闕。若純以乳頭，非道家所用也。

初登齋靖，看焚香氣向東南西北直上者，五帝依向而至。《登真隱訣》云："香者，天真用茲以通感，地祇緣斯以達信，非論齋潔，祈念存思，必燒香左右，侍香金童必爲招真達意。"《登真隱訣》云："真人攝日暉以通照，役月精以朗幽，故然九光之微燈，晃八方之盡夜。"

《四極明科》云："立春、春分然九燈於庭，立夏、夏至然三[20]燈，立秋、秋分然七[21]燈，立冬、冬至然五燈，本命日十二燈，自此陳乞，謝過祈恩。用燈於庭法，與修諸齋自有燈數於庭訖，依記四時向王，唯本命向太歲，叩齒二十四通，呪曰：'高上太真，萬聖帝皇，五帝玉司，總仙監真。今日吉辰，八節開陳，陽罪陰考，絕滅九陰。於今永始，拔釋七玄，免脫火鄉，永離刀山。三塗五苦，不累我身，得同天地，長保帝晨。五願八會，靡不如言。'呪畢，解巾，叩頭百二十過，當令額向地而已，勿令痛。竟，復巾，仰天心念：'我身今日，上享天恩，賜反形骸，受生飛仙。'畢，仰咽二十四氣止。如此三年，宿愆並除，身與真同。"

案諸經齋法，略有三種：一者設供齋，可以積德解愆。二者節食齋，可以和神保壽，斯謂祭祀之齋，中士所行也。三者心齋，謂疏瀹其心，除嗜慾也；澡雪精神，去穢累也；捎擊其智，絕思慮也。夫無思無慮則專道，無嗜無慾則樂道，無穢無累則合道。既心無二想，故曰一志焉！蓋上士所行也。詳矣[22]！齋者，齊也，要以齊整三業，乃爲齋矣。若空守節食，既心識未齊，又唯在一志，則口無貪味之謂也[23]。二法表裏相資。故《大戒經》云："夷心靜嘿，專想不二，過中不味，內外清虛"是也。子雖薄閑節食，未解調心，故示茲齋法，令其受道。而末學之徒，孰能虛心一志哉！夫鄙乎祭祀之教，自謂得心齋之理，蓋[24]怠慢之夫矣。雖口談寂[25]，無解其因，是自矜焉。《易》云："聖人以此齋戒。"

齋　　科

道士王纂，金壇人也。居馬跡山，常以陰功救物，仁逮蠢動。值晉之末，中原亂罹。饑饉既臻，疫癘仍作，時有毒瘴，損斃者多。閭里凋荒，死亡枕藉。纂於靜室飛章告玄，三夕之中，繼之以泣。至三夜，有光如晝，照其家庭。即有祥風景雲，紛郁空際。俄而，異香天樂下集庭中，介金執銳之士三十餘人，羅列如有所候。頃之，珠幢寶蓋，霓旆羽節，紅旌錦旂，各二人相對前行。即[26]最後又有四青童執花捧香，侍女捧桉，地鋪錦席，前立巨屏，左右龍虎將軍侍從，官將兵士二千許人立兩面，若有備衛焉。復有金甲大將軍二十六人、神王十人，次龍虎二君之外，班列肅如也。須臾，笙簫駭空，自西北而至，五色奇光，灼爍豔逸，一人佩劍持版而前，告纂曰："太上道君至矣。"於是百寶大座自空而下，太上道君侍二真人、二天帝在座之左右，道君坐五色蓮花，二真、二帝立侍焉。纂拜首迎謁，跪伏於地。道君曰："子愍念生民，形于章醮，刳心扷血，感動幽明，地司列名。蓋[27]化育萬物，而五行爲之用。五行互有相勝，各有興衰，代謝推遷，間不容息。是以生生[28]不停，氣氣相續，億劫已來，未暫輟也。得其生者，合於純陽，升天而爲仙；得其死者，淪于至陰，在地而爲鬼。鬼物之中，自有優劣強弱，剛柔善惡，與人世無異。玉皇天尊慮鬼神之肆橫害於人也，常命五帝三官檢制部御之，律令刑章，罔不明備。而季世之民，澆僞者衆，淳源既散，祅詐萌生。不忠於君，不孝於家，廢三綱五常之教，自投死地。由是六天故氣魔鬼之徒，與歷代已來敗軍死將，聚結爲黨，伐害生民，駕雨乘風，因衰伺隙，爲種種病，中傷甚多，亦有不終天年，罹其夭柱者。尋於杜陽宮出《神呪經》，授真人唐平，使其流布，以救於物，民間有之。世人見王翦[29]白起名，謂爲虛誕。此蓋從來將領生[30]爲兵統，死爲鬼帥，有功者遷爲陰官[31]，殘害者猶居魔屬，乘五行敗氣，爲瘵爲瘥。然以陽威憚之，神呪服之，自當弭戢矣！今以《神化》《神呪》二經復授於子，按而行之，以拯護萬民兆庶也。"即命侍童披九光之韞，以《神化經》及《三五大齋訣》授之於纂曰："勉而勤之，陰功克充，真階可冀也。"言訖，千乘萬騎，西北而舉，升還上清矣。纂案經品齋科，行於江表，疫毒銷[32]弭，生靈乂康。自晉及兹，普蒙其福者，不可勝紀焉！

持　　齋

《無上秘要》云："昔有道士持齋誦經，有一凡人爲賃作治厨[33]齋堂。道士見其用意，至日中持齋，因喚與同食。食竟，爲其説法，語此賃人，今隨吾持齋，功德甚大。可至明日中時復食，勿壞爾齋，徒勞無益，能如此者，將可得免見世窮厄。此人稽首受戒而去，暮還家，其婦一日待婿還食[34]，婿具以道士戒言喻婦，婦甚不解，遂致嗔怒，賃人不能免其婦意，遂壞其齋，與婦共食。其後命過，天使其人主[35]蜀山千歲樹精，恒給其中食。其樹茂盛，暑夏之月，有精進賢者三人經過，依樹而息。賢者歎曰：'此樹雖涼，日已向中，何由得食？'此人於樹空中[36]曰：'當爲賢者供設中食，無所爲憂。'須臾食至，賢者共食，食竟言曰：'我覓道，道在何所？此自然，非道也。'[37]因問樹曰：'不審大神可得暫降形見與某相面否[38]？'此人於樹空中答曰：'我非能使人得道者也。'具説[39]姓字處所，昔常爲道士勸使持齋，爲婦人所壞，功德不全，致令使我守此樹精，不能得出。天以我昔經齋中食，令每至中，給我齋食，口不暇食，又[40]無緣得遷，欲屈賢者爲至我舍，道我如此，能爲我建三日齋戒，我身便得昇天。賢者感此人意，爲尋其家，具以其言語家人如此。家人即爲建齋，請諸道士燒香誦經三日謝過，此人即得飛行昇入雲中，於景霄之上，受書爲散仙人。故齋之功德甚重，不可不修。此人半日持齋，死經一日，即時出身，不拘一年，而得爲仙。故天計功過，明之[41]不虧也。夫爲學者可懃持齋戒，以期冥感，能修之者，必獲昇騰之舉。

陰陽雜齋日

三會日：正月七日，舉遷賞會齋。七月七日，慶生中會齋。十月五日。建生大會齋。三會日，三官考覈功過，宜受符籙齋戒，呈章以祈景福。

五臘日：正月一日，名天臘齋。五月五日，名地臘齋。七月七日，名道德臘齋。十月一日，名民歲臘齋。十二月節日。名侯王臘齋。五臘日，常當祠獻先亡，名爲孝子，得福無量，餘日皆是淫祀，通前三元日爲八[42]解日，皆可設淨供求福焉！

《明真科》云：甲子日夜半時，甲戌日黄昏時，已上天皇真官下日。

甲申日晡時，甲午日日中時，已上地皇真官下日。

甲辰日食時，甲寅日平旦時，已上人皇真官下日。

右其日修齋，五嶽四瀆神君，各依方位，糾察善惡，無不上聞。

又丁卯日日出時，丁丑日雞鳴時，已上天皇真官下日。

又丁酉日日入時，丁亥日人定時，已上地皇真官下日。

又丁未日日昳時，丁巳日禺中時，已上人皇真官下日。

其日修齋，五嶽真人各遣五神營衛，記名仙籙。

【校记】

〔1〕"祀"原作"祝",據《莊子·人間世》及《道藏》本《齋戒錄》《至言總》改。

〔2〕以上十九字,《莊子·人間世》作"若一志,无聽之以耳而聽之以心,无聽之以心而聽之以氣"。

〔3〕以上三十五字,《莊子·知北遊》作"疏瀹而心,澡雪而精神,掊擊而知!夫道窅然難言哉!將爲汝言其崖略"。

〔4〕"祀"原作"祝",據《齋戒錄》改。

〔5〕"默"原作"然",據上書及《至言總》改。

〔6〕"因"字,《齋戒錄》作"目",《至言總》作"自"。

〔7〕"蠲",《洞玄靈寶太上六齋十直聖紀經》作"解"。

〔8〕"天",《道藏輯要》本作"太"。

〔9〕"二",《齋戒錄》作"三"。

〔10〕"形"後,上書有"二者"二字,"一"作"一者"。

〔11〕"一",上書作"三者"。

〔12〕"代"後原有"同"字,據《至言總》卷一删。

〔13〕"一則拯道",《洞玄靈寶玄門大義》作"一者極道"。

〔14〕"簡文亦云,兼爲師友"八字,上書無。

〔15〕"宗云,正爲人民,今此本未行於世",上書作"救度人民,請福謝過"。

〔16〕"拯拔地獄罪根,開度九幽七祖",上書作"下拔地獄九玄之苦"。

〔17〕"必使宿食"原作"不使宿穢",據《太上三天内解經》改。

〔18〕"遺",《齋戒錄》作"遣"。

〔19〕"帶",蔣力生等校注本引《四庫》本作"華"。

〔20〕"三"原作"八",據《太真玉帝四極明科經》改。

〔21〕"七"原作"六",據上書改。

〔22〕"詳矣",本卷卷首引《混元皇帝聖紀》作"夫",連下句。

〔23〕"之謂也",本卷卷首引上書作"謂兹",連下句。

〔24〕"蓋"後，本卷卷首引《大戒經》有"嗊嗃"二字。

〔25〕"寂"，本卷卷首引上書作"空寂"。

〔26〕"即"，《齋戒籙》作"節"。

〔27〕"蓋"，《太上洞淵神呪經序》作"夫一陰一陽"。

〔28〕"生生"原作"生之"，據上書改。

〔29〕"王翦"原作"三翦"，據上書及《齋戒籙》改。

〔30〕"領生"原作"天上"，據上二書改。

〔31〕"陰官"原作"法官"，據上二書改。

〔32〕"銷"原作"鋪"，據上二書改。

〔33〕"厨"，《無上祕要》卷四七作"除"。

〔34〕"婿還食"三字原無，據上書增。

〔35〕"主"原作"王"，據上書及《齋戒籙》改。

〔36〕"空中"原作"人"，據《無上祕要》卷四七改。

〔37〕"我覓道，道在何所？此自然，非道也"，上書作"我今覓道在何許？即此自然，豈非道也"。

〔38〕"與某相面否"，上書作"與不"。

〔39〕"説"原作"記"，據上書改。

〔40〕"口不暇食，又"，上書作"口腹之饒"。

〔41〕"之"，上書作"知"。

〔42〕"八"原作"人"，據《齋戒籙》及《洞玄靈寶太上六齋十直聖紀經》改。"三元日"疑當作"三會日"。

雲笈七籤卷之三十八

説戒

説十戒

《玉清經·本起品》云：道言：昔元始天尊與諸賢聖億億萬衆，處處周旋，最後下觀棄賢世界。有一國王名曰德正聰明正[1]直，利根辯慧。爲衆生故，而爲導首，遍告國內臣民男女，言今得太平，天下無事，火災消滅，兵刃[2]不起，百穀成熟，皆由道恩，非自然也。何以報道罔極之恩？唯當傾心盡意，恭敬供養，造立宫觀，香花燈燭，晨夕禮誦，齋戒悔過，以求福祐。於是天尊命巨靈仙人而告王曰："子爲一國之主，天下所推[3]，凡間之貴，不先於此。但以正法治化，不枉人民，亦足功感上天，何煩祕要？祕要之道，卒難可聞。然祕要之階，不過慈善。慈善之法，不違科戒。""戒有多種，人亦多品。上品之人，身先無犯[4]，亦無所持。中品之人，心有上下，觀境即變，以戒自制，不令放逸。如此之人，或受十戒、五戒，以自防護。下品之人，惡心萬般，難可禁制。下品之中，復有二品：上品者身欲奉戒，或受一百九十九戒，或受觀身三百大戒，或受千二百威儀之戒，以自防保，令無越逸。下品者身同禽獸，雖有人形，而無人心，縱受其戒，終無所益。今且受[5]第二中戒十種科禁，入道初門。"諸人聞説，歡喜抃蹈，悉皆俯伏，而奉戒言。天尊告曰：

"第一戒者，不得違戾父母師長，反逆不孝。

第二戒者，不得殺生屠害，割截物命。
第三戒者，不得叛逆君王，謀害家國。
第四戒者，不得淫亂骨肉姑姨姊妹及佗婦女。
第五戒者，不得毀謗道法，輕泄經文。
第六戒者，不得汙漫静壇，單衣裸露。
第七戒者，不得欺凌孤貧，奪人財物。
第八戒者，不得裸露三光，猒棄老病。
第九戒者，不得躭酒任性，兩舌惡口。
第十戒者，不得兇豪自任，自作威利[6]。"
右此十戒，當終身奉持。

大戒上品 并叙

《太上洞玄靈寶消魔寶真安志智慧本願大戒上品經》[7]云：太極仙公於天台山静齋念道，稽首禮拜請問太極法師徐來勒曰："弟子有幸，得侍對天尊，自聞微言，彌綸萬劫，洞觀道源，過泰之歡，莫有諭也。顧玄少好神仙白日飛騰之道，必[8]想上聖，恒以髣髴，大經微遠，妙賾難通，將禀口訣，釋我冥津，洞暢虛漠，有無都盡矣。近而未究人生宿世因緣本行之由，今願天尊覺所未悟。"是時太上高玄[9]真人嘯咏《步虛洞章》，歡然含豫，輝金顔而言曰："子以累劫念道，致太極玉名，寄慧人中，將獨步玉京，超逸三界，巍巍乎太上仙公之任矣！故慈心於天人，念度於後學也。常以外身濟物，有德而弗名，玄都所詮，諒不虛矣！"而謂太極真人曰："卿受太上虛皇道君之教，爲其師保，亦必盡教以高上大洞之淵賾也。豈俟彼多陳乎！吾受任忝爲都教之法師，至於執卷由子矣！"太極真人答曰："此童真之人，名刊金簡，才質清遠，景秀太上，玄微洞虛，故當爲仙公之任，弘道大度者也。吾忝受教化，愧不足爲彼宗匠，太上有命，何敢不傾輻哉！衆妙之統，仰賴於法師矣。"太極真人又曰："夫道無也，彌綸無窮，子欲尋之，近在我身，乃復有也。因有以入無，積念以得妙。萬物芸芸，譬於幻耳！皆當歸空。人身亦然，身死神逝。喻之如屋，屋壞則人不立，身敗則神不居。當制念以定志，靜身以安神，寶氣以存精，思慮兼忘，冥想内視，則身神並一。身神並一，近爲眞身也。此實由宿世本行，積念累感，功濟一切，德廕萬物。因緣輪轉，罪福相對，生死相滅，貴賤相使，賢愚相傾，貧富相欺，善惡相顯，其苦無量，皆人行願所得也，非道、非天、非地、非人、非[10]萬物所爲矣！正由心耳。此對既鍾，亦難脱也。弱喪之徒，信道者少，宿命者多。不積善定念，修德理身，而欲忽德忘身，强求外物，其可得哉？既已不尅，莫不傷身矣。故有道之士，取諸我身，無求乎人。道言：修身，其德乃眞[11]。斯之謂也！夫學道不受《大智慧道行本願上品大戒》，無緣上仙也。子有宿命，是以見此經。其文隱祕，立信効心，然後而傳。不可妄示不信[12]，必發異念。異念既生，彼此獲罪。是故藏之於無，待有應爲仙王者乃告焉！"是時雲龍踊躍，諸天散華，飛香奏烟，山海靜波，觸類竄默，鬼魅消亡，神魔降伏，五苦俱解，長離地獄，惡者返善，信順受福。爾乃命太極侍經仙人劉文靜披雲韞而授經也。

太極眞人曰：宿世禮奉經師，口誦身行，布施厄困，願樂三寶，君親忠孝，遠慕山水，棲憇賢儒，虛心有道，燒香散華，護度一切，修道補過，信順宿命，靜思忍情。其行也，上可昇仙度世，下可輪轉富貴，生爲人尊，容貌偉秀，才智清遠，爲人之道，莫不具足。夫居世富貴笑於貧賤，今報以貧賤；居世好殺，今報以傷殺；居世輕易笑於醜陋，今報以醜陋；居世聰明不教於人，今報以頑塞；居世常康，笑於困病，今報以滯疾；居世不信道，笑於經教，今報以下愚，長與道隔；女人居世奪人壻者，今報以少寡；男子居世誘人婦女，今報以鰥獨；居世發心爲夫妻，而後世不得俱生人道，死爲鬼魅，今報以本念成於邪病，自非大法，莫有解其宿纏，而消此邪病矣！夫爲父母兄弟姊妹夫妻君臣師保朋友，皆先世所念，願爲因緣，展轉相生，莫不有對者哉！故曰倚伏難窮矣。唯學仙道士，當兼忘因緣，絕滅生死，同歸乎玄，以入妙門。能知[13]是者，始可與言學道之本[14]也。

若見居家妻子，當願一切，早出愛獄，攝意奉戒。
若見飲酒，當願一切，制於命門，以遠禍亂。
若見彩女，當願一切，守情忍色，志慕賢貞。
若見淫人，當願一切，除棄邪念，翹心禁戒。
若見婦人，當願一切，忍割浮華，樂道自娛。
若見貞人，當願一切，履信正化，日入法門。
若見衆人，當願一切，推仁無爭，懷道安世。
若見善人，當願一切，時刻存念，仰軌真道。
若見惡人，當願一切，棄凶即吉，不犯王法。
若見貧人，當願一切，損身施惠，後受大福。
若見富人，當願一切，救濟萬物，世世受祿。
若見貴人，當願一切，承其教旨，悉令[15]典訓。
若見賤人，當願一切，勤修匪懈，各得所爲。
若見帝王，當願一切，奉仰王道，孝如父母。
若見主相，當願一切，受其教制，四方歸仁。
若見兵甲，當願一切，各念仁心，天下讓賢。
若見王子，當願一切，日歌太平，係國承家。
若見賢人，當願一切，履行其德，道爲世宗。
若見法師，當願一切，明解法度，得道無爲。
若見栖山道士，當願一切，悉見法門，速得昇仙。
若見教化，當願一切，親受聖教，皆爲淵博。
若見聖人，當願一切，尊禮侍見，諸國並瞻。
若見仙人，當願一切，真道悉成，飛昇天堂。
若見城郭，當願一切，嚴整修飾，以道爲基。
若見大國，當願一切，歸宗慕德，若水注海。
若見小國，當願一切，知止虛沖，安其所居。
若見市朝，當願一切，羣賢雲萃，悉弘正道。

若見靜觀，當願一切，功德巍巍，天人得道。
若見齋戒行香，當願一切，道德日新，庠序雅正。
若見誦經，當願一切，盡上高座，咸聞聖音。
若見經教，當願一切，各各受讀禮習，普行教化。
若見樓觀，當願一切，洞觀十方，無所隱藏。
若見高山，當願一切，立德如彼，無復退轉。
若見大海，當願一切[16]，智思無量，輔成家國。
若見棲憩茂林，當願一切，安居自在，廕庇含識。
若見好學，當願一切，得成師宗，養徒敷教。
若見淨手，當願一切，常執經書，無時暫輟。
若見善口，當願一切，耽味[17]洞經，日新不猒。
若見動足，當願一切，超步三界，飛行上清。
若見靜止，當願一切，滅景停真，安閑空寂。
若見飲食，當願一切，棄累入淨，存得道味。
若見大藏，當願一切，除其災害，施爲福田。
若見疾病，當願一切，以道自安，免此苦厄。
若見死喪，當願一切，學道常存，濟度三徒[18]。
若見畋獵，當願一切，不爲始終，入爲無罪[19]。
若見夷狄，當願一切，得生中國，不生邊地。
若見少年，當願一切，及時學問，遂成學名。
若見老病，當願一切，以道攝生，不更衰老。
若見三光，當願一切，普明靈曜，闇冥即消。
若見雲雨，當願一切，惠澤盈溢，無所不宜。
若見素雪，當願一切，常居潔白，逍遙自在。
若見靈風，當願一切，韞懷披散，德流遐邇。
若見淨水，當願一切，洗垢清虛，平等其心。
若見名香，當願一切，受茲芳淨，衆穢肅然[20]。
若見好華，當願一切，樂散[21]諸聖，相好具足。

若見車馬，當願一切，得道無爲，乘鳳[22]駕龍。

若見絃歌，當願一切，翫經歡法，以道娛樂。

若見福食，當願一切，無不飽滿，世享天厨。德流後人，如水歸海，宗廟裔[23]長，常居貴盛，世與四輩，俱生王家。

若見散施，當願一切，禍滅九陰，福起十方，德如山海，莫不興隆。七祖生天，子孫賢忠，富貴巍巍，所欲皆從。學道飛仙，駕雲乘龍。道士坐卧，常願我等，四大合德，同體道真，長存玄都，師友自然。濟度十方，天下受恩，逍遥無爲，洞觀妙門。

《禮經祝》三首：真人口訣云：侍經仙童玉女聞此祝，皆歡喜而祐兆身也。是大經悉用此祝而禮拜矣！若冥心禮經者，亦心祝其文，乃上仙之祕祝也。

第一首

樂法以爲妻，愛經如珠玉。持戒制六情，念道遣所欲。淡泊正氣停，蕭然神静嘿，天魔並敬護，世世受大福。

第二首

鬱鬱家國盛，濟濟經道興。天人同其願，縹緲入大乘。因心立福田，靡靡法輪昇，七祖生天堂，我身白日騰。

第三首

大道洞玄虛，有念無不啓[24]。鍊質入仙真，遂成金剛體。超度三界難，地獄五苦解，悉歸太上經，静念稽首禮。

太極真人曰："學昇仙之道，當立千二百善功，終不受報。立功三千，白日登天。皆濟人應死之難也，施惠其人尤善矣。學道當令衆行合法，廣建福田，發大慈之心，動静常起道意。能如是也，吐納服藥佩符，讀經精進[25]，終身不倦，豈有不得仙乎！人無此德，雖服藥佩符，讀經齋戒，故終命而不驗矣！學士明思要言。"

太極真人曰："立三百善功，可得長存地仙。若一功不全，則更從一始，而都失前功矣。常有其念在於心膂者，則是也。若導人作善，即爲善功也。"

太極真人曰："常念嘯詠洞經，修行大慈，先人後身，揚善化惡，斷絕衆緣，滅念守虛，心如太玄，唯[26]道是求，始謂能言神仙之道也。"

太極真人曰："吾昔受《太極智慧十善勸助[27]德戒》於高上大道虛皇，世世宗奉，修行大法，度人甚易，此自然之福[28]也。太上以普教天人，令各得本願，始入法門，長存無爲，不受十苦八難罪對。罷散地獄，休息三官，日日寧閑，世世榮樂。咸脱羅網，後生安泰，天性恬然，所願隨得。其戒如上，以傳賢信。"

《十善勸戒》曰："勸助禮敬三寶，供養法師。令人世爲君子，賢孝高才，榮貴巍巍，生爲人尊，門族昌熾。"

三寶者，謂道、經、師也。能養生教善，行爲人範，是名法師也。

《戒》曰："勸助治寫經書。令人世世聰明，博聞妙賾，恒值聖世，見諸經教，能誦章句。"

《戒》曰："勸助建齋淨治。令人世世門户高貴，身登天堂，飲食自然，常居無爲。"

《戒》曰："勸助香油衆供[29]。令人世世芳盛，香潔光明，容貌[30]絶偉，天姿高秀。"

《戒》曰："勸助法師法服。令人世世閑雅，逍遥中國，不墮邊夷，男女端正，冠冕玉珮，稱諸身飾[31]。"

《戒》曰："勸助國王父母子民忠孝。令人世世多嗣，男女賢儒，不受諸苦。"

《戒》曰："勸助齋靖讀經。令人世世不墮地獄，即昇天堂，禮見衆聖，速得返形，化生王家，在意所欲。玩好備足，七祖同歡，善緣悉備，終始榮樂。道法轉至[32]，將得仙道。"

《戒》曰："勸助衆人學經。令人世世才智洞達，動静威儀，常爲人師。"

《戒》曰："勸助一切布施諫諍善事[33]。令人世世壽考富樂，常無怨惱。"

《戒》曰："勸助一切民人除嫉去欲，履行衆善。令人世世安樂，禍亂不生。病者自愈，仕宦高遷，爲衆所仰，莫不吉祐。門户清貴、天人愛育，神魔恒護，常生福地。"

太極真人曰："人之行惡，莫大於嫉、殺、貪、奢、驕、婬也。若此一在心，伐爾年命矣！挾之以學神仙者，不亦悲乎！"

太霄琅書十善十惡

十善既行，十惡自息。息惡行善，大慈德成。是以《上品戒》云：邺死度生，救疾治病。施惠窮困，割己濟物。奉侍師主，營建靜舍。書經校定，修齋念道。退身讓義，不爭功名。宣化愚俗，諫諍解惡。邊道立井，植種果林。教化童蒙，勸人作善。施爲可法，動靜可觀。教制可軌，行常使然。十善遍行，謂之道士。不修善功，徒勞山林。能信斯旨，勤尋諸戒。戒部甚多，隨緣所得。無數諸戒，無央科律，皆輔一神，攝於三業。三業者，口身心也。運動造作，善惡無量。無量善惡，十爲惡端。一者妄言，二者綺語，三者兩舌，四者罵詈，此四口惡，返之則善。五者貪愛，六者竊盜，七者姦婬，此三者屬身。八者嫉妒，九者恚瞋，十者邪癡，此三者屬心。心業最重，爲十惡根。斷絕十惡[34]，修十善本。實言直語，通和講誦。謙[35]讓捨財，內外貞潔。慶讚懽喜，敬信三尊[36]。備此十善，十惡永除。

思微定志經十戒

一者不殺，當念衆生；二者不婬，犯人婦女；三者不盜，取非義財；四者不欺，善惡反論；五者不醉，常思淨行；六者宗親和睦，無有非親；七者見人善事，心助歡喜；八者見人有憂，助爲作福；九者彼來加我，志在不報；十者一切未得道，我不有望[37]。經云：時有十二年少，處世間[38]樂，日日相就，共作好食，酣飲嬉戲，或復論議持戒[39]之難易。天尊以道眼遙見，此人前世曾爲人師，而祕悋經典，逮諸[40]

弟子於道之心，亦復猶豫。因此微緣，猶可度耳。

於是天尊化作凡人，從會中過，託之乞食，因悉共語。諸年少輩復論如初，中一人曰："我數隨兄至安樂山，見諸道士悉持十戒，肅肅甚佳，洎至於死，魂神所在，亦當不虛。但其十戒，人持難悉從耳！"化人曰："持此甚易，違此甚難。"諸人問化人曰："云何持戒則易，不持返難？"化人曰："立身如戒，上不畏天子，亦不畏鬼神，何謂之難？違戒之者悉畏之，是難也[41]。"其中一人曰："餘戒可持，惟酒難斷。所以者何？我先服散。散[42]發之日，非酒不解，是故難耳！"化人曰："散發所須，此乃是藥，將養四大，藥酒[43]可通，但勿過量耳！"一人曰："餘事即可，妄語其難。所以者何？若有密事，在尊長前[44]應爲隱諱。而人見問不得欺，欺即犯戒，是故爲難[45]。"化人曰："事有隱諱，理有方便，此亦可通。但勿善惡返論，説其長短耳！"一人曰："餘戒即可，唯盜戒難。小小之間，以挂[46]犯目。"化人曰："大事實難，小小之間，益可慎之。"而説偈曰："何不受盜戒，不受盜亦難。孰云闇中昧[47]，中有記盜官。取一年年倍，倍倍殊不寬。以手捧鎔銅，燒口煮心肝。一朝言此苦，終年猶心酸。何不受此戒？保持必令完。我信彼亦信，在在無不安。安坐招靈人，永享長年歡。"

一人曰："餘戒悉易，淫最難斷。所以爾者，我曾履斯事，數隨兄中食。當中食時自云：一日精進，無不過理，亦謂身後當得此齋戒之福。至是夕夜，是我所愍輒來狡獪，雖苦加抑迮，不覺已爾。每每如此，是知最難。"化人曰："色者是想爾！想悉是空，何有色邪？但先自觀身，知身無寄，便知無色。何可不忍？且淫慾頗恣，如飲鹹水，飲多渴多，唯死而已。何有猒足？"而説偈曰："色慾劇於渴，小忍差可度。何爲進鹹水？水鹹益渴故。子能善解渴，當飲天甘露。甘露香且薰，通體皆流布。天人尋香降，玄趣自然悟。熙熙永無爲，長保九天祚。"

一人曰："餘悉可從，唯煞難戒。所以者何？我好噉雞，一食無雞，了自無味，數日便瘦。"化人曰："賢者肥爲人患，瘦即體輕，用肥何爲？"即說偈曰："賢賢[48]戒其煞，亦無懷煞想。衆生雖微微，亦悉樂生長。如何害彼命，而用以自養？自養今一時，累汝自然爽。長淪三塗中，辛苦還復往。善惡各有緣，譬如呼有響。何不改此行？慈心以自獎。真人携手遊，逍遥雲景上。"

說此偈已，化人見大威變極道之姿，侍從僚屬，鈞天大樂，非可目名，返於上方。諸人悉見，喜懼交集，并聞要說，意解開悟，俱登道果。

妙林經二十七戒

元始天尊告諸四衆，一切衆生，貪着有爲，欣生惡死，意雖求生，由造死業，不持戒行，假使長壽，猶如老樹，有何殊別？若持戒行，死補天官，升仙自在。人雖有王公之位，上至帝皇，死皆重罪，無益魂神，受苦不可堪忍。善男子，汝等思惟，明奉戒行，直心行道，吾爲汝說："天下萬物，無有長存，有死有生，有成有敗。日出則没，月滿則虧，從古至今，誰能違返？若有道德，不生不滅。修善者今月亦善，今日亦善，今時亦善。善善積德，諸行修足，善念護持，令入法寶。"戒曰："不得盜竊人物，不得妄取人財，不得妄言綺語，不得因恨殺人，不得貪嗔癡狠，不得慢老欺人，不得呪詛毒心，不得罵詈高聲，不得訾毀謗人，不得兩舌邪佞，不得評人長短，不得好言人惡，不得毀善自譽，不得自驕我慢，不得畜毒藥人，不得投書譖善，不得輕慢經教，不得毀謗聖文，不得恃[49]威凌物，不得貪婬好色，不得好殺物命，不得躭酒迷狂，不得殺生淫祀，不得燒野山林，不得評論師長，不得貪惜財賄，不得言人陰事。"

老君二十七戒

行無爲，行柔弱，行守雌勿先動，此上最三行。

行無名，行清淨，行諸善，此中最三行。

行忠孝，行知足，行推讓，此下最三行。

右九行，《二篇》八十一章集合爲道舍，尊卑同科，九行備者神仙，六行備者壽，三行備者增年。

戒勿費用精神，戒勿食含血之物、樂其美色，戒勿傷王氣，戒勿貪寶貨，戒勿忘道，戒勿爲妄[50]動，戒勿枝形名道，戒勿殺生，戒貪功名，此上九戒。

戒勿爲耳目鼻口所娛，戒常當謙讓，戒舉[51]百事詳心勿惚恫[52]，戒勿學邪文，戒勿資身好衣美食，戒勿求名譽，戒勿貪高榮強求，戒勿輕躁，戒勿盈溢，此中九戒。

戒勿與人諍曲直、得失[53]避之，戒勿爲諸惡，戒勿猒貧賤、強求富貴，戒勿多忌諱，戒勿稱聖人大名，戒勿強梁，戒勿禱祠鬼神，戒勿自是，戒勿樂兵，此下九戒。

右二十七戒，《二篇》共合爲道淵，尊卑同行，上備者神仙；持十八戒備者壽；持九戒備者增年，不橫夭矣。

【校记】

〔1〕"聰明正"三字原無，據《太上大道玉清經》增。

〔2〕"兵刃"，上書作"兵病"。

〔3〕"推"後，上書有"位登世極"四字。

〔4〕"犯"後，上書有"身既無犯"四字。

〔5〕"受"，上書作"授"。

〔6〕"兇豪自任，自作威利"，上書作"狼戾自任，寃枉威刑"。

〔7〕此經《道藏》收錄，經名無"消魔寶真安志"六字（下簡稱《道藏》本），《敦煌道經圖錄編》收錄則無"洞玄靈寶"四字（下簡稱《敦煌》本）。

〔8〕"必"，《道藏》本、《敦煌》本作"心"。

〔9〕"高玄"原作"玄高"，據上二本改。

〔10〕"非"字原無，據上二本增。

〔11〕"修身，其德乃真"，上二本作"修之身，其德乃真"。

〔12〕"信"後，上二本有"既其不信"四字。

〔13〕"知"，上二本作"如"。

〔14〕"本"，上二本作"夫"。

〔15〕"令"，《敦煌》本作"合"。

〔16〕"立德如彼，無復退轉。若見大海，當願一切"十六字原無，據《道藏》本、《敦煌》本增。

〔17〕"味"，上二本作"詠"。

〔18〕"徒"，《道藏輯要》本、《道藏》本、《敦煌》本均作"塗"。

〔19〕"不爲始終，入爲無罪"，《道藏》本作"不爲始終，免無間罪"，《敦煌》本作"不爲罪始，終入無爲"。

〔20〕"肅然"，《道藏》本及《要修科儀戒律鈔》卷五均作"蕭然"。

〔21〕"散"，《道藏》本作"敬"。

〔22〕"鳳"原作"風"，據《道藏》本、《敦煌》本及《無上祕要》卷七四、《要修科儀戒律鈔》卷五、《太上經戒》改。

〔23〕"裔"，《要修科儀戒律鈔》作"遐"，《道藏》本、《敦煌》本均作"胤"。

〔24〕"啓"，《道藏》本、《太上經戒》及《洞玄靈寶三洞奉道科戒營始》卷六均作"契"。

〔25〕"進"，《道藏》本作"思"。

〔26〕"唯"原作"爲"，據上書改。

〔27〕"助"後，上書有"功"字。

〔28〕"福"後，上書有"田"字。

〔29〕"衆供"，上書作"以濟衆乏"。

〔30〕"貌"，上書及《要修科儀戒律鈔》卷五作"眸"。

〔31〕"稱諸身飾"四字，《道藏》本無。

〔32〕"道法轉至"，上書及《要修科儀戒律鈔》卷五作"法輪運至"。

〔33〕"善事"二字，上二書無。

〔34〕"斷絕十惡",《洞真太上大霄琅書》卷八作"斬絕惡根"。

〔35〕"謙",上書作"廉"。

〔36〕"尊",上書作"賓"。

〔37〕"我不有望"原作"我有不悷",據《太上洞玄靈寶智慧定志通微經》及《要修科儀戒律鈔》卷四、《無上祕要》卷四十六《昇玄十戒》改,《太上經戒》作"我有不望"。

〔38〕"間",《太上洞玄靈寶智慧定志通微經》作"閑"。

〔39〕"持戒",上書作"爲道"。

〔40〕"逮諸",上書作"故"。

〔41〕"何謂之難？違戒之者悉畏之,是難也",上書作"何爲不易？如違戒者,是人悉畏,復畏鬼神,云何不難"。

〔42〕"散"後原有"者"字,據上書删。

〔43〕"酒"原作"通",據上書改。

〔44〕"若有密事,在尊長前",上書作"或身有密事,或是尊長"。

〔45〕"難"後原有"化人曰：事有隱諱,而人見問不得欺,欺即犯戒,是故爲難"二十二字,係重復,據上書删。

〔46〕"以挂",上書作"已是"。

〔47〕"中昧",原互乙,據上書改。

〔48〕"賢賢",上書作"賢者"。

〔49〕"恃",《道藏輯要》本、《四部叢刊》本作"持"。

〔50〕"妄",《要修科儀戒律鈔》卷五作"物"。

〔51〕"舉",上書作"勿學"。

〔52〕"惚恫",上書作"調謔"。

〔53〕"失",上書及《太上老君經律》作"爭先"。

雲笈七籤卷之三十九

說　戒

老君說一百八十戒 并叙

昔周之末赧王之時，始出太平之道太清之教。老君至瑯琊，授道與干君。干君受道法，遂以得道，拜爲真人。又傳《太平經》一百七十卷甲子[1]十部。後帛君篤病，從干君受[2]道護病，病得除差，遂復得道，拜爲真人。今瑯琊有木蘭樹，干帛二君所治處也。幽王時，老君教胡還，當入漢中，過瑯琊，干君得見老君。老君謂干君曰："吾前授汝，助人救命，憂念萬民，拜署男女祭酒，廣化愚人，分布弟子，使上感天心，下動地祇，當令王者歡心。而自頃以來，吾遥從千萬億里觀之，諸男女祭酒託老君尊位，貪財好色，擅己[3]自用，更相是非，各謂我心正，言彼非真，利於供養，欲人奉己，憎惡同道，妒賢嫉才，驕恣自大，禁止百姓，當來從我，我道最正，彼非真[4]也。皆不當爾，故來相語。"干吉稽首再拜，伏地叩頭百下，唯唯告曰："太上，從今日已去，不知當何由去諸男女祭酒之重罪？令祭酒輩生活[5]，既蒙道祐，可得昇仙，壽終之後，不入九地下牢之苦。非但祭酒，復其萬民[6]，萬民無知法則，祭酒之罪，臣之過咎，實在於己也。唯願太上赦既往之失，署臣脩將來之善耳。臣干吉死罪死罪。"老君曰："可正安意定坐。吾恐大道澆季，萬民喪命，一二祭酒死入九幽之下，不足痛也。吾但念萬民痛耳！汝當善聽，記錄心中，當爲後世作法則，勅諸男女祭酒，令改往行，從今之善。"老君曰："人生雖有壽萬年者，若不持戒律，與老樹朽石何異？寧一日持戒爲道德之人，而死補天官，尸解昇仙。世人死有重罪，無益魂神，魂神受罪耳！祭酒明奉行之。"乃曰："諸祭酒各明聽，天下萬民，無有長存。人生有死，物成有敗。日出則沒，月滿則缺。從古至今，誰能長存者？唯道德可久耳。今月亦善，今日亦善，今時亦善，諸賢亦善，師甲亦善，弟子亦善，萬神備具，吏兵皆到。今吾以諸賢故，念萬民之命，故授王甲禁戒重律，當三遍讀之。"然後説戒曰：

第一戒，不得多畜僕妾。
第二戒，不得婬他婦人。
第三戒，不得盜竊人物。
第四戒，不得殺傷一切物命。
第五戒，不得妄取人一錢已上物。
第六戒，不得妄燒敗人一錢已上物。
第七戒，不得以食物擲火中。
第八戒，不得畜猪羊。
第九戒，不得邪求一切人物。
第十戒，不得食大蒜及五辛。
第十一戒，不得作草書與人。
第十二戒，不得多以書相聞。
第十三戒，不得以藥落去子。
第十四戒，不得燒野田山林。
第十五戒，不得以金銀器食用。
第十六戒，不得求知軍國事及占吉凶。
第十七戒，不得妄與兵賊爲親。
第十八戒，不得妄伐樹木。
第十九戒，不得妄摘草花。
第二十戒，不得數見天子官人，妄結姻親[7]。

第二十一戒，不得輕慢弟子，邪寵以亂真。
第二十二戒，不得貪惜財物。
第二十三戒，不得妄言綺語，隔戾嫉妬。
第二十四戒，不得飲酒食肉。
第二十五戒，不得多積財物，侮蔑孤貧。
第二十六戒，不得獨食。
第二十七戒，不得販賣奴婢。
第二十八戒，不得破[8]人婚姻事。
第二十九戒，不得持人長短，更相嫌恨。
第三十戒，不得自習妓樂。
第三十一戒，不得言人惡事，猜疑百端。
第三十二戒，不得言人陰私。
第三十三戒，不得說人父母本末善惡。
第三十四戒，不得面譽人，屏處論人惡。
第三十五戒，不得以穢汙之物調戲人。
第三十六戒，不得以毒藥投淵池江海中。
第三十七戒，不得獨與宗族爲親[9]。
第三十八戒，不得輕踈佗人之尊長。
第三十九戒，不得自殺。
第四十戒，不得勸人殺。
第四十一戒，不得別離他人家口。
第四十二戒，不得因恨殺人。
第四十三戒，不得投書譖人。
第四十四戒，不得自用。
第四十五戒，不得自貴。
第四十六戒，不得自驕。
第四十七戒，不得妄鑿地、毀山川。
第四十八戒，不得惡言罵詈。

第四十九戒，不得以足踏六畜。

第五十戒，不得掩人目。

第五十一戒，不得以[10]厭治病。

第五十二戒，不得希望人物。

第五十三戒，不得竭水澤。

第五十四戒，不得評論師長。

第五十五戒，不得裸形露浴。

第五十六戒，不得輕慢經教。

第五十七戒，不得慢老人。

第五十八戒，不得觀六畜交陰陽。

第五十九戒，不得調戲于人。

第六十戒，不得持[11]威勢凌人。

第六十一戒，不得阿黨所親。

第六十二戒，不得帶刀杖。若[12]軍中，不從此律。

第六十三戒，不得多作門户，別離居處[13]。

第六十四戒，不得起瞋恚。

第六十五戒，不得罵人作奴婢。

第六十六戒，不得立小便。

第六十七戒，不得䵣奴婢面。

第六十八戒，不得呪人命死敗亡。

第六十九戒，不得快人死敗。

第七十戒，不得亂縱行遊。

第七十一戒，不得張目視人。

第七十二戒，不得舌吐向天[14]。

第七十三戒，不得橫求人物。

第七十四戒，不得强乞，擾亂百姓。

第七十五戒，不得爲世俗人賦歛。

第七十六戒，不得爲世俗人作禮頭主。

第七十七戒，不得爲人圖山[15]塚宅起屋。

第七十八戒，不得上[16]知星文，卜相天時。

第七十九戒，不得漁獵，傷煞衆生。

第八十戒，不得淫泆佗婦[17]，別離夫妻。

第八十一戒，不得視弟子偏頗，視弟子當如其子[18]。

第八十二戒，不得奪人瞑中火。

第八十三戒，不得馳騁世俗，吊問死喪，宜密哀恤之[19]。

第八十四戒，不得與俗人共相羣黨，更相嘲毀。

第八十五戒，不得敗人成功，言是己德。

第八十六戒，不得擇好室舍好牀卧息。

第八十七戒，不得訾毀人物以爲惡。

第八十八戒，不得自舉己物以爲好。

第八十九戒，不得驚怛，令人恐悸[20]。

第九十戒，不得擇人飲食爲好惡説[21]。

第九十一戒，不得爲人往來惡言。

第九十二戒，不得以縣官中傷人民。

第九十三戒，不得預人間論議曲直事。

第九十四戒，不得强取人物以爲恩重[22]。

第九十五戒，不得冬天發掘地中蟄藏蟲物。

第九十六戒，不得輕行妄遊，日月馳騁。

第九十七戒，不得妄上樹探巢破卵。

第九十八戒，不得籠罩鳥獸。

第九十九戒，不得穿人家壁，闚看人家内婦女。

第一百戒，不得以穢汙之物投井中。

第一百一戒，不得塞池井。

第一百二戒，不得欺誣老人[23]。

第一百三戒，不得妄發讀人書。

第一百四戒，不得誘枉良人爲奴婢。

第一百五戒，不得積聚財寶以招凶禍。
第一百六戒，不得貪戀居家。
第一百七戒，不得藏埋器物。
第一百八戒，不得破壞見錢。
第一百九戒，不得在平地然火。
第一百十戒，不得施槍棘著道中。
第一百十一戒，不得多言弄口舌。
第一百十二戒，不得以書字之物自投埋於厠前。
第一百十三戒，不得向佗神鬼禮拜。
第一百十四戒，不得多畜世俗占事之書及《八神圖》[24]，皆不得習。
第一百十五戒，不得與兵人爲侶。
第一百十六戒，不得便溺生草上及人所食之水中。
第一百十七戒，不得與寡婦親愛。
第一百十八戒，不得祠祀鬼神以求僥倖。
第一百十九戒，不得爲人多作忌諱。
第一百二十戒，不得自多忌諱。
第一百二十一戒，不得妄輕入江河中浴。
第一百二十二戒，不得妄假舉人物以爲禮賂。
第一百二十三戒，不得爲人保任券契買賣田宅奴婢之事。
第一百二十四戒，不得與淫泆之家更相往來。
第一百二十五戒，不得鍊毒藥著器中。
第一百二十六戒，不得作惡厲聲，常當喜笑。
第一百二十七戒，不得爲人作辭訟，知[25]人官事。
第一百二十八戒，不得求密謀之書讀之。
第一百二十九戒，不得妄鞭打六畜羣衆[26]。
第一百三十戒，不得無故走馬馳車。
第一百三十一戒，不得以手團食殘嚙衆餚。

第一百三十二戒，不得驚鳥獸。

第一百三十三戒，不得向弟子[27]評論人家食飲善惡。

第一百三十四戒，不得妄開決陂湖。

第一百三十五戒，不得自銜治病，病家自當來請求，乃可往之[28]。

第一百三十六戒，不得獨行，行與人俱[29]。

第一百三十七戒，不得爲人謀合私利。

第一百三十八戒，不得廣求寶物。

第一百三十九戒，不得帶女人入山，皆應別岐異室。

第一百四十戒，不得叛本逐末。

第一百四十一戒，常當設供養，勿作難易[30]。

第一百四十二戒，常當念清儉，法慕清賢，鹿食牛飲。

第一百四十三戒，常當慎所投止，先行視之，勿所驚觸[31]。

第一百四十四戒，常當迴向正一，不得[32]俗事。

第一百四十五戒，常當立大意秉志，不得雜犯負違三尊教命。

第一百四十六戒，常當勤避嫌疑，不得欺父母，罔君師[33]。

第一百四十七戒，常當勤求長生，晝夜勿倦，不得懈慢[34]。

第一百四十八戒，常當勤避惡處，勿貪祿、苟榮利[35]。

第一百四十九戒，常當勤服氣斷穀食，爲不死道，不得貪於飲食[36]。

第一百五十戒，常當勤避兇人，不得棄背朋友。

第一百五十一戒，不得[37]每飲食從一邊起及歎吒言其美惡。

第一百五十二戒，每燒香當爲萬姓請願，令天下太平，不得爲己。

第一百五十三戒，凡人呼汝爲祭酒，汝勿顧畏人，自作輕躁，爲百姓所不足[38]。

第一百五十四戒，每得人食，常當祝願，令主人得福，一切飽滿。

第一百五十五戒，常時無事，不得多聚會人衆，飲食狼藉。

第一百五十六戒，常時無事，不得妄受人禮敬。

第一百五十七戒，若入他處[39]，必先問賢人善士，當親依之，不得自負。

第一百五十八戒，若入佗處[40]，必先問其國所禁忌。

第一百五十九戒，凡入人家，必先問人家尊親名諱。

第一百六十戒，凡至人家，不得希望主人飲食。

第一百六十一戒，不得與女人同行[41]。

第一百六十二戒，不得與男女[42]冥室中共語。

第一百六十三戒，凡衣物不得過畜三通。

第一百六十四戒，凡男女不得共坐食飲，交手授受。

第一百六十五戒，凡天時災變，水旱不調，不得患猒，及其評議[43]。

第一百六十六戒，凡居世人並惡多善少，不得悒悒，道自護法。

第一百六十七戒，若人有罵汝，汝但聽服，不得應答。

第一百六十八戒，若人侵謗汝，汝但當自啓白[44]大道，不得憂怖以損精神。

第一百六十九戒，若人以惡向汝，汝重以善往報之，不得怨尤[45]。

第一百七十戒，若人有持物與甲，而乙不得，不得便恨人不與己。

第一百七十一戒，若人爲己聲譽勿喜，爲己毀辱亦不得嗔怒。

第一百七十二戒，若人爲己殺鳥獸魚等，皆不得食。

第一百七十三戒，若見殺禽畜命者，不得食。

第一百七十四戒，凡食物見癉敗，不得食。

第一百七十五戒，凡不知所從來物，不得食。

第一百七十六戒，不得絶斷衆生六畜之命[46]。

第一百七十七戒，若能食菜最佳，而不得食向王者。

第一百七十八戒，不得言己能崇賢重聖[47]，吾當度汝，汝遇真仙。

第一百七十九戒，若行無居家可投，便止宿樹木巖石間，諷誦

《一百八十戒文》，神自營衛汝三重，兵賊鬼虎不敢近汝，不得少有怠慢[48]。

第一百八十戒，若行戒不犯，犯即能悔，改往修來，勸人奉受，念戒不念惡，廣度一切。吾拜神真，成汝清志，不得轉退[49]。

老君告弟子曰："往昔諸賢仙聖皆從《一百八十戒》得道。道本無形，從師得成。道可師度[50]，師不可輕。"弟子稽首再拜，受命而退。

老君說五戒

老君曰："是五戒者，持身法之根[51]。善男子、善女人，願樂善法受持，終身不犯，是爲清信，得經得法，永成道真。"於是尹喜聞受既已，再拜而問："何故有五？"

老君曰："五者攝一切惡。猶天有五精，以攝萬靈；地有五行，以攝羣生；人有五藏，以攝神明。戒者防也，防其失也。失而不防，則三塗盈逸，天人虛空，是故五也。"尹喜曰："大乎戒也，何故失也？"

老君曰："本得無失，既失[52]而得，亦無所失。""本得無失"，爲前身過去已得此戒，故於今身而無失也。而今身有失者，前身無戒，或有而違犯，故有失耳！雖有失而於今得受持者，則見生無失，後身復善。故"既失而得，亦無所失。"前頌云"世世受大福"，即此義也。尹喜所問一失，而併舉二失答之，是對其後問，頓顯前身此生後身也。明人稟道，本自無失，義見經中。

老君曰："五戒者，在天爲五緯，天道失戒，則見災祥；在地爲五嶽，地道失戒，則百穀不成；在數爲五行，五數失戒，則水火相薄，金木相傷；在治爲五帝，五帝失戒，則祚夭身亡；在人爲五藏，五藏失戒，則性發狂。"

老君曰："是五者[53]，戒於此而順於彼。故煞戒者，東方木也，受生氣[54]，尚於長養，而人犯煞，則肝受其害。盜戒者，北方水也，太陰之精，主於閉藏，而人爲盜，則腎受其殃。婬戒者，西方金也，少陰之質，男女貞固，而人好婬，則肺受其沴。酒戒者，南方火也，太陽[55]之氣，物以之成，而人好酒，則心受其毒。妄語戒者，中央土德信[56]，而人妄語，則脾受其辱。五德相資，不可虧缺。"

老君曰："此五失一，則命不成。是故不煞者乃至無有煞心，不盜者乃至無有邪取，不婬者乃至無有邪念，不飲酒者乃至無有勢立[57]，不妄語者乃至無有漏泄，如是可謂成也。"

老君曰："戒中婬酒，能生五惡。戒者，戒惡也。世之[58]男女謹婬，罹於骨肉。上慢下暴，毀滅天德。沉醉爭訟，禍命辱身。妄詐欺詆，罔有所由。六親相盜，非但於他。煞害衆生，利養身口。如此等輩，見生受業，永墜諸苦，備加五惡，無有休限。如有出者，當在邊夷，短命傷殘。夫婦醜惡，及不貞廉，貧窮凍露，在處不安。如有財畜，爲人所奪。言說不信，人所不親。意慮惛塞，衆所慢輕。"

化胡經十二戒

老君曰："戒之不飲酒，常當莫念醉。五聲味相和，混沌亂正氣。
戒之不食肉，心當莫念煞。含血有形類，元氣所養活。
戒之勿罵詈，言當禁呪舌。罵人爲自罵，呪人爲自殺。
戒之勿欺詐，言當有成契。欺人爲自欺，華詞爲負誓。
戒之勿爲盜，見利當莫取。所利爲贓罪，貪利更相害。
戒之勿婬泆，常當與色絕。陰形相感動，子命爲夭折。
戒之勿慳悋，有物無過惜。富饒富施惠，慳貪後受厄。
戒之勿剛強，當可自屈折。強者必先摧，剛者必先缺。
戒之勿視聽，耳目當常閉。遠視令精散，極聽神潰亂。
戒之勿言語，其口常當吸。語煩則費炁，多言則有失。
戒之勿恚怒，心懟當莫發。金木水火土，五行更相伐。
戒之勿婬祀，邪鬼能亂真。但當[59]存正念，道氣自扶身。"

修齋求道當奉十戒

第一戒者，心不惡妬，無生陰賊。檢口慎過，想念在法。
第二戒者，守仁不煞[60]，愍濟羣生。慈愛廣救，潤及一切。
第三戒者，守真讓義，不淫不盜。常行善念，損己濟物。
第四戒者，不色不慾，心無放蕩。真潔守慎，行無玷汙。
第五戒者，口無惡言，言不華綺。內外忠[61]直，不犯口過。
第六戒者，斷[62]酒節行，調和氣性。神不損傷，無犯衆惡。
第七戒者，不得妬人勝己，爭競功名。每事遜讓，退身度人。
第八戒者，不得評論經教，訾毀聖文。恭心承法，恒如對神。
第九戒者，不得鬪亂口舌，評詳四輩。天人咎恨，損傷神氣。
第十戒者，舉動施爲，平等一心。人和神穆，行常使然。

說戒喻

《海空智藏經》曰："譬如有人持漆槃欲渡大海，爾時海中有一魔賊，即從此人乞索漆槃。其人聽已，思惟念言：'我今若與，必定沒死。'於是答言：'今者魔賊，汝寧煞我，漆槃叵得。'魔賊復言：'汝若不能全與我者，恩惠其半。'是人猶故，心存不與。魔賊又言：'汝若不能惠我半者，請願與我三分之一。'是人又言：'寧當俱死，終不與槃。'魔賊又言：'唯願大慈，哀愍我等，施我手寶。'是人思惟，即自念言：'是我寶者，終不與汝。'魔賊又言：'若復不能與我寶者，我今飢窮，衆苦所逼，願當濟我如微塵許。'是人復言：'然我今日，方當渡海，不知東西近遠云何？若當與汝，我今身者，大海之難，何由得往？又恐中路沒水而死，恨復何及？'善男子、真人、童子，護持禁戒，亦如彼人護惜漆槃，不與魔賊。善男子、真人、童子，如是守護，微妙淨戒，亦復如是。魔賊又言：'汝當信我，終不相欺，但捨漆槃，護持餘槃，以是因緣，令汝安穩，得至彼岸。'其人爾時，應自念言：'我今寧没海中，終不毁槃。'魔賊又言：'汝若不能毁漆槃者，可欲汝毁手上寶珍[63]？以是因緣，令汝安穩，得至彼岸。'如是其人亦復不毁。魔賊又言：'汝若不能捨手寶，亦可捨汝明珠，以是因緣，令汝安穩，得至彼岸。'爾時其人亦復不捨。爾時魔賊思惟良久，反面而退。於是其人乘漆槃行，得到彼岸。思惟念言：'我今行者，魔賊來難。我執漆槃，堅固不捨，得到彼岸，當由我心牢固不捨。'如是漆槃、手寶、明珠、足下金鐺，護持堅固，起造成庫，安著寶槃。善男子海空智藏，若有衆生護持海空微妙淨戒，堅持牢固，亦如其人護持寶槃，亦復如是矣。"

【校記】

〔1〕"子"，《敦煌道經圖録編·太上消魔寶真安志智慧本願大戒上品》（下簡稱《大戒上品》）作"乙"。

〔2〕"受"原作"授"，據《太上老君經律》改。

〔3〕"己"原作"色"，據上書改。

〔4〕"真"原作"寅"，據上書及《大戒上品》改。

〔5〕"生活"原作"空活"，據《太上老君經律》改。《大戒上品》作"各得生活"。

〔6〕"復其萬民"，《大戒上品》作"祭酒復染誤萬民"。

〔7〕"妄結姻親"，《太上老君經律》作"妄與爲親"。

〔8〕"破"，上書作"知"。

〔9〕"爲親"，上書作"私親"。

〔10〕"以"字，上書無。

〔11〕"持"，上書作"恃"。

〔12〕"若"後，上書有"在"字。

〔13〕"多作"及"處"字，上書均無。

〔14〕"舌吐向天"，上書作"吐舌向人"。

〔15〕"山"後，上書有"立"字。

〔16〕"上"，上書作"干"。

〔17〕"佗婦"二字，上書無。

〔18〕"視弟子當如其子"，上書作注語。

〔19〕"宜密哀恤之"，上書作注語。

〔20〕"不得驚怛"原作"不令驚怕"，據上書改。"令人恐悸"，上書作"令恐怖"。

〔21〕"説"字，上書無。

〔22〕"以爲恩重"，上書作"以恩惠"。

〔23〕"欺誣老人"，上書作"欺罔老小"。

〔24〕"不得多畜世俗占事之書及八神圖"，上書作"不得畜世俗占事八神圖"。

〔25〕"知"，上書作"和"。

〔26〕"羣衆"二字，上書無。

〔27〕"向弟子"三字，上書無。

〔28〕"病家自當來請求，乃可往之"，上書作注語，無"當"字。

〔29〕"行與人俱"，上書作注語。

〔30〕"常當設供養，勿作難易"，上書作"當隨可供養，勿多難"。

〔31〕"先行視之，勿所驚觸"，上書作注語。

〔32〕"不得"，上書作"勿得習"。

〔33〕"不得欺父母，罔君師"，上書作"勿以父母，狎恩事君"。

〔34〕"不得懈慢"四字，上書無。

〔35〕"利"字上書無，"惡處"作"惡難"。

〔36〕"不得貪於飲食"六字，上書無。

〔37〕"不得"二字，上書無。

〔38〕以上十五字，上書作"汝顧畏人，勿自輕躁，爲百姓所笑"。

〔39〕"若入他處"，上書作"入國"。

〔40〕"若入佗處"，上書作"入他國"。

〔41〕"不得與女人同行"，上書作"女人不得與男子同行"。

〔42〕"不得與男女",上書作"男不得與女人"。

〔43〕"及其評議"四字,上書無。

〔44〕"啓白",上書作"修啓"。

〔45〕"報之,不得怨尤"六字,上書無,但有注語"善之禳惡,猶水澆火"。

〔46〕"不得"至"之命",上書作"能斷衆生六畜之肉爲第一,不然則犯戒"。

〔47〕"不得"至"重聖",上書作"能崇賢重聖習賢"。

〔48〕"不得少有怠慢"六字,上書無。

〔49〕以上十二字,上書作"吾拜神真,神真成汝"。

〔50〕"道可師度",上書作"道不可度"。

〔51〕"持身法之根",《太上老君戒經》作"持身之本,持法之根"。

〔52〕"既失"二字原無,據上書增。

〔53〕"者"字原無,據上書增。

〔54〕"東方木也,受生氣",上書作"東方也,受生之氣"。

〔55〕"陽"原作"陰",據上書改。

〔56〕"信"字原無,據上書增。

〔57〕"立"字,上書作"力"。

〔58〕"世之",上書作"惡世之中"。

〔59〕"當",《道藏輯要》本、《四部叢刊》本均作"常"。

〔60〕"守仁不煞",《無上祕要》卷四六《洞玄智慧十誡》作"守貞讓殺"。

〔61〕"忠",《無上祕要》卷四六《洞玄智慧十誡》、卷四八《十戒》及《太上洞真智慧上品大誡》均作"中"。

〔62〕"斷",上三書作"減"。

〔63〕"寶珍",《太上一乘海空智藏經》作"真寶"。

雲笈七籤卷之四十

説　　戒

説百病

老君曰：救災解難，不如防之爲易；療疾治病，不如備之爲吉。今人見背，不務防之，而務救之；不務備之，而務藥之。故有君者不能保社稷，有身者不能全壽命。是以聖人求福於未兆，絶禍於未有。蓋災生於稍稍，病起於微微。人以小善爲無益，故不肯爲；以小惡爲無損，故不肯改。小善不積，大德不成；小惡不止，以成大罪。故摘出其要，使知其所生焉，乃百病者也[1]。

喜怒無常是一病，忘義取利是一病，好色壞德是一病，專心係愛是一病，

憎欲令死是一病，縱貪蔽過是一病，毀人自譽是一病，擅變自可是一病，

輕口喜言是一病，快意逐非是一病，以智輕人是一病，乘權縱橫是一病，

非人自是是一病，侮易孤弱[2]是一病，以力勝人是一病，威勢自脅[3]是一病，

語欲勝人是一病，貸不念償是一病，曲人自直是一病，以直傷人是一病，

惡人自喜是一病，喜怒自伐是一病，愚人自賢是一病，以功自與是

一病,

　　名人有非[4]是一病,以勞自怨是一病,以虚爲實是一病,喜説人過是一病,

　　以富驕人是一病,以貴輕人是一病,以貧妬富是一病,以賤訕貴是一病,

　　讒人求媚是一病,以德自顯是一病,敗人成功是一病,以私亂公是一病,

　　好自掩意[5]是一病,危人自安是一病,陰陽嫉妬[6]是一病,激厲旁悖是一病,

　　多憎少愛是一病,評論是非[7]是一病,推負著人是一病,文拒鉤錫[8]是一病,

　　持人長短是一病,假人自信[9]是一病,施人望報是一病,無施責人是一病,

　　與人追悔是一病,好自怨諍是一病,罵詈蟲畜是一病,蠱道猒人是一病,

　　毁訾高才是一病,憎人勝己是一病,毒藥酖飲是一病,心不平等是一病,

　　以賢嘖嗃是一病,追念舊惡是一病,不受諫諭是一病,内踈外親是一病,

　　投書敗人是一病,談愚癡人是一病,煩苛輕躁是一病,擿捶無理是一病,

　　好自作正是一病,多疑少信是一病,笑顛狂人是一病,蹲踞無禮是一病,

　　醜言惡語是一病,輕易老少是一病,惡態[10]醜對是一病,了戾自用是一病,

　　好喜嗜笑是一病,喜禁固[11]人是一病,詭譎[12]諛諂是一病,嗜得懷詐是一病,

　　兩舌無信是一病,乘酒歌[13]横是一病,罵詈風雨是一病,惡言好

殺是一病，

教人墮胎是一病，干預人事是一病，孔穴窺視是一病，借不念還是一病，

負債逃竊是一病，背向異辭是一病，喜抵捍戾是一病，調戲必固是一病，

故迷誤人是一病，探巢破卵是一病，刳胎剖形是一病，水火敗傷是一病，

笑盲聾瘖是一病，教人嫁娶是一病，教人擿搥是一病，教人作惡是一病，

含禍離愛是一病，唱禍道非是一病，見便欲得是一病，強奪人物是一病。

老君曰：能念除此百病，則無災累，痛疾自愈，濟度苦厄，子孫蒙祐矣[14]！

崇百藥

老君曰：古之聖人，其於善也，無小而不得；其於惡也，無微而不改。而能行之，可謂餌藥焉！所謂百藥者：

體弱性柔是一藥，行寬心和是一藥，動靜有禮是一藥，起居有度是一藥，

近德遠色是一藥，除去欲心是一藥，推分引義是一藥，不取非分是一藥，

雖憎猶愛[15]是一藥，好相申[16]用是一藥，為人願福是一藥，救禍濟難是一藥，

教化愚蔽是一藥，諫正邪亂是一藥，戒勅童蒙是一藥，開導迷誤是一藥，

扶接老弱是一藥，以力助人是一藥，與窮邺寡是一藥，矜貧救厄[17]是一藥，

位高下士是一藥，語言謙遜是一藥，恭敬卑微是一藥，不負宿債是一藥，

愍慰篤信是一藥，質言端愨[18]是一藥，推直引曲是一藥，不爭是非是一藥，

逢侵不鄙是一藥，受辱不怨是一藥，推善隱惡是一藥，推好取醜是一藥，

推多取少是一藥，稱歎賢良是一藥，見賢自省是一藥，不自彰顯是一藥，

推功引苦是一藥，不自伐善是一藥，不掩人功是一藥，勞苦不恨是一藥，

懷實信厚是一藥，覆蔽陰惡是一藥，富有假乞是一藥，崇進勝己是一藥，

安貧不怨是一藥，不自尊大是一藥，好成人功是一藥，不好陰私是一藥，

得失自觀是一藥，陰德樹恩是一藥，生不罵詈是一藥，不評論人是一藥，

好言善語是一藥，災病自咎是一藥，苦不假推是一藥，施不望報是一藥，

不罵畜生是一藥，爲人祝願是一藥，心平意等[19]是一藥，心靜意定是一藥，

不念舊惡是一藥，匡邪弼惡是一藥，聽諫受化是一藥，不干預人是一藥，

忿怒自制是一藥，解散思慮是一藥，尊奉老者是一藥，閉門恭肅是一藥，

內修孝悌是一藥，蔽惡揚善是一藥，清廉守分是一藥，好飲食人是一藥，

助人執忠[20]是一藥，救日月蝕是一藥，遠嫌避疑是一藥，恬憺寬舒是一藥，

尊奉聖文是一藥，思神念道是一藥，宣揚聖化是一藥，立功不倦是一藥，

尊天敬地是一藥，拜謁三光是一藥，恬惔無欲是一藥，仁順[21]謙讓是一藥，

好生惡殺是一藥，不多聚財是一藥，不犯禁忌是一藥，廉潔忠[22]信是一藥，

不多貪財是一藥，不燒山木是一藥，空車助載是一藥，直諫忠信是一藥，

喜人有德是一藥，赴[23]與窮乏是一藥，代老負擔是一藥，除情去愛是一藥，

慈心愍念是一藥，好稱人善是一藥，因富而[24]施是一藥，因貴爲惠是一藥。

老君曰："此爲百藥也。人有疾病，皆有過惡，陰掩不見，故應以疾病，因緣飲食風寒溫氣而起。由其人犯違於神，致魂逝魄喪，不在形中，體肌空虛，精炁不守，故風寒惡炁得中之。是以聖人雖處幽闇，不敢爲非；雖居榮禄，不敢爲利。度形而衣，量分而食。雖富且貴，不敢恣欲；雖貧且賤，不敢犯非。是以外無殘暴，内無疾痛，可不慎之焉！"

初真十戒[25]

天真言：出家超俗，皆宿有良契，故能獨拔常倫。若慎終如始，精至修練，當福延七祖，慶流一門。所謂九層之臺，起於累土；千里之行，始於足下。乃至功成德就，白日昇天。於是乎開度之時，宜受初真之戒。其戒有十，爾當受之。

第一戒者，不得陰賊潛謀，害物利己，當行陰德，廣濟羣生。

第二戒者，不得殺害含生，以充滋味，當行慈惠，以及昆蟲。

第三戒者，不得淫邪敗真，穢慢靈炁，當守貞操，使無缺犯。

第四戒者，不得敗人成功，離人骨肉，當以道助物，令九族雍和。

第五戒者，不得讒毀賢良，露才揚己，當稱人之美善，不自伐其功能。

第六戒者，不得飲酒過差，食肉違禁，當調和氣性，專務清虛。

第七戒者，不得貪求無猒，積財不散，當行節儉，惠邮貧窮。

第八戒者，不得交遊非賢，居處穢雜，當慕勝己，棲集清虛。

第九戒者，不得不忠不孝，不仁不信，當盡節君親，推誠萬物。

第十戒者，不得輕忽言笑，舉動非真，當持重寡詞，以道德爲務。

能保此十戒，始終無虧，則天道祐之，神明輔之，欲求兇橫，不可得也。若朝爲夕替，泄慢正真，自貽其殃，無怨咎於高靈也。凡初入道之子，可不勗之！

清　戒

《太玄部》卷第八《老君傳授經戒儀注訣》[26]云："凡受戒及經畢，後月晦日半夜不可不齋。齋則清戒。清戒竟夜，誦之百遍千遍，限外無數，未堪如此者，不可減九遍。他日齋靜行來出入得誦，更不必齋。時宜諮師訪友，思而行之，不須高聲，心口相知。在人衆中，勿發於口，審能感通上聖。"

《正一法文》下卷云："凡爲道民，便受護身符及三戒，進受五戒八戒，然後受籙。從前未受戒者，受籙之後，依次受之，誦習通利，恒存思行持，憶不謬忘，則不犯科。未受籙之時，無所呼召。受籙已後，動靜呼神。不行戒者，呼之不至。破戒之人，吏兵遠身，還上天曹。考官便逮，致諸疴疾，公私災橫，轗軻衰否，所作不成。成功立德，捨闇入明，施善禳惡，以吉除凶，要在行戒，神即祐之。戒有別文，精詳修習。或有不解，或有遺忘，或有謬誤，或冒禁故，或尊上逼迫，或畏死犯之，皆是招愆[27]，悉名破戒，即應懺悔，首謝自新也。凡違戒者，背負鞠言，恊道信邪，雜事佛俗，此爲不專，中心懷貳，愚迷猶豫，惑障纏深。師三誨之，必能改革，守一不廻，召神有効。三誨不悛，是爲叛道。乖逆師尊，法應奪錄。入佛奉俗，及元所事，師慈愍之，不追咎責。怨懟事他，棄本逐末，雖名奉道，實犯正科，諸官不得容受。積久知悔，更立功乞還，許依聽昇遷矣！"

太玄都中宮女青律戒

凡修上清之法，不得北向及本命之上二處便溺，觸忤玉晨，穢慢本真。五犯不得入仙也，十[28]犯被考左官，死入地獄三塗之中，萬劫還生不人之道。

凡上學之士，受《三天正法》《四明之科》，佩帶真文，出入三光，及眠坐[29]臥息，不得露頭不著巾帽，及脫衣露形，毀慢身神，恥辱真文，令真靈遠逝，空尸獨在。三犯不得入仙也，五犯死入地獄，萬劫還生不人之道。

凡上學之士，受《三天正法》《四極明科》，不得[30]妄入殗穢，哭泣悲淚，吊問死喪。五犯伐功斷事，不得入仙也。十犯死入地獄，萬劫還生不人之道。

太上黃素四十四方經戒

凡道士存思上法及修學太一事，皆禁見死尸血穢之物。當以真硃一銖散入水中，因以洗目漱口并洗手足，微呪曰："三元上道，太一護形。司命公子，五神黃寧。血尸散滅，凶穢沉零。七液纏注，五藏華生。令我仙度，長亨利貞。"

凡道士受學長生法，不得稱死事。稱死事者，則生氣變動，不居常宅，故炁運入，魂神離棄[31]。是以惡炁遊尸陳其間孔矣，持病將死之漸也。

《真一條檢經》云："夫立功德者不得觸禁犯忌，當與身神相和，不可更相尅賊。更相尅賊，則生災起禍也。夫消災散禍，不得用本命行年，如用本命行年，賊害汝身。"

金書仙誌戒

　　夫學仙之人，勿北向便曲，仰視三光；勿北向理髮，解脫衣裳；勿北向唾罵，犯破毀王，破謂歲下辰也，王謂王炁之所在也。勿怒見日月星辰，勿以八節日行威刑，勿以月朔日怒恚，勿以三月三日食百草心，勿以四月八日殺草伐樹，勿以五月五日見血物，勿以六月六日起土，勿以七月七日思存惡事，勿以八月四日市履屐附足之物，勿以九月九日起牀蓆，勿以十月五日罰責人也，勿以十一月十一日不沐浴，勿以十二月三日不齋燒香念仙也。諸如此忌，天人大禁，三官告察，以是爲重罪矣！或令人三魂七魄流競，或胎神所憎，三官受惡之時也。是以惡夢交於丹心，妖魅乘其朱闕，精液觸犯，神真煩惱，流變多禁，莫識其術。子能奉修，則爲仙才；不奉天禁，則爲傷敗。

　　受法之身，不入產婦之戶及不見尸者，謂異處斷隔於來往，則乃朝禮無廢，不拘日數之限。若家無隔異者，四十五日外，方得朝禮。

　　《正一法文》下卷云："恊道信邪，此爲不專。中心懷貳，愚迷猶豫，是爲叛道。乖逆師尊，法應奪筭[32]。"

　　《太上黃素四十四方經》云："凡修太一之事及行上法存神之道，慎不可見尸及血穢之物。見一尸則一年不得行事，又却傾一年之功。然此帝一之科，常却罰於既往，又進塞於將來。若一年三見尸者，則罰功斷事各三年也。若過[33]見二十四尸者，皆不得復行太一以求仙也。"

　　凡修受上法及雌一、太一之事者，兆身中三魂五神之炁，常薰於巾服之中。七魄九靈餘精，常棲於履屐之下。是以道士學長生不死[34]，不得雜席而寢。故衣褐之服，不借非己之炁；履屐之物，常惡土穢之薰[35]。亦不欲[36]使雜人犯觸[37]，以驚三魂。

　　凡道士吐納和炁，存神服霞，修求長生之事，慎不可食五葷之菜，及爲酒色之病敗也。是故古之神人云："五韋爲伐藏之斧斤，酒色爲喪身之棺槨。"夫能斷斧斤之所傷，塞棺槨之死宅者，然後可以陟長生之途徑，漸神仙之蹊路乎！

凡存修太一之事，欲有所禮願，慎不可叩頭。叩頭者，則傾九天，動千真，神官廻覆，泥丸倒懸，天帝號於上府，太一泣於中田。數如此者，則存念無益，三真棄宮，七神漂散，玄宅納凶，是爲太一五神之至忌也。故古之真人，但心存叩頭，運精感而行事，不因頰顙以祈靈也。凡修行太一之事，真人之道，不得有所禮拜。禮拜亦帝君五神之所忌也。若有所精思，行禮願之時，但心拜而已，不形屈也。

上清大洞戒

凡修雌一之法，不得哀哭。哀哭感則五神號於上府，太一泣於中田，神喪精亡，靈真去身，空尸獨立，復何仙冀哉！不得見尸，見一尸則〔38〕一年不得行事，却傾一年之功。若一年見三尸者，則三年不得行事，亦却三年之功。見二十四尸，子失道矣！前文太素，亦與此大同小異矣！亦不得言稱死事、恚怒、願己之死，言滿四十，不得爲真人，以爲棄生之罪，三年身亡滅矣。不得衣五色衣裳，敷華好服，則真靈去身，淫邪內發，馳心猖獗潛逸，赤子飛颺，長離玄宮，破形解骸，身死名滅。若衣服勿雜色，蘭布之服，可以終日，詠誦洞章，奚求不得？乘雲駕龍，逍遙太極。

靈寶戒

《真仙內科》云：玄功之人，常布衣草履，不得榮華之服，犯者失道。祖父母、己父母同法可拜，不同法不得拜，叔伯以下，不同法亦不得拜，犯者身亡。父母吉會，不得預坐。父母兄弟妻子同契，雖有骨血之親，皆不得同牀而坐，同盤而食。其法不同，皆爲尸穢，犯者失道。

夫妻不得同室而寢，若邪念在心，長失道矣。自非同盟，不得同室而寢；自非同契，不得同牀而坐，同盤而食，同衣而服，犯者失道。

凡身荷仙官靈籙，不得妄拜妄哀，不得妄哭。凡於父母國君官長二千石刺史三公皆設敬，不得即誤禮拜。

受持八戒齋文

劉宋朝陸先生脩靜上啓：

元始天尊無極大道感應靈聖一切神明：今有善男子善女人等，求欲受持《八戒》，清齋一日一夜，用以檢御身心，滅諸三業罪惱者。故《洞神經》第十二云："夫齋以齊整身心爲急。"身心齊整，保無亂敗，起發多端，大略有八：

一者，不得殺生以自活。
二者，不得婬慾以爲悅。
三者，不得盜他物以自供給。
四者，不得妄語以爲能。
五者，不得醉酒以恣意。
六者，不得雜臥高廣大牀。
七者，不得普習香油以爲華飾[39]。
八者，不得躭著歌舞以作倡伎[40]。

今日善男子善女人等人，若能不犯此之八事，則八敗無從以起，則八成自然而立。立久不失，則延年保命，神通洞達。是故齋者受持《八戒》，思真行道，通而無窮，顯驗必速，皆如所期也。今請受既畢，再拜起，奉戒而退。

【校記】

〔1〕"故摘出其要，使知其所生焉，乃百病者也"，《要修科儀戒律鈔》卷五作"故摘出一百病，使知其所坐也。百病者"。

〔2〕"侮易孤弱",上書"侮"作"傷",《玄都律文·百病律》"弱"作"寡"。

〔3〕"自憎",上二書分別作"迫協""逼勒"。

〔4〕"名人有非",上二書分別作"泯人有功""謗有功人"。

〔5〕"好自掩意",上二書分別作"好自唵噫""好掩戲人"。

〔6〕"陰陽嫉妬",上二書分別作"陰懷嫉害""陰惡自害"。

〔7〕"是非",上二書分別作"非義""誹議"。

〔8〕"文拒鉤錫",《要修科儀戒律鈔》卷五作"乂拒鉤鉅"。

〔9〕"假人自信",上書作"假自祝誓"。

〔10〕"態",上書及《玄都律文·百病律》均作"能"。

〔11〕"固",上二書作"錮"。

〔12〕"詭譎",上二書分別作"鬼魅""鬼黠"。

〔13〕"歌",上二書分別作"縱""險"。

〔14〕"痛疾自愈,濟度苦厄,子孫蒙祐矣",《要修科儀戒律鈔》卷五作"即爲百藥矣",《玄都律文·百病律》作"長生度世,子孫蒙祚矣"。

〔15〕"雖憎猶愛",《要修科儀戒律鈔》卷五作"心離憎愛"。

〔16〕"申",上書作"中",《玄都律文·百藥律》作"引"。

〔17〕"救厄",《要修科儀戒律鈔》卷五作"傷厄",《玄都律文·百藥律》作"傷危"。

〔18〕"質言端愨",上二書分別作"質直端嚴""質徑端正"。

〔19〕"等"原作"寺",據上二書改。

〔20〕"執忠",上二書分別作"報忠""執力"。

〔21〕"順",上二書分別作"慎""恕"。

〔22〕"忠",上二書均作"貞"。

〔23〕"赴",上二書分別作"救""惠"。

〔24〕"而",上二書作"布"。

〔25〕"初真十戒",《道藏輯要》本、《四部叢刊》本無。《道藏》本收錄作"虛皇天尊初真十戒文",除第九戒、第一戒互易外,餘並同。

〔26〕《三洞珠囊》卷九《老子爲帝師品》引"玄"作"平","君"作"子"。

〔27〕"愆",《道藏輯要》本、《四部叢刊》本作"衍"。

〔28〕"十"原作"士",據《太真玉帝四極明科經》卷五改。

〔29〕"眠坐"原作"宜",據上書改。

〔30〕"不得"二字原無,據上書增。

〔31〕以上十二字,《太上黄素四十四方經》作"不居於帝,故死炁運入,生神離棄"。"帝"疑作"常",形近而譌。

〔32〕"筭",本卷《清戒》引《正一法文》下卷作"籙"。又"邪"字後,此處略"雜事佛俗"四字,"豫"字後略二十四字。

〔33〕"過",《太上黄素四十四方經》作"遇"。

〔34〕"長生不死",上書作"生"。

〔35〕"薰"原作"糞",據上書改。

〔36〕"欲"原作"故",據上書改。

〔37〕"觸"後,上書有"諸物"二字。

〔38〕"見一尸則"四字原無,據本卷《金書仙誌戒》所引《太上黄素四十四方經》增。

〔39〕"普習香油以爲華飾",《三洞衆戒文·八敗文》作"競翫香油華飾"。

〔40〕"以作倡伎",上書作"作唱"。

雲笈七籤卷之四十一

七籤雜法

沐　浴

《太上素靈經》云："太上曰：'兆之爲道，存思《大洞真經》，每先自清齋，沐浴蘭湯。'"

《太上靈寶無量度人上品妙經》云："道言：'行道之日，皆當香湯沐浴。'"

《黃籙簡文經》云："奉經威儀，登齋誦經，當沐浴以精進。若神氣不清，則魂爽奔落。"

《紫虛元君內傳》云："夫建志內學，養神求仙者，常當數沐浴，以致靈氣，玉女降祥。不沐浴者，故氣前來，三宮穢汙。"

《仙公請問經》云："經洿不以香水洗沐，則魂魄奔落，爲他鬼所拘錄。"

《三元品戒》曰："常以正月十五日七月十五日十月十五日平旦、正中、夜半[1]沐浴東向，以朾廻香湯左轉三十二遍，閉目思日光在左目上，月光在右目上，五星纏絡頭上，五雲[2]蓋體，四靈侍衛訖，便叩齒三十二通，祝曰：'天澄氣清，五色高明。日月吐暉，灌我身形。神津內澳[3]，香湯鍊形[4]。光景洞曜，煥映上清。氣不受塵，五府納靈。罪滅三塗，禍消九冥。惡根斷絕，福慶自生。今日大願，一切告盟，身受開度，升入帝庭。'畢，仰咽液三十二通止，便洗沐。畢，冠帶衣服，又叩齒十二通，祝曰：'五濁以清，八景以明。今日受鍊，罪滅福生。長與五帝，齊糸上靈。'祝畢，便出户入室，依法行道。"夫每經一淹，皆須沐浴，修真致靈，特宜清淨。不則多病，侍經真官計人罪過。沐浴香湯用竹葉、桃枝、栢葉、蘭香等分内水中，煑十數沸，布囊濾之去滓，加五香用之最精。

《太丹隱書洞真玄經》云："五香沐浴者，青木香也。青木華葉五節，五五相結。故[5]辟惡氣，檢魂魄，制鬼烟，致靈跡。以其有五五之節，所以爲益於人耶！此香多生滄浪之東，故東方之神人名之爲青木之香焉。"又云："燒青木薰陸安息膠於寢室頭首之際者，以開通五濁之臭，絶止魔邪之炁，直上衝天四十里。此香之煙也，破濁臭之炁，開邪穢之霧，故天人玉女太一帝皇，隨香炁而來下，憇子之面目間焉！燒香夜特[6]亦常存而爲之。"

《黄氣陽精三道順行經》云："上學之士，服《日月皇華金精飛根黄氣之道》，當以立春之日清朝，煑白芷桃皮青木香三種，東向沐浴。"

《西王母寶神起居玉經》云："數澡浴，要至甲子當沐浴，不爾，當以幾音羈月日旦，使人通靈。浴不患數，患人不能耳！蕩練尸毳，而真氣來入。"

又云：《太上九變十化易新經》曰："若履淹穢及諸不淨處，當洗澡浴盥[7]解形以除之。其法用竹葉十兩、桃皮削取白四兩，以清水一斛二斗於釜中煑之，令一沸[8]出，適寒温以浴形，即萬淹消除也。既以除淹，又辟濕痺瘡癢之疾。且竹虚素而内白，桃即却邪而折穢，故用此二物以消形中之滓濁也。天人下遊既返，未嘗不用此水以自蕩也。至於世間符水祝漱外舍之近術，皆莫比於此方也。若浴者益[9]佳，但不用此水以沐耳。"

《三皇經》云："凡齋戒沐浴，皆當盥汰五香湯。五香湯法：用蘭香一觔、荆花一觔、零陵香一觔、青木香一觔、白檀一觔，凡五物切之，以水二斛五斗煑取一斛二斗，以自洗浴也。此湯辟惡，除不祥炁，降神靈用之以沐，并治頭風。"

《太上七晨素經》云："每以月一日十五日二十三日，一月三取三川之水一斛，一經云：三川水取三江口水。一經云：取三井水亦佳。雞舌、青木香、零陵香、薰陸香、沉香五種各一兩，擣内水中煑之水沸，便出盛器之中，安著床上，書《通明符》著中以浴。未解衣，先東向叩齒二十四通，思頭上有七星華蓋紫雲覆滿一室，神童散香在左，玉女執巾在右。畢，取水含仰漱左右三通，祝曰：'三光朗照，五神澄清。天無浮翳，地無飛塵。沐浴東井，受胎返形。三練九戒，内外齊精。玉女執巾，玉童散靈。體香骨芳，上造玉庭。長保元吉，天地俱并。'畢，脱衣東向，先漱口三過，次洗手面，然後而浴也。浴畢，轉西向陰祝曰：'浣濁除塵，洗穢返新，改易故胎，永受太真。'事訖，取符沉著井中。天帝君沐浴上法，受之元始天王，按法修行，體香骨芳，得爲帝皇。傳付天帝君修行，得流精紫光覆冠帝身。天帝君傳南極上元君，上元君修行，得流芳上徹，香聞三清。傳付太微天帝君修行，五方自生神芝，來會帝房。傳付上聖金闕君，金闕君修行，面生玉澤，體發奇光。傳付上相青童君，青童君修行，香充三清，光映十方。此之妙道，非世所行，祕在南極紫房之内，有分應仙，當得此經。按文修行，三元紫房，體生玉澤，面發奇光。神聰奇朗，究徹無窮。能行其道，白日登晨。"

《外國放品經》云："沐浴金門，冠帶神輝，學同天人，壽極二儀。高上合懽，萬仙總歸，玉[10]虛結符，永無傾危。"

沐浴七事獲七福

《沐浴身心經》云："沐浴内淨者，虚心無垢；外淨者，身垢盡除。存念真一，離諸色染，證入無爲，進品聖階，諸天紀善，調湯之人，功德無量。"天真皇人復白："天尊，未審五種香湯獲七福，因何者爲是？何所修行？有何勝業？願更開曉。"天尊答曰："五香者：一者白芷，能去三尸；二者桃皮，能辟邪氣；三者柏葉，能降真仙；四者零陵，能集靈聖；五者青木香，能消穢召真。此之五香，有斯五德。七福因者：一者上善水，二者火薪，三者香藥，四者浴衣，五者澡豆，六者淨巾，七者蜜湯。此七福因能成七果：一者常生中國，爲男子身；二者身相具足；三者身體光明，眼瞳徹視；四者髭髮紺青，圓光映項；五者脣朱口香，四十二齒；六者兩手過膝；七者心聰意慧，通了三洞經法。"

沐浴吉日

正月十日沐浴，令人齒堅。

二月八日沐浴，令人輕健。

三月六日沐浴，令人無厄。

四月四日沐浴，令人無訟。

五月一日沐浴，令人身光。

六月二十七日沐浴，令人輕健。

七月二十五日沐浴，令人進道。

八月二十二日沐浴，令人無非禍。

九月二十日沐浴，令人辟兵。

十月十八日沐浴，令人長壽。

十一月十五日沐浴，令人不憂畏。

十二月十三日沐浴，得玉女侍房[11]。

《洞玄真一五稱符上經》云：黄帝曰："天老以小兆未知天炁，故授[12]兆《靈寶五稱符經》，按《東井識》清潔吉日，沐浴齋淨，受《靈寶符》。"

正月十日人定時，

二月八日黄昏時，

三月六日日入時，

四月四日日昳時，

五月一日日中時，二十九日巳時，

六月二十七日食時，

七月二十五日早食時，

八月二十二日日出時，

九月二十日雞三鳴時，

十月十八日雞初鳴時，

十一月十五日過夜半時，

十二月十三日夜半時，此皆當天炁月宿東井時，與神仙合會，此日蘭湯沐浴，神降[13]已也。

《老君河圖修身戒》云：

正月十日人定時沐浴，除過無極；

二月八日黃昏時沐浴，除過二千；

三月六日日入時沐浴，除過三百；

四月十三日夜半時沐浴，除過二十；

五月一日日昳時沐浴，除過二十；

六月二十七日日中時沐浴，除過六百六十；

七月七日日中時沐浴，除過七百三十；

八月二十五日人定時沐浴，除過七十；

九月二十日日出時沐浴，除過九百六十；

十月二十八日平旦時沐浴，頭白返黑，壽同仙人，除過無極；

十一月四日雞鳴時沐浴，除過二十三；

十二月三十日夜半時沐浴，除過三千[14]。

《洞玄二十四生圖經》云："天河灌東井，石景水母精。圓光拂靈曜，玄暉瑩高明。元始披重夜，天人逐月生。沐浴瀾池上，龍負長綆[15]瓶。金童灑香華，玉女流五星。冠帶濯玉津，鍊度五仙形。體香萬神降，乘景登高清[16]。"

《洞真太上黃素四十四方經》云："凡存念上道呪除三尸之時，常當採取白芷草根及青木香，合以東流水，烹取其汁以沐浴於身，辟諸血尸惡炁。可和香燒之，以致神明。若無青木香者，亦可單用白芷。"

清虚真人曰："每至甲子，必當沐浴。"

紫微夫人曰："沐浴不欲數者，魄之性也。性違魄返是，鍊其濁穢，魄自亡矣。"

《真誥》云："南嶽夫人曰：'浴不厭數，患人不能耳。數則盪鍊尸臭，而真炁來入。'"

《金房度命上經》云："修度命廻年之道，每以六癸之日，取北泉之水一斛，就本命日取白芷、桃皮、栢葉各一觔，合煑令沸，正中而浴。臨浴之時，向本命叩齒九通，思玉童三人執巾在左，玉女二人擎香在右，紫雲華蓋，覆列[17]前後，微祝曰：'天地洞清，洗穢除塵。鍊化九道，返形太真。百關納靈，節節受新。清虛監映，內外敷陳。日吉時良，度命廻年。玉童玉女，爲我執巾。玄雲[18]紫蓋，冠帶我身。使我長生，天地同根。'畢便浴，浴訖，還入室東首而臥，取粉自飾，通身令币，仍摩兩掌令熱，拭面二七，又微祝曰：'天朗炁清，我身已精。塵穢消除，九孔受靈。使我變易，還返童形。'引炁三十六咽，都止。行此之道三年，故形皮膚悉脱，華[19]骨更生，體映玉光，面發金容。"

《洞神經》第十二云："上元齋者，用雲水三斛，青木香四兩，真檀七兩，玄參二兩，四種合煑一沸，清澄適寒溫，先沐後浴。此難辦者，用桃皮、竹葉剉之，水一二斛隨多少，煑一沸，令有香氣，人人作浴，內外同用之，辟惡除不祥。沐浴室令香淨，勿近圊溷，勿逼井竈，勿侵堂壇，勿用穢地，故厠牢獄，尸柩堂居，皆不可用。"

櫛沐浴

道書云："凡道士理髮將髻及沐頭將散髮之時，先叩齒七通，乃祝曰：'太帝散華，玄歸大神。今日元吉，理髮沐塵。辟惡除患，長生神仙。'畢，乃髻之。竟，又叩齒七通，都畢，此名爲《太帝散華理髮內法》。令人終年不病，耳目聰明，頭腦不痛。"

"凡道士浴身及洗手面之時，先臨水叩齒三通，乃祝曰：'四大開朗[20]，天地爲常。玄水澡穢，辟除不祥。雙童[21]守門，七靈安房。雲津鍊灌，萬炁混康。内外利貞，保兹黄裳。'祝畢，又叩齒三通，乃洗手面，此名爲《澡穢除凶七房祝法》。常能行之者，使人神明血淨，辟諸凶氣。"

解穢 并叙

夫神氣清虚，真靈所守。身心混濁，邪氣害人。入靖思真，要須清潔[22]。不履衆惡，吉祥止焉。道士女官受法已後，特忌淹穢。諸不宜者，不在履限。

《玄都律》曰："民家淹洿，不過晦朔，不得入治，哭亦三日穢。三年之喪，未滿百日，並不得書符奏章，朝真入靖[23]，違者奪筭一紀。"

太極法師曰："道士女官先無淹穢，哭亦不淹，唯須佩籙著[24]身。或被縣官繫閉出後，香湯沐浴解淹穢，三日已後，始得入靖。夫淹忌臨屍、入産婦室及喪家，齋食産家三日并滿月，及見喪車靈堂六畜生産，抱嬰兒胎穢哭泣，不得言死亡事及不祥事，午前忌之，不得見血肉死禽獸。寝卧櫛髮飲食便曲，並不得向北。便曲不得視三光，餐十二辰肉魚臊五辛並忌。若婦人有經通不得近，亦不得與同房寢卧，并造醮食及近道場。如夢洩亦須解穢。若見死柩[25]喪車，速存火從自己心中直出往燒之[26]赫然，死柩喪車並爲灰燼，便想烈風吹之。又閉目内視，令火自焚舉體潔白，見穢氣消滅即解矣。又存一真人[27]頭戴籙中九鳳真冠[28]，口中含水噴洒，穢亦消解。乃朱書《解穢符》，符在本經。書時三叩齒，稱合明天帝日，閉氣書之置水中，以刀子左攪水三市，想見北斗星在水中，祝曰：'百淹之鬼，速走萬里，不走斬死。西方白童子急急如律令！'則含水噴洒，穢氣都散。歲除日不浴，元日不沐，尋常五日一浴，十日一沐。"皆用桃竹。

朝　　禮

　　《朝真儀》云："每月一日、十五日、三元日、庚申、甲寅、甲子、八節、三會、本命等日，並須朝禮。若與戊辰、戊戌、天父、天母、殺害、日常、日殺同者，即不可爲之。凡朝禮先一日，以桃湯澡浴如法，在《解穢篇》中。並不得食葱、薤、韭、蒜、乳酪等。至其日更潔衣服，執香鑪至靖户外，叩齒三通，微祝曰：'守靖玉女，四明功曹，今欲朝禮，願通達上聞。'便開門，先進左足，至香案前，置鑪案上，執簡平立，臨目叩齒三通，存思玉童玉女在香案左右，即長跪三捻香訖，起平立，又微僂身發鑪，祝曰：'太上玄元五靈老君，當召功曹使者、左右龍虎君、捧香使者、三氣正神，急上關啓三天太上玄元道君，臣今正爾燒香朝真，願得九天正真生氣，降臣身中，令臣所啓，速達逕御太清紫微宫真玄元大道君几[29]前。'畢起，存心若至金闕前，再拜訖，又長跪叩齒二十四通，祝曰：'正一盟威弟子某甲稽首，歸身歸神歸命太清玄元無極大道太上老君太上丈人天帝君天帝丈人九老仙都君九炁丈人百千萬重道炁、千二百官君、太清玉陛下，臣幸資夙慶，得奉道真，竊不自揆，輒希長生。誓已立功修德，乞願赦臣積生已來至于今日所犯元惡重罪，咸賜蕩除，許臣自新，補復前咎。令九祖父母幽魂苦爽，皆下拔九幽，上昇天衢。令臣修道，克合誠精[30]，削除死籍，注上玄籙。闔門之内，共保元吉，生成之惠，實在於此。臣某叩頭便以簡即叩頭。謹啓。'若更有佗事，任隨意言之，但不得繁矣。訖，又再拜，便於禮處伏地，以簡叩頭搏頰。訖，復鑪祝曰：'香官使者、左右龍虎君、捧香使者、三氣正神，當令朝真之所，自然降金丹玉芝之英，百靈衆真，交會在此香火案前。令臣修道，克合至真，闔門受福，天下蒙恩，仙童玉女，侍衛香煙，傳奏所啓，逕御至真帝前。'燒香時勿反顧，顧則忤真氣，致裒[31]應。又勿囂喧，使至平明須了矣。"

太素真人隱朝禮願上仙法

受《大洞上訣》，施行《雌一》，讀《太丹隱玄五[32]晨金華經》者，常月[33]密朝太素三元君。以正月十日、二月九日、三月八日、四月七日、五月六日、六月五日、七月四日、八月三日、九月二日、十月十一日、十一月十二日、十二月十三日夜，於寢靜之室，燒香北向，心存三君[34]，再拜訖，坐卧任意，稽首心祝曰："謹啓太上大道高虛玉晨太素紫宮三元帝君中央黃老無英白元玉皇大帝五老高真太極皇精玄皇玉君，某是大洞三景弟子，謹以吉日之夜，天關九開之間，上聞太上太素三元[35]玉皇真君前，乞得長生世上，壽無億年。時乘黃晨緑蓋龍轅，上詣紫庭，役使萬神，侍衛四明，太素帝君。"畢，常當行之，勿令人知也。此《太極真人隱朝三元夜禮願之道》也。昔常安季仲子不知他道，又亦不施行太丹之事、三元之法，唯偶得此《隱朝之道》，按行之三十年，得乘雲駕欻，昇入玄洲。仙人王履冰趙雙成范叔友管平阿李明[36]延安生之輩，皆得此道，而昇崐崘之房，或在神洲，或在三玄宮也。

朝　　極

旨曰：月用一日。一年有四日不同常步日及上生日，不同者及同者並依常法竟，各依時王朝。若甲子日、八節日與四時同者，亦止一步而爲二朝，以王星爲始。若欲各步各朝，以午時朝極，子時朝中元。旨曰：春。正月一日、二月二十日、三月二十七日。旨曰：步綱畢，正身入斗魁中，東向視歲星象在肝中。步畢，仍於弼上左廻身，左足先下，入魁中對天樞下陰精弼星之間，東向右足併立，閉氣臨目，存歲星精象圓如珠，青光照洞，從天來下，飛入我口。小開口受而吞之，逕在肝中，內外合映，良久乃通氣開目。餘星皆做此，各依本色及所生之藏。旨曰：再拜。好安處兩足拜跪，勿令犯諸星綱。跪長極並當以膝綱上，不爾不得也。旨曰：心祝曰："太歲元神，木公九元[37]。陽華玄氣[38]，盡來入身。"旨曰：祝畢，叩齒九通。畢，起左廻，登天樞而出。若值六甲日，仍左行步三台。非六甲日，左行詣五星綱口。餘四朝做此。

旨曰：夏。四月八日、五月六日，六月十八日。旨曰：正身入斗魁中，南向視熒惑星象在心中，再拜跪心祝曰："南上元神，火陽四光。仲離丹水，來入丹房。"旨曰：祝畢，叩齒九通。

畢，起出。旨曰：秋。七月七日、八月二十日、九月九日。旨曰：正身入斗魁中，西向視太白星象在肺中，再拜跪心祝曰："西上太玄，金精七通〔39〕。玉元二帝，氣廻胎腦。"旨曰：祝畢，叩齒九通。

畢，起出。旨曰：冬，十月五日、十一月三日、十二月六日。旨曰：正身入斗魁中，北向視辰星象在腎中，十月、十一月在左腎，十二月在右賢。再拜跪心祝曰："北玄紫辰，金車水元。龍胎化靈，來入一身。"旨曰：祝畢，叩齒九通。

畢，起出。甲子日、八節日，正身入斗魁中弼星，後入陰精弼星中間，對向真人星，令得拜跪。旨曰：向真人星存鎮星象在脾中，再拜跪心祝曰："太極九真，流康陰根。飛一却蓋，來入泥丸。"旨曰：祝畢，叩齒九通。畢，起出。若值六甲日，即步三台。非六甲日，乃便步五星。行之十四年，七星之精下化成神人，並乘流零八景丹玄斑雲，俱來詣子，拜子仙官，授子真符，道成皆登上清，昇太微宮。注云：五嶽君、四極真人、太極真人各有獻送，具在經文。

朝玉晨君

正月四日　二月八日　三月十五日　四月八日　五月九日　六月六日　七月七日　八月八日　九月九日　十月五日　十一月三日　十二月十二日

太上大道玉晨君常以此日中登玉霄琳房，四眄天下有志節遠遊之心者。子至其日平旦日出時，北向再拜。亦可於静中〔40〕出庭壇燒香，北望乃拜，雨雪於静室中。自陳本懷所願曰："冀土小兆男某謹上啓太上玉晨玄皇大道君：某以思真願仙，歸心奉朝，伏希昈鑒矜允。誠請原赦某歷劫之殃考，一生之罪咎，學道修身，克蒙感遂，長生度世，登侍霄房。"畢，嚥液三十過。伏席叩搏，使心形慊極，良久起，跪嚥液也。

朝青童君

東海青童君常以丁卯日，登方諸東華臺四望。子以此日，常可向日再拜，日出行之。至其日時，出於庭壇，施香案如法乃拜。若所居不早見日者，當視東方昕昕然即可爲之。其方諸山既在會稽東小近南，若夏月日出東北，乃不可每正向日出，要當向山所在爲之。值雨雪則於靜室中存而朝之。長跪曰："糞土小兆男生姓名謹上啓九微太真玉明青保王金闕上相大司命高晨師東海玉明青華小童道君：某以塵濁罪穢，願樂清虛。乞霑所望，仰蒙濟拔。所以幽明考讁，並希赦蕩。業預仙階，侍謁靈景。"因伏席叩搏，使心形慊極，又再拜。可因此以服日精。九月已後，正月已前，日出同在其方。非其月則拜畢轉身正對日，行諸服飛華水母奔日五帝等法，亦可正爾吸日精霞九嚥之。

隱朝胎元法

學生之法，不可泣淚及多唾泄，此皆爲損液漏津，使喉腦大竭。是以真人道士，常吐納嚥沫[41]，以和六液。常以本命之日，向其方面叩齒三通，心存再拜而微祝曰："太一鎮生，三炁合真。室胎上景，母玄父元。生我五藏，攝我精神。下灌玉液，上朝泥丸。夕鍊七魄，朝和三魂。右命玉華，左嘯金晨。令我神仙，役靈使神。常保利津[42]，飛行十天。"祝畢，又心拜四方，叩齒三通，此名爲《太上祝[43]生隱朝胎元之道》。常能行之，令人魂魄保守，長生[44]神仙。

朝禮九天魂魄帝君求仙上法

　　常以月三日、九日、十六日平旦，向日九拜九揖，亦可心拜，仰頭叩齒二十四通，微祝曰："天魂九纏，上帝尊神。太陽日精，金門變仙。小兆王甲，敢奏微言。今日上告，八願開陳。請施禮願，仰希玄恩。蒼龍朱鳳，策轡[45]紫軒。五雲交蔭，六炁扇塵。高上曲晨，三元降真。二景纏絡，我道欣欣。心朗耳聰，目明色鮮。體輕骨昇，面發華顏。羽服生形，飛造帝晨。"畢，仰天引日精四十五嚥止。行此三年，目明徹視，洞覩無窮，面有金容，體生玉津。九年能行，身外無影，飛空玄虛也。若天陰無日，於密室心存行之，亦感於自然也。

　　又以月五日、十五日、二十五日，此三日皆以人定時向月九拜九揖，亦可心拜，仰頭向月叩齒十六通，祝曰："魂精魄靈，九天同生。石景水母，太陰朗明。徘徊月宮，冶[46]鍊金庭。二景合原，上吉時清。八會交帶，我願克成。願光願容，願鮮願榮。願神願仙，飛行上清。"畢，仰引月精四十五嚥止。

　　魂精帝君即九天司命，部九天之魂精，下統後學筭命也。帝君鎮在日門金庭之內。魄靈帝君即九天丞相，主九天之魄靈，下統後學之錄籍也。鎮在月宮琳琅之都。

　　凡修上道，旦夕坐起臥息，常當存念日在頭上，月在口中，魂精帝君在泥丸，魄靈帝君在明堂。心存目想，常使彷彿，將其[47]踰年，真形見也，青白分也。九年能乘空飛行，上登晨燈之館，遊宴虹映之山也。

朝太素三元君

受行《先進洞房》之事者依此朝，若未修其道者，則不得爲之。

　　正月九日　二月八日　三月七日　四月六日　五月五日　六月四日　七月三日　八月二日　九月一日　十月十日　十一月十一日　十二

月十二日

　　夜用子時左右，於寢靜北向六再拜訖，起跪[48]，施香案具冠服再拜訖，更一拜，便長跪曰：謹啓太上大道高聖[49]玉晨太素紫宮八靈三元君[50]中央黃老君無英白元太帝[51]五老高真上仙[52]太極皇精三[53]皇玉君：大洞三景弟子某謹以吉日之夜，天關九開之間[54]，上聞太上玉皇真君，乞得長生世上，壽無億年，時乘黃晨綠蓋[55]龍輧，上詣紫庭，役使萬神，侍衛四明[56]。"畢，勿令人知。

　　太素三元君，女子也。德凝虛无，神高太上，教制天真，領理萬炁。三元君乃一女子耳。積感瓊琅，虛生霄晨，結煙散景，道陵玉真。夫三元君之出遊也，則日月傾曜，烈燭拔根，八風揚波，飈蕩幽源，連暉九萬，高霄儵晨，絳霞[57]鬱敷，黃雲九纏。於是五老啓途，太帝扶軒，西皇秉節，東華揚旛。九天為之顛徊，太無為之起煙。幽炁隱藹，八景連塵。顧眄羅於無上，俯仰周于百圓。大哉高皇！是曰太素三元君。夜在密室，常存三元君來在室中，心拜心語，如是不替，則所向如願，萬事克和，此為真人致神仙之要法也。

　　太素三元君服紫炁浮雲錦帔、九色龍錦羽裙，建寶琅扶晨羽冠，腰流金火鈴虎符龍書，而坐空中焉！膝下常有綠丹青三素之雲炁，鬱然冠其形也。太素三元君常詠曰："太無[58]連玉清，三曜洞高明。八素廻晨風[59]，散雲謁飛靈。圓輪擲崆峒，金映冠天精。玉華結五老，紫煙運霄軿。乘炁蕩玄房，委順扶所經。金姿曜九霞，玉質躍寒庭。幼[60]童廻孩眄，耆[61]艾還返嬰。帝一固泥丸，九真保黃寧。視眄萬劫外，齊此九天傾。"若存念之時，當諷此詠之作，云是玉清上宮之唱，以和於形魂之炁也。若存三元君者，首作頹雲三角髻，餘髮散垂至腰中，髻上乃冠扶晨冠耳。子存感致，若亦將見之於紫房及左右也。此者之間，當有太素玉女、三寶真人來降於子矣。欲行此道，常當別寢獨處，不雜他人。每事亦爾，非唯此一事而已。

【校记】

〔1〕"平旦正中夜半"原作"平旦中夜",據《太上大道三元品誡謝罪上法》及《無上祕要》卷五二《三元齋品》、《要修科儀戒律鈔》卷十二《殗穢緣》增。

〔2〕"五雲",上三書均作"五色之雲"。

〔3〕"澳",上三書作"盥"。

〔4〕"形",上三書作"精"。

〔5〕"故",《道藏》本《洞真太一帝君太丹隱書洞真玄經》作"故曰五香之草也"。

〔6〕"特",上書作"半時"。

〔7〕"洗澡浴盥",《洞真西王母寶神起居經》作"先澡浴與"。

〔8〕"令一沸",上書作"未及沸"。

〔9〕"益"原作"蓋",據上書及《真誥》卷九、《登真隱訣》卷中改。

〔10〕"玉"原作"正",據《上清外國放品青童内文》改。

〔11〕此下"洞玄真一五稱符上經云"一段,《道藏輯要》本、《四部叢刊》本無,但將其月日時分别合併於上段相應之月日中。

〔12〕"授"原作"受",據《太上無極大道自然真一五稱符上經》改。

〔13〕"神降"二字原無,據上書增。

〔14〕以上"老君河圖修身戒云"一段《道藏輯要》本、《四部叢刊》本無。

〔15〕"綆"原作"更",據《無上秘要》卷六六《沐浴品》改。

〔16〕"清",上書作"明"。

〔17〕"列"原作"到",據《洞真金房度命緑字迴年三華寶曜内真上經》改。

〔18〕"雲"原作"靈",據上書改。

〔19〕"炁三十六咽都止行此之道三年故形皮膚悉脱華"二十字原無,據上書增。

〔20〕"朗",《太上黃素四十四方經》作"玄"。

〔21〕"童"，上書作"皇"。

〔22〕"清潔"，《要修科儀戒律鈔》卷十二作"防患"。

〔23〕"書符奏章，朝真入靖"，上書及《玄都律文》均作"入治禮拜，表奏章書"。

〔24〕"著"原作"者"，據《要修科儀戒律鈔》卷十二改。

〔25〕"死柩"，本書卷四五《解穢湯方》作"屍及"。

〔26〕"之"後，上書有"令火"二字。

〔27〕"一真人"，上書作"正一真官朱衣"。

〔28〕"冠"原作"官"，據《道藏輯要》本、《四部叢刊》本改。

〔29〕"几"原作"凡"，據本書卷四五《朝真儀》第九改。

〔30〕"克合誠精"，上書作"久合至誠，請"。

〔31〕"衷"，《道藏輯要》本、《四部叢刊》本作"褻"。

〔32〕"五"，《洞真高上玉帝雌一玉檢五老寶經》作"玉"。疑形譌，宜作"玉"。

〔33〕"常月"，上書作"當月月"。

〔34〕"三君"，上書作"三元君"。

〔35〕"元"後，上書有"三素元君"。

〔36〕"李明"，上書作"李明賢"。

〔37〕"元"，《洞真上清太微帝君飛天綱步地紀金簡玉字上經》作"天"。

〔38〕"氣"，上書作"元"。

〔39〕"通"，上書作"道"。

〔40〕"靜中"原作"中靜"，據《真誥》卷九改。

〔41〕"嚥沫"，上書卷十作"咽味"。

〔42〕"津"，本書卷四五《本命日》作"貞"。

〔43〕"太上祝"原作"太山上呪"，據上書及《真誥》卷十改。

〔44〕"生"原作"年"，據本書卷四五《本命日》改。

〔45〕"轝"，《太上玉珮金璫太極金書上經》作"輿"。

〔46〕"冶"原作"治"，據上書改。

〔47〕"其"，上書作"无"。

〔48〕"起跪"，《真誥》卷十作"稽首跪曰"。，

〔49〕"聖"，《上清三元玉檢三元布經·三元隱朝內仙上法》及《洞真高上玉帝大洞雌一玉檢五老寶經·太素真人隱朝禮願上仙經法》作"虛"。

〔50〕"八靈三元君"，上二書作"三元帝君"。

〔51〕"太帝"，上二書作"玉皇大帝"。

〔52〕"五老高真上仙"，上二書作"五老高真"。

〔53〕"三"，上二書作"玄"。

〔54〕"間"原作"門"，據《真誥》卷九改。

〔55〕"綠蓋"二字原無，據上書增。

〔56〕"明"後，本卷《太素真人隱朝禮願上仙法》有"太素帝君"四字。

〔57〕"霞"原作"震"，據《洞真高上玉帝大洞雌一玉檢五老寶經》改。

〔58〕"無"，《上清三元玉檢三元布經》《上清僊府瓊林經》及《上清道寶經》卷二《天品》均作"元"。

〔59〕"八素廻晨風"，《洞真高上玉帝大洞雌一玉檢五老寶經》作"八景回神風"，《上清僊府瓊林經》作"八景廻晨風"。

〔60〕"幼"原作"幽"，據《洞真高上玉帝大洞雌一玉檢五老寶經》改。

〔61〕"耆"原作"老"，據上書改。

雲笈七籤卷之四十二

存　　思

存大洞真經三十九真法 出三十九章經

太微小童

讀《高上虛皇君道經》，當思太微小童干景精真氣赤色煥煥，從兆泥丸中入，下布兆身舌本之下、血液之府。畢，微祝曰："真氣下流充幽關，鎮神固精塞死源。《玉經》慧朗通萬神，爲我致真命長存，拔度七祖返胎仙[1]。"畢，引赤氣三嚥止，便讀《玉經》。

畢，又祝曰："天有大隱生之寶，稱曰明梁之上氣[2]，守我絶塞之下户，更受生牢門之外，乃又召益元之羽童，列于緑室之軒，使解七祖百結，隨風離根，配天遷基，達變入玄。"

《玉清隱文》又祝曰："元氣非本生[3]，五塗承靈出。雌雄寄神化，森羅邃幽鬱。玉音響太和，萬唱元[4]中發。仙庭迴九變，百混同得一。易有合虛中，俱入帝堂室。"畢，此《高上内[5]祝祕文》，泄之七祖充責。

太一尊神

讀《上皇玉虛君道經》，當思太一尊神務猶收真氣紫色爛爛，從兆泥丸中入，下布兆玉枕之下、泥丸之後户。畢，微祝曰："太一保命，固神定生。爲我上招帝真之氣，下布紫户之庭。《玉經》仰徹，九元朗明。七祖同歡，俱昇上清。"畢，引紫氣三嚥止，便讀《玉經》。

畢，又祝曰："兆身常死關，結胎害百神。百神解胎結，披散胞内根。七世入帝室，一體合神仙。神仙會玉堂，七祖生南宫。併帶理明初，同席孩道康。萬真守身形，是日藏初明。帝一廻雌雄，保鎮百神門。閉塞萬邪户，受事九宫間。典禁召司命，三日朝泥丸。"

帝　　君

讀《皇上玉帝君道經》，當思帝君延陵梵真氣紫光鬱鬱，從兆泥丸中入，下布兩眉中間紫户之外宫。畢，微祝曰："帝君度符籍，正氣召萬神。上招玉真氣，充[6]布兩眉間。混一生帝景，三素成我仙。飈粲乘龍蓋，遥昇高上軒。"畢，引紫氣三咽止，便讀《玉經》。

畢，又祝曰："扶晨始暉生，紫雲映玄阿。煥洞圓光蔚，晃朗濯耀羅。眇眇靈景元，森灑空清華。九天館玉賓，金房唱霄歌。賢哉對帝賓，役召伯幽車。七祖解胞根，世世爲仙家。"

《玉清隱文》又祝曰："丹皇運珠，守鎮死門。上一赤子，玄帝凝天，一名伯无[7]上，亦爲三元先。扶我養我形[8]，使我登雲輪。常坐上清軒，七玄爲仙君。"

无英公子

讀《上皇先生紫晨君道經》，當思左无英公子玄元叔真氣玉光奕奕，從兆泥丸中入，下布兆左腋之下肝之後户。畢，微祝曰："无英神真生紫皇，三氣混合成宫商。招引真氣鎮膀胱，運流三丹會洞房。爲我致仙變丹容，飛昇雲館入金堭。"畢，引玉光三咽止，便讀《玉經》。

畢，又祝曰："神安氣洞，上與天通。越出地户，過度天門。隱息四維，七星散分。飛行陰房，日月植根。守金藏玉，制御萬神。仙王何人？我已成真。隱存雌雄，玄洞四鄉。結中青氣，號爲延昌[9]。字曰和嬰，理命年長。玄歸固內，慶玄牢張。我日成真，飛仙雲京。"

白元洞陽君

讀《太微天帝君道經》，當思右白元洞陽君真氣金光耀耀，從兆泥丸中入，下布兆右腋之下肺之後戶。畢，微祝曰：洞陽鬱靈標魂生，金光煥煥氣中精，招真固神令長生，拔出幽根返胎嬰，駿晨御氣昇玉清。畢，引金光三咽止，便讀《玉經》。

畢，又微祝曰："洞陽鬱靈標，守體死戶門。開[10]出三尸蟲，受入九真源。解胞散滯血，百節生正神。七祖滅尸禍，拔殖後葉患。黑氣斌來生，斫斷胞死根。世世受道德，後獲帝仙卿[11]。帝仙是何人？明明[12]七葉孫。乃祖入丹都[13]，併坐精上門。"

司命丈人

讀《三元紫精君道經》，當思中央司命丈人君真氣紫雲之色爛爛，從兆泥丸中入，下布兆絳宮心房之中。畢，微祝曰："司命定年，丈人保仙。度名於南宮，上奏帝君前。世世為仙王，拔出七葉根。福報无窮已，皆著《玉經》言。"畢，引紫雲氣三咽止，便讀《玉經》。

畢，又祝曰："會元三襟交，携領廻胎嬰。承光守下關，務玄待月明。於是混離固籥，明車受成，福延七世，禍散玄生。守景六合，陵梵七靈，共生億千，欻昇玉庭。嬰兒徘徊，羽衣命仙，吉濟萬萬，福布千千。骨有玉映，血承瓊泉，生樂天地，日月同年。"

《玉清隱文》又祝曰："福布七玄前，罪滅三塗中。靈吹九晨杪，納氣大帝宮。五仙携太一，併位重冥空。遂隱上清室，羽明帝一房。"

桃孩君

讀《真陽元老玄一君道經》，當思命門桃君孩[14]道康真氣黃雲之色，從兆泥丸中入，下布兆臍中命門之外。畢，祝曰："真靈[15]正神，號曰桃君。混合生宮，守護命門。通仙致氣，齊景寶雲。七祖同生，受福高晨。"畢，引黃雲之氣三咽止，便讀《玉經》。

畢，又微祝曰："五嶽真人，定錄四賓。司錄促到，護籍理民。起非握節，雲拘執旛。香風八披[16]，惡魔絕煙。並來對帝，萬萬稱臣。度我生籍，名遷玉門。扶翼五老，慎護披塵[17]。"

《玉清隱文》又祝曰："太上時非子，一曰合精延，是爲命門王，可以召萬神。萬神即時到，合會瓊羽門。使令散禍，禍絕福連，上寢玉堂，世受[18]名仙。"

上一赤子

讀《上元太素三元君道經》，當思泥丸天帝上一赤子真氣如寶光，從兆泥丸中入，下布泥丸九孔之户。畢，微祝曰："上元赤子號上真，飛雲羽衣耀紫煙。上招明景對帝賓，寶光奕奕映我身，身生毛羽昇九天。"畢，引寶光三咽止，便讀《玉經》。

畢，又祝曰："童子景精，有神有威。合象三形，九道相推。衣服朱丹，步正參差[19]。出入上元，太極內階。知我者長生，存我者不衰。人无哭兆，恃賴辟非。欲知吾處，密問太微。太微玉帝，三聖徘徊。俠我左右，一合俱飛。混洞六府，日月齊暉。"

《玉清隱文》又祝曰："九道轉對，五老各寧。洞陽銜籍，號曰鬱靈。七世父母，反胎更生。累業積罪，罪滅福生。上入帝堂，受書《丹明》。常與伯史原，徘徊三界庭。巾金佩羽，寶曜圓[20]形。玉輪北回，役御朱兵。"

中一丹皇君

讀《上清紫[21]精三素君道經》，當思絳宮中一元丹皇君真氣日光之色，從兆泥丸中入，下布頂中大椎骨首之户。畢，微祝曰："中一真君，號曰運珠。上招日光，灌我形軀。三真寶曜，固命玉符。壽億萬年，永无終休。身生羽服，飛昇天衢。"畢，引日光三咽止，便讀《玉經》。

畢，又祝曰："天有九魂，不可不分。道有三真，不可去身。帝一變景，萬化以臻。流珠停暉，紫霞踊煙。七度廻路，三光映真。太一精符，相與爲親。司命銜月，噓我重脣。五老銜日，吸我三便。太上道君，與我纏綿。上造天階，携把太真。"

黄庭元王

讀《青靈陽安元君道經》，當思命門下一黄庭元王真氣月光之色，從我泥丸中入，下布兩筦間車軸下户。畢，微祝曰："下一真元王，號曰始明精。三皇把符命，金契度仙庭。上招景中氣，氣布冠我形。羽車曜雲羅，令我飛上清。"畢，引月光三咽止，便讀《玉經》。

畢，又祝曰："五藏百結，生此萬疾。玄一林虛，開關解結。結絕病散，精神盈溢。福氣充明，禍翳傾竭。仙心日臻，死道月絕。混化九君，合符帝一。七神奉符，公子入室。"

九真帝昌君

讀《皇清洞真道君道經》，當思泥丸九真帝昌君上皇真氣青光萬丈，從兆泥丸中入，下布口之四際。畢，微祝曰："九真始生，生於上元。號爲先靈，三景各分。上招玄暉，布流四門。鎮神保仙，拔度七玄。驂景乘浮，朝拜三元。"畢，引青氣三咽止，便讀《玉經》。

畢，又祝曰："七氣離羅，太混黃寧。六甲輔魂，內注六丁。三真入胃，液流大明。五符上皇，泥丸常生。九星[22]下映，日母同耕[23]。遊眄八極，廻蓋雙嬰[24]。上到紫房，被巾羽青。七祖父母，各得返生。"

八真含[25]景君

讀《高上太素君道經》，當思膽中八真含景君真氣黃雲之色，從兆泥丸中入，下布兆背中骨節之府。畢，微祝曰："八真結[26]神，神生九天。號曰北臺君，常在三合間。招真洞明氣，下流布我身。身生紫暉，與帝結親。携契五老，太仙纏綿。"畢，引黃氣三咽止，便讀《玉經》。

畢，又祝曰："生生得帝心，各會重户内。紫房混五神，魂魄恒寶貴。七關受仙輝，五藏充玉氣。俱過水火天，披建四和蔚。上歸皇一子，與兆魂相對。"

七真玄陽君

讀《皇上四老道中君道經》，當思左腎七真玄陽君、右腎七真玄陰君[27]真氣黑雲之色，從兆泥丸中入，下布兆背窮骨地户中。畢，微祝曰："七真生帝景，八氣運常寧。上招日中童，圓珠映我形。廻風混幽府，歸妙《大洞經》。拔出地户難，超凌逸九天。"畢，引黑氣三咽止，便讀《玉經》。

畢，又祝曰："太一鬱書，上登洞房。六合三賓，司命神公。手執錄籍，駕景乘龍。左廻靈曜，右扇神風。峨峨隱珠，芬豔嬰蒙。浩觀太无，濯練五通。澄魂羽幽，練魄空洞。招兆百神，月帝之功。七祖順生，景福昌隆。廻我老艾，還復玄童。上對神霄，金光十方。飛颷玉輪，彈金鳴鍾。"

六真元素君

讀《玉晨太上大道君道經》，當思肺中六真上元素玉君真氣白雲之色，從兆泥丸中入，下布兆頸外十二關梁之中[28]。畢，微祝曰："六真奕奕，白光央央。廻帝之景，上入丹鄉。招真下流，灌我玉霜。羽裙紛紛，衣我仙裳。越過水火，飛登神京。"畢，引白氣三咽止，便讀《玉經》。

畢，又祝曰："九合三離，紫房散分。五老正嚴，帝一保神。司命奏籍，奉行三元。胞樹斷落，血尸絕根。返胎朱火，廻氣泥丸。我合九清，大混百神。身登玉房，同軿金仙。逍遥太素，徘徊三天。重華列簡，累支流玄。世爲道伯，大福纏綿。上寢玉清，下息命門。五藏秀華，項[29]負日魂。長保劫齡，後天常全[30]。"

五真養光君

讀《太清大道君道經》，當思脾中五真養光君真氣如玉光金真之色，從兆泥丸中入，下布兆喉内極根之户。畢，微祝曰："五真散靈，布氣九玄。金光曜暉，玉氣吐津。萬神並暢，熙怡我身。圓光奏命籍，太一勒九天。降致八景輿，策龍駕紫煙。混合三帝室，保我億劫年。"畢，引玉光金真之氣三咽，便讀《玉經》。

畢，又祝曰："晨登九景臺，夕入神霄門。太一神夫子，或曰三來瓫。左執兆符籍，右携洞陽君。定生會紫房，五神更混分。混分逸帝堂，七祖絶死根。五毒氣零滅，縶[31]津无浮連。令我尸血[32]化，帝房出金元。三塗絶苦樹，世世獲天仙。常與景中王，積劫保元元。"

四真清明君

讀《太極大道元景君道經》，當思肝中四真清明君真氣青雲之色，從兆泥丸之中入，下布兆胃脘之户膏膜之下。微祝曰："四真常生，青光華精。裴徊秀朗垣，沈珍[33]玉景庭。携提高上元，俯仰要五靈。拔解七葉根，與我保華嬰。"畢，引青炁三咽止，便讀《玉經》。

畢，又祝曰："帝室混身，一道萬分。萬分合别[34]，是曰帝一。白帝皓靈，金霞廻日。重冥幽寥，藏神化密。把兆五符，與天相畢。玉暉覆蓋，无[35]死无疾。七祖父母，超登丹室。胞根八解，死符絶滅。帝得五元，我廻三七。六府焕爽，金書羽札。世爲仙真，寶録玄别。華繁曾玄，世无曲折。"

三真元生君

讀《皇初紫虛[36]元君道經》，當思精血中三真元生君真氣赤雲之色，從兆泥丸中入，下布兆鼻兩孔下源之中。畢，微祝曰："三真煥光，流丹徘徊，玄[37]合九景，三[38]洞金扉。上招朱童，五苦廊[39]開。死根斷落，日魂同飛。超逸十界，上昇玉階。"畢，引赤氣三咽止，便讀《玉經》。

畢，又祝曰："七氣混合，帝一廻元。結滯日散，兆命長遷。死道閉滅，斷絕胞根。五藏生華，六府金鮮。帝一保形，司命保神。五符啓扉，五籍登仙。世爲道王，帝師纏綿。散香龍窓，返華揚煙。七攜無上，八暉九陳。流源回液，領會六淵。名書上清，氣積寂軒。廻風脫死，帝一相連。五通七合，俱生上元。"

二真堅玉君

讀《无英中真上老君道經》，當思骨節二真堅玉君真氣碧雲之色，從兆泥丸中入，下布兆太倉五腸之口。畢，微祝曰："二真固神，鬱勃三關。廻金合玉，堅備泥丸。上通帝氣，布流金門。混化啓明，合我仙魂。七祖同飛，滅絕胞根。世保道德，永享欣欣。"畢，引碧雲之氣三咽止，便讀《玉經》。

畢，又祝曰："魂生无中，布在九重[40]。道出三極，常遊絳宮。三宮合化，是爲紫房。紫房所在，先由明堂。明堂之內，守神桃康。風雲鬱鬱，既清且涼。塞閉欲孔，割破戀根。其聖曰嘱，其真曰窑。兆能知之，乃開金門。金門左右，忽見高賢。左曰父寧在，右曰母精延[41]。此是景中伯，與爾登玉晨。父寧母精，世世爲仙。萬條重華，皆受帝恩。"

一真天精君

讀《中央黃老君道經》，當思心中一真天精君真氣絳雲之色，從兆泥丸中入，下布兆腎中四極之口。畢，微祝曰："一真鎮心，總領百神。百神常生，會我絳軒。上招玉氣，六液沈珍。赤景啓靈，拔我七根。超逸三塗，上昇南仙。"畢，引絳氣三咽止，便讀《玉經》。

畢，又祝曰："帝一廻風，化合桃康。流生起福，上溢玉堂。混而合之，出入帝房。三五合一，必成仙君。七玄父母，滅尸散怨。萬劫千年，皆登上仙。曲節伏巵，廣敷鬱申。守我形者，司命丈人。帝君公子，深固泥丸。太微玉華，羽服揚幡。魂魄長相抱，百骨皆滿神。神王生津上，超越度死門。遂友高仙子[42]，把持[43]玉清賓。"

九元之真[44]

讀《青精上真内景君道經》，當思九元之真拘制真氣五色雲氣，從兆泥丸中入，下布兆左耳之下伏晨之户。畢，微祝曰："九元[45]之精，天關開窻。八景合氣，上通金房。三元帝室，返老生翁。玉華灌溉，練改艾容。飛霄紫輿，運我昇空。"畢，引五色雲氣三咽止，便讀《玉經》。

畢，又祝曰："太微小童，常在帝前。其名景精，其姓曰干。合形太一，被服朱丹。五符命籍，把持玉案。帝君所臨，主通諸神。混合太一，司命丈人。固保靈户，五藏會分。帝仙守宅，凶種滅根。三氣鬱敷，八廻五煙。我得昇霄，駕龍明軒。"

皇一之魂

讀《太陽九氣玉賢元君道經》，當思皇一之魂[46]上歸真氣玄雲之色，從兆泥丸中入，下布兆右耳之下伏晨之户。微祝曰："皇一上真，洞生丹房。朱映蘭曜，發溢明光。太元之音，朗徹九空。玄金獨落，振響琅琅。上招玉景，協我神堂。策虛昇飛，遊宴玉京。"畢，引玄雲之氣三咽止，便讀《玉經》。

畢，又祝曰："九宮一合，化形帝晨。上昇紫房，命真召仙。會濟魂魄，領括百神。七玄康樂，拔苦破根。死煙滅氣，福祿充軒。兆登太霄，駕景控雲。月中五帝，挾日精輪。鬱將逸皐，飇景同遷。"

紫素左元君

讀《太初九素金華景元君道經》，當思紫素左元君翳鬱无刃真氣景雲之色，從兆泥丸中入，下布兆頭面之境。畢，微祝曰："翳鬱生真，真景生空。靈光昱昱，紫氣[47]融融。上致流津，下布我宮。身生水火，體變玉光。飛仙羽蓋，昇入神公。受書《玉經》，成我仙宗。"畢，引景雲之氣三咽，便讀《玉經》。

畢，又祝曰："慶元吉津，流汨西田。太帝攜手，命召高仙。披[48]散濁穢，斷絕死根。上一天帝，號玄凝天。曜明六合，淨寂泥丸。是爲百无上，使兆保長安。列圖玉皇，併襟帝晨。五府生華，六液龍源。淵清太素、鬱霞金津。萬仙來朝，五嶽啟陳。玄悠沈散，天福奏煙。彫梁守命户，長來護死門。上生玉房，受位金仙。天之玉堂，常接帝賢。九天之中，宴昤劫年。"

黄素中元君

讀《九皇上真司命君道經》，當思黄素中元君圓華黄刃真氣晨景之暉上華，從兆泥丸中入，下布兆胷腹之境。畢，微祝曰："九天上景，化生華暉。晃曄太空，曜真紫微。上致中黄，百神降廻。散根離苦，八難豁開。七祖同昇，福慶巍巍。使我神仙，八景齊飛。"畢，引景暉之氣三咽止，便讀《玉經》。

畢，又祝曰："太帝精魂，陽堂八靈。披散死氣，混合衆生。帝一承圖，三元會明。九真安安，七神寧寧。超越滯節，過度鬼兵。上昇帝晨，昤樂玉庭。玄母定錄，五府開清。胞根没種，血汙殄平。七祖父母，起福三清。无英明夫，掌我仙經。廣神安氣，綠廻絕冥。閉藏死關，太一混生[49]。長寢羽臺上，固神五老室。受錄上清闕，保德七元日。上上登玉霄，下下合帝一。"

白素右元君

讀《天皇上真玉華三元君道經》，當思白素右元君啓明蕭刃真氣月中之華，從兆泥丸中入，下布兆下關小腹至脚。微祝曰："白素啓明，九天同生。高虛素鬱，浮景玉清。廻真典[50]仙，流瀾八溟。通幽達微，朗曜華精。使我内徹，五孔開明。神公來遊，我道克成。"畢，引月華之氣三咽止，便讀《玉經》。

畢，又祝曰："魂生九氣，氣變成神，五老纏會，太一化仙。二十四真，廻形帝先。九曲下户，鎮生白雲。黄庭六府，含養命根。胎結胞樹，種栽死山。一得拘制，永斷滅源。符籍清明，金映玉軒。長爲德伯，世得道恩。昇登日月，遂友帝仙。"

日中司命

讀《太一上元禁君道經》，當思日中司命接生真氣三華之氣，從兆泥丸中入，下布兆左手之户。畢，微祝曰："四大乘天，天元來歸。三華吐曜，司命景飛。爲我招仙，七祖散開。上登太虛，日月同暉。"畢，引三華之氣三咽止，便讀《玉經》。

又祝曰："太一務猶收，傳司北帝司[51]。玄一老子，握節往來。元素把符，白元守雌。煥然神光明，披霞昇帝墉。列坐震靈席，混合五日房。白氣育上生，青君案延昌。左携精上門，右抱合和嬰。我生日月華，友賓赤氣王。八景照泥丸，朗然洞房中。嬰兒爲赤子，混離生玉容。五道秀金華，位爲上清公。七祖斷玄滯，身得乘神風。徘徊三清上，和樂返嬰童。"

月中桃君

讀《元虛黄房真晨君道經》，當思月中桃君方盈真氣月暉之色，從兆泥丸中入，下布兆右手之戶。微祝曰："元虛黃房內，月中號方盈。左宴朱顏臺，右攜仙皇庭。宴景三秀房，結我神始生。同飛入玄玄，七祖返華嬰。"畢，引月暉之氣三咽止，便讀《玉經》。

畢，又祝曰："九元鎮真，五帝纏綿。日月中王，與兆為親。大混三五，離落魄魂。百節金映，玉液廻神。五府生華，白氣運煙。充溢三清，紫房寶津。上開仙戶，下塞死門。令我羽簡，玉帝之前。七祖父母，返生南軒。虎符攝魔，龍旌命神。太一金書[52]，招束三官。除滅死籍，刊名玉[53]真。保生太上，日月同年。"

左目童子

讀《太極主四真人元君道經》，當思左目童子飛雲[54]真氣日之華光，從兆泥丸中入，下布兆左目之中。畢，微祝曰："四極太靈，元君精映。日華充溢，童明光光。二景相照，通我明梁。三丹啓真，我道開張。毛羽羅裙，飛上玉京。"畢，引華光三咽止，便讀《玉經》。

畢，又祝曰："我乘混合氣，纏固九真丘，養光太昌子，騈羅凝羽珠。九尊衆帝生，洞景廻須臾。七祖結解散，穢積忽已除。世世生福昌，玄祖獲仙書。身昇太霞宮，控龍宴玉虛。上朝上清皇，見侍[55]幸正扶。"

右目童子

讀《四斗中真人七晨散華君道經》，當思右目童子晨嬰真氣月之華光，從兆泥丸中入，下布兆右目之中。畢，微祝曰："七晨飛華，華散三元。混合成真，上招月魂。為我降靈，啓我仙門。七祖同飛，上朝帝君。"畢，引月之華光三咽止，便讀《玉經》。

畢，又祝曰："三素牢張上，老君神生道。固我魄逸遊，保兆六合腦。憂苦沒曲門，死氣閉地下。身與[56]帝一君，併襟樂六府。鏡心丹玄房，熙氣泥丸野。體曜金暉，羽錄召真。白氣重鬱，百神光[57]鮮。

長與日月，符籍纏綿。世保道德，永爲天仙。寂寂内注，遂昇帝晨。"

肺部童子

讀《辰中黃景元君道經》，當思肺部童子素明眞氣五關暉光，從兆泥丸中入，下布兆肺部華蓋之門，上通兩目之童。畢，微祝曰："童子素明，黃雲九纏。滄臺飛輪，三神協眞。號曰玄上景，列位高皇賓。總攝命百神，携我入紫煙。"畢，引暉光三咽止，便讀《玉經》。

畢，又祝曰："二老在左右[58]，帝魂不可分[59]。三九[60]變其上下，太一立其中根。五神奉我生籍，司命塞我死門。九宮合而爲一，六合總而内眞。世獲仙書，福慶纏綿。五老對席，日月爲親。太一來迎，上昇帝晨。七祖滯血，皆爲拔根。返胎南宮，受生帝軒。兆宴玉堂，同襟帝輪。世世列圖，羽服揚幡。子孫保昌，慶及後玄。長爲仙伯，役使萬神。"

胎中白氣君

讀《金闕後聖太平李眞天帝上景君道經》，當思胎中一元白氣君務玄子、太一精魂玄歸子二神眞氣三華之色，從兆泥丸中入，下布兆五藏結喉之本。訖，微祝曰："金闕煥玉清，白氣映凡霞。明光鬱金鈴，五色吐三華。流津宴寢堂，結我始生牙。玉符召百神，金威徵萬魔。保此億劫年，仙道明凶邪。"畢，引三華之氣三咽止，便讀《玉經》。

畢，又祝曰："天生八氣，廻合帝鄉。五神奉符，司命扶將。拔斷死籍，盪穢幽冥。七世解結，福延玉庭。血積沈没，三素煥清。兆昇天堂，與帝合靈。世得仙契，所願必成。種年日中，植命月庭。返胎童蒙，回爲孩嬰。生與天同，壽與日并。"

結中青氣君

讀《太虛後聖元景彭室眞君道經》，當思結中青氣君案延昌、元君精魂保谷童二神真氣氣如玉華，從兆泥丸中入，下布兆五藏大胃上口。微祝曰："離合九靈，二真幽密。太虛重天，上攜太一。雌雄混合，同仙妙室。上變九仙，下解胎結。七祖慶欣，五苦解脱。使我飛騰，靈化本質。"畢，引玉華三咽止，便讀《玉經》。

畢，又祝曰："種福九天外，拔尸地門下。七玄解滯積，斷樹除憂苦。返胎朱火宮，更生九玄户。真氣日日臻，禍害日日除。兆昇三清室，乘飈上景庭。命與月母俱，年隨日帝生。累玄[61]保仙籍，廻老更童嬰。福昇六合内，受圖永常生。"

節中黑氣君

讀《太玄都九氣丈人主仙君道經》，當思節中黑氣君斌來生、帝真精魂幽臺生二神真氣玉光之色，從兆泥丸中入，下布兆九腸之口伏源之下。畢，微祝曰："太玄何寥寥，黑氣生上靈。帝真洞明景，九氣合神廬。變化十方領[62]，倐欻肇明初。萬真練我仙，百關自清居。七玄斷胞樹，九曾昇福堂。上招景中子，與我登飛輿。"畢，引玉光三咽止，便讀《玉經》。

畢，又祝曰："帝魂照无阿，常鎮兆生門。伏尸滅落，保魂寧神[63]。玄母廻光，奉帝玉仙。右命太一，乃及兆身。北宴上清，列爲玉賓。顔生日華，年合月煙。長臍金房，晨景爲隣。除憂伏胃門，拔苦三塗中。福積丹玄内，慶充泥丸房。百神混帝一，大變[64]流廻風。返兆朽艾形，改貌爲嬰童。世世入仙堂，玄玄登羽宫。大劫雖屢傾，與日方增崇。"

胎胞中黄氣君

讀《上清八景老君道經》，當思胞中黄氣君祖明車、天帝精魂理維藏二神真氣黄雲之色，從兆泥丸中入，下布兆小腸二孔之本。畢，微祝曰："上清曜玄臺，八景乘天紀。黄氣協神真，精魂對帝子。太一度命籍，五符固不死。携仙帶晨暉，廻風返形始。拔苦出七祖，同歡九玄裏。"畢，引黄雲三咽止，便讀《玉經》。

畢，又祝曰："白雲合神景，乘素會太微。上朝帝一室，解帶皇一階。啓明金門中，三陽召上歸。昇我身内神，覆蓋大明威。大寶九華，光映兆形。招雲混真，散香要靈。含景月中，返胎受生[65]。年停曜景，命遂无傾。身爲仙王，保此上清。世受真書，玄華玉庭。"

血中赤氣君

讀《東華方諸宫高晨師玉保王青童君道經》，當思血中赤氣君混離子、司命精魂發紐子二神真氣如赤雲之色，從兆泥丸中入，下布兆百關絶節之下。畢，微祝曰："晨暉煥東霞，丹景映高清。二真協神宗，落落七華生。五老飛帝席，太一保童嬰。錦雲曜幽夜，朗朗開重冥。七祖勒符籍，南極受胎靈。高晨昈雲輿，運我昇飛軿。拔解億世基，歡我萬劫程。"畢，引赤雲氣三咽止，便讀《玉經》。

畢，又祝曰："五道混廻，七門始分。南和建節，白帝彰安[66]。靈標理魄，會昌護神。奉符登霄，寢息玉軒。定録瓊札，世爲天仙。三塗塞絶，除伐胞根。死氣沈零，禍輪无連。福臻重枝，慶會華玄。名書玉堂内，世爲道德門。"

上玄元父玄母

讀《扶桑大帝九老仙皇君道經》，當思上玄元父高同生、下玄玄母叔火王[67]、帝皇太一重冥空、九帝尊神日明真、太帝精魂陽堂玉、天帝九關魂録廻道、天紀帝魂照无阿七神真氣混合蓮[68]花之形，從兆泥丸中入，下布兆本命之根胞胎大結之中。畢，微祝曰："元父玄母，七真齊氣。神公大帝，九老并位。爲我固生，拔度十界。日月同符，九帝合契。坐命天魔，萬靈來拜。浮景三舉上，震文[69]保億世。"畢，引蓮花之氣三咽止，便讀《玉經》。

畢，又祝曰："太玄聚暉，映冠扶晨。大帝變景，須臾混分。入兆五府，堅我玉根。雙軿太一，合羽揚輪。與兆上昇，廻轉金門。年日德昌，體寶金仙[70]。世世昌盛，真符流連。玄玄累葉，名書靈軒。羽籍紫庭，飛香奏煙。福逮百枝，慶溢帝門[71]。"

三素老君

讀《小有玉真萬華先生主圖玉君道經》，當思三素老君牢張上、正一左仙仲成子、正一右仙曲文子三神真氣混合黃、白、玄三色之雲，從兆泥丸中入，下布兆鼻下人中。微祝曰："玉真生帝景，萬華乘雲發。三老輔二仙，共鎮死戶窟。神映七華生，朽骨蒙更蛻。起[72]逸三界庭，五苦咸解脫。得入九天表，上朗[73]高朱日。"畢，引三色之炁三咽止，便讀《玉經》。

畢，又祝曰："命門合精，六混七分。太一把籍，司命理神。帝一固形，无英守魂。太廻[74]紫房，奉符帝君。胞樹伐滅，斷絕血根。七玄更起，沈景生煙。兆得上昇，化合帝晨。身映日月，命與天連。重華累暉，咸會上尊。世書《靈羽》，紫錄內宣。乘景三素，北宴高元。號曰仙王，上清真人。"

中央玄一老子

讀《玄洲二十九真伯上帝司禁君道經》，當思中央玄一老子林虛夫[75]真氣黃雲之色，布兆陰莖之端；北方黑帝保成昌[76]真氣玄雲之色，布兆膀胱之中；西方白帝彰安幸真氣素雲之色，布兆陰囊之中；南方赤帝長來覺真氣絳雲之色，布兆口舌之中；東方青帝雕梁際真氣青雲之色，布兆五藏內[77]；五帝真氣從兆泥丸中入[78]，下布兆一身。畢，微祝曰："五帝明真，輔仙玄伯。上帝景暉，吐靈敷席。翳翳神曜，徘徊重寞[79]。羽景保錄，太一命籍。五氣總魂，三精固魄。金仙練容，停年返白。拔出幽根，日月同宅。"畢，引五色氣五咽止，便讀《玉經》。

畢，又祝曰："上寶月九真，日曦變玉室[80]。呼吸紫微，大混帝一。八煙叢生，百靈明威。九魂離合，三光同暉。天皇在元，紫煙霏霏。五神奉圖，始命不虧。變入九宮，被服朱衣。腰佩虎章，流雲繡帔。帷帳瓓玕，五色徘徊。日月照察，俠以東西。神庭內醴，以除渴飢。三五復反，轉藏營機[81]。周流太一，生均兩儀。"

《玉清隱文》又祝曰："太一變六合，五神哺泥丸。七積[82]滅三塗，血尸塞下關。三衿對帝真[83]，拔斫胞樹根。丈人號神宗，同心元素君。天皇入太清，五老奉符文。世世登羽宮，重華日中軒。元王始明精，固我本命門。保弭運錄[84]氣，歸上谷下玄。冥景映形神，朝躋太上輪。日月併玉鈴[85]，年隨二景分。丹書玉堂內，位爲天上君。左攜羽臺子，右提金顏仙。"

帝　　卿

讀《太无晨中君刊峨眉山中洞宮玉户太素君道經》[86]，當思帝卿肇勒精、絳宮中一輔卿中光堅、黃庭下弼卿歸上明[87]三真之氣混合青白黃三色之雲，從兆泥丸中入，下布兆身三宮本命帝室。畢，微祝曰："三真生太无，玉户映晨霞。太素洞元虛，丹靈森朱阿。廻神九重府，內唱發瓊華。關納百津液，停年三秀柯。我身騰玉清，七祖離幽都。長保不終劫，萬世爲[88]仙家。"畢，引三色雲氣三咽止，便讀《玉經》。

畢，又祝曰："帝一混九玄，太素五華精。寶羽宴玉堂，八風扇太明。高上乘元景，凌梵履昌靈。七化紫房下，九混五帝清。體生六色曜，金映流神形。感濯元氣內，金書玉皇庭。"

《玉清隱文》又祝曰："靈雲始分，白氣鬱素。混會九玄，三五流布。帝一解形，起登霄路。太一呼吸，五華堅固。司命主日中，白元司日暮。日中靜心，心中妙悟。夕隱泥丸，百神宣布。二宮可以長生，心腦可以長度。"

帝一真君

讀《西元龜山九靈真仙母青金丹皇道君道經》，當思大洞帝一尊君父寧在真氣五色紫雲之煙，從兆泥丸中入，下布一形之内，散氣九孔之中。畢，微祝曰："九靈通妙化，金仙混扶桑。帝一變百神，合靈西丹皇。上爲胎仙母，下號稱神宗。曜景絶雲杪，蕭蕭紫微宫。爲我執命籍，保真三素房。妙景空中降，練我返嬰蒙。七祖絶苦源，逸超九福堂[89]。"畢，引紫雲三咽止，便讀《玉經》。

畢，又祝曰："太上洞明，飛景九元。結精凝炁，化炁變神[90]。司命混合，散形億分。千乘火甲，萬騎揚幡。俱與太一，上造帝庭。伯无起非[91]，仲成曲文。一合我氣，再合我神，三合我魄，四合我魂，五合我精，六合我身。我身六合，洞靈啟真。八景靈駕，三素浮輪。我與帝一，俱昇玉晨。重華累枝，混合天仙。身有道籍，世有生根。金簡羽符，名刊日軒。所願即從，天禄詵詵。所向如心，萬福盈門。常存太上，帝一泥丸。雌雄混化，百靈纏綿。讀經萬遍，雲駕來迎。携宴五帝，日月九君。號爲仙公，上清真人。"

大洞消魔神慧内祝隱文存諸真法

《九天上文》出自高上口訣，解滯散原。《大洞真經三十九章》，理極於此。上則引致高靈之霞映，下則滅於萬魔之凶殃[92]。誦之一遍，開明幽關，三十九户，納受玉津，死氣沉塞，百神内歡。百神既暢，則聲達九玄，氣朗紫霄，響叩玉晨。五帝束帶，萬靈朝軒，生生來歸，七祖昇遷。身致羽童，駕景乘雲，飛行玉清，位齊紫賓。此高玄之妙道，玉清之祕篇，皆授金名玉字高仙真人。七百年中，有合此質，聽得一傳。

後聖曰："得受《大洞真經三十九章》，修行之日，當先行大洞之儀格，誦《玉清隱祝之文》。又存百神内名，外則過於萬試，内則塞於死關。如此一遍，便得一日一夜單誦《三十九章》，不煩徧徧依舊行其儀軌也。若明日[93]又登齋誦經者，當更按舊一過行之[94]。"

【校記】

[1]"仙"後，《上清大洞真經》卷二有"制鍊百神一炁全"一句。

[2]"寶"原作"靈寶"，"之上氣"原作"上之氣"，據上書及《上清太上玉清隱書滅魔神慧高玄真經·大洞消魔神慧内祝隱文》（下稱《内祝隱文》）删改。

[3]"元氣非本生"，《大洞真經》卷二作"元氣本非生"，《大洞玉經》卷上作"元炁自本生"。

[4]"元"，《大洞真經》及《内祝隱文》作"无"。

[5]"内"字原無，據《内祝隱文》增。

[6]"氣充"原作"充氣"，據上書及《大洞真經》卷二改。

[7]"无"原作"元"，據上二書改。

[8]"形"字原無，據《大洞真經》卷二增。此句《内祝隱文》作"扶我亦養我"。

[9]"結中青氣，號爲延昌"，《大洞真經》卷二作"結中有青炁，號爲案延昌"。

[10]"户門開"原作"門開户"，據《内祝隱文》改。

[11]"後獲帝仙卿"，《大洞真經》卷二作"後來獲帝先"。

[12]"明明"，上書作"喬明"。

[13]"丹都"，上書作"仙都"。

[14]"桃君孩"原作"桃孩君"，據上書及《内祝隱文》改。本書卷三十《大洞迴風混合帝一之法》亦作"命門桃君孩道康"。

[15]"真靈"，《大洞真經》卷二作"丹靈"。

[16]"香風八披"，上書作"香火八被"，《内祝隱文》作"香風八被"。

[17]"慎護披塵"，上二書分別作"慎護披陳""鎮護波塵"。

[18]"受"，《大洞真經》卷二作"爲"。

[19]"步正參差"，上書作"步武嵾嵯"。

〔20〕"圓"，上書作"負"。

〔21〕"紫"後原有"真"字，據《大洞真經》卷三及《内祝隱文》删。

〔22〕"九星"，《大洞真經》卷三作"九真"。

〔23〕"日母同軿"原作"日同母軿"，據上書改。《内祝隱文》作"日每同軿"。

〔24〕"遊旰八極，廻蓋雙嬰"，《大洞真經》卷三作"游旰徘徊，雙蓋華嬰"。

〔25〕"含"，《大洞真經》卷三、《大洞玉經》卷上、《内祝隱文》均作"合"。

〔26〕"結"，《大洞真經》卷三作"法"。

〔27〕"左腎七真玄陽君右腎七真玄陰君"，上書及《内祝隱文》作"兩腎七真玄陽君"。

〔28〕"十二關梁之中"，本書卷三十作"十二關之梁"，《大洞真經》卷三、《大洞玉經》卷上及《内祝隱文》均作"十二間梁"。

〔29〕"項"原作"頂"，據《大洞真經》卷三及《内祝隱文》改。

〔30〕"全"，上二書作"存"。

〔31〕"繄"，上二書作"翳"。

〔32〕"尸血"，《大洞真經》卷三作"血尸"。

〔33〕"垣沈珍"，上書及《内祝隱文》分別作"烝沈冥""垣沈彌"。

〔34〕"萬分合別"四字原無，據上二書增。

〔35〕"无"原作"元"，據上二書改。

〔36〕"虛"，上二書作"靈"。

〔37〕"玄"，上二書作"離"。

〔38〕"三"，《大洞真經》卷四作"玉"。

〔39〕"朱童"，上書作"朱皇"。"廊"疑當作"廊"。

〔40〕"重"，《洞真太一帝君太丹隱書洞真玄經》作"宮"。

〔41〕"左曰父寧在，右曰母精延"，原無"在"字、"母"字，據《大洞真經》卷四增。

〔42〕"高仙子"，上書及《內祝隱文》均作"高上子"。

〔43〕"把持"，上二书分別作"挹侍""把籍"。

〔44〕"九元之真"，《大洞真經》卷四作"九元之真男"。

〔45〕"元"原作"天"，據上書及《內祝隱文》改。

〔46〕"皇一之魂"，《大洞真經》卷四作"皇一之魂女"。

〔47〕"氣"，上書及《內祝隱文》作"素"。

〔48〕"披"，原作"拔"，據上二书改。

〔49〕"太一混生"原作"太混一生"，據《大洞真經》卷四改。

〔50〕"典"，上書及《內祝隱文》作"曲"。

〔51〕以上二句，《大洞真經》卷五作"太一務猶，傳召北司"。"傳司"疑當作"傳召"。

〔52〕"金書"，上書作"錦旄"，《內祝隱文》作"錦旌"。

〔53〕"玉"原作"王"，據上二书改。

〔54〕"雲"，上二書作"靈"。

〔55〕"見侍"，上二書作"寢興"。

〔56〕"與"原作"爲"，據上二书改。

〔57〕"光"原作"死"，據上二书改。

〔58〕"右"後，《大洞真經》卷五有"方"字。

〔59〕"不可分"，上書作"不可不分"，《內祝隱文》作"照九垓"。

〔60〕"三九"，《內祝隱文》作"陰陽"。

〔61〕"累玄"，《大洞真經》卷五作"累世"。

〔62〕"十方領"，上書作"咄嗟頃"，《內祝隱文》作"十方頌"。

〔63〕"保魂寧神"，《大洞真經》卷五作"保魄寧魂"。

〔64〕"變"，上書作"慶"。

〔65〕"含景月中，返胎受生"，上書及《內祝隱文》均作"月中反胎，日中受生"。

〔66〕"安"原作"形"，據上二书改。

〔67〕"叔火王"原作"叔大玉"，據上二书改。

〔68〕"蓮"原作"運",據上二書改。

〔69〕"文"原作"杖",據《大洞真經》卷六及《内祝隱文》改。

〔70〕"年日德昌,體寶金仙",《大洞真經》卷六作"年同日德,體得金仙"。

〔71〕"福逮百枝,慶溢帝門",上書作"福連百枝,慶流溢門"。

〔72〕"起",上書及《内祝隱文》均作"超",疑作"超"是。

〔73〕"朗",《大洞真經》卷六作"朝"。

〔74〕"太廻",上書作"大回"。

〔75〕"林虛夫"原作"林靈天",據上書及《内祝隱文》改。

〔76〕"保成昌"原作"保成曷",據上二書改。

〔77〕"内"後,《大洞真經》卷六及《大洞玉經》卷下有"中央黄帝含光露真氣黄雲之色,守兆脾胃之中"十九字。

〔78〕"入"原作"之",據《道藏輯要》本改。

〔79〕"寞",《大洞真經》卷六及《内祝隱文》均作"羃"。

〔80〕"日曦變玉室"原作"日羲變王室",據上二書改。

〔81〕"機",《大洞真經》卷六作"璣"。

〔82〕"積",上書作"精"。

〔83〕"對帝真"原作"對五真",據上書及《内祝隱文》改。

〔84〕"録",上二書作"緑"。

〔85〕"鈴",上二書作"衿"。

〔86〕以上十九字,《大洞真經》卷六作"太元晨中君峨嵋洞室玉户太素君道經"。

〔87〕"歸上明"原作"緣上明",據上書及《内祝隱文》改。

〔88〕"世爲"原作"一承",據《大洞真經》卷六改,《内祝隱文》作"世承"。

〔89〕"七祖絶苦源,逸超九福堂"原作"七根絶苦哀,逸起九福堂",據《大洞真經》卷六及《内祝隱文》改。

〔90〕"結精凝炁,化炁變神"原作"結精凝神",據上二書增。

〔91〕"伯无起非"原作"仙伯元起徘徊",據上二書改。

〔92〕"殃"字原無,據《內祝隱文》增。

〔93〕"明日"原作"是日",據上書改。

〔94〕"當更按舊一過行之"原作"當便按舊過行之",據上書改。

雲笈七籤卷之四十三

存思

存思三洞法

常以平[1]旦思洞天，日中思洞地，夜半思洞淵，亦可日中頓思三真。存思之法：

入[2]室東向，叩齒三十二通。先瞑目思素靈宮清微府中青氣赤氣相沓，鬱鬱來下，入兆身中泥丸上宮，便咽九氣。次思蘭臺府中赤黃二氣相沓，如先來下，入兆身絳宮之中，便咽九氣。次思皇堂府中白黑二氣相沓，如先來下，入兆身臍下丹田宮中，便咽九氣。咽三洞氣畢，便仰祝曰："天地混沌，淵源[3]三精。元始結化，五氣混生。變化玄元，灌注身形。服御流霞，昇入紫庭。北帝落死，東華記名。洞達幽微，與帝合并。"畢，又叩齒九通，思洞天[4]元洞元明元曜延靈耀元君玄混以《陽霞朱明之符》授與我身。次思洞天生官衣服諱字如上法，並從素靈宮清微府中下，以次入兆泥丸宮中。畢，仰祝曰："洞天上元，監御九玄。總統三炁，混生丹田。披洞幽關，出入無間。魂魄寶耀，纏絡華鮮。飛雲降[5]室，遊宴紫天。齊保天地，長享億年。"思洞天畢。

轉向南，思洞地洞真大熒惑星大洞元生太靈機皇君景化以《通明四洞九元之符》，以授我身。次思洞地生官衣服諱字如上法，並從素靈宮蘭臺府下，入兆身絳宮中。便仰祝曰："洞地中元，總領飛仙。華冠寶耀，腰青建巾。授我靈符，通真致神。洞思幽微，受帝祕言。解胞散結，九孔朗然。七祖咸脱，上昇南軒。雲輿下降，白日昇晨。"思洞地畢。

轉向北，思洞淵洞玄太白子留金城耀耀元精元導太仙君諱浩田以《啓明通[6]天寶符》，以授兆身。次思洞淵生官衣服諱字如上法，並從素靈宫皇堂府下，入兆身臍下丹田宫中。便仰呪曰："洞淵幽關，上參三元。玄氣鬱勃，飛霞紫雲。流黄五色，華晨寶符。服御《啓明》，與天長存。乘空駕虛[7]，遊宴玉晨，携提[8]景皇，結友真仙。"思洞淵畢，還東向，叩齒九通，咽氣九過，三洞畢矣！子能行之，真神見形，玉女可使，玉童見靈，三元下降，以丹輿緑軿，來迎兆身，上昇太清。惟在寶祕，慎勿輕傳。

老君存思圖十八篇并叙

師曰：修身濟物，要在存思。存思不精，漫瀾無感。感應由精，精必有見。見妙如圖，識解超進。神氣堅明，業行無倦。兼濟可期，期於有證。證之顯驗，逆知吉凶。以善消惡，一切所觀。觀其妙色，色相爲先。都境山林，城宫臺殿。尊卑君臣，神仙次第。得道聖衆，自然玉姿。英偉奇特[9]，與我爲儔。圓光如日，有炎如煙。周繞我體，如同金剛。文不盡意，猶待訣言。言妙罕傳，文精希現。現傳果驗，劫載一人。一人明難，非爲無果。勿謂[10]不易，而息遵求。求之能篤，隨漸昇登。雖未具足，微涉便到勝途。出俗居道，居道化俗。涅而不緇，故號居士。一曰道士，士即事也。習事超倫，謂之大覺。覺者取微，昧圖證驗，得鳥之羅，在其一目。如左：本文内所説形圖畫像元闕。

存道寶第一

師曰：寶者，自然元一，無祖無先，常存無滅，濟度無窮。應感爲三，終始一也。不一由人，人有億兆心，兆億行。大品有三，上中下才，悟或遲速。速之與遲，必宗三寶：一曰道寶，二曰經寶，三曰師寶。師寶者，得道人爲我師也；經寶者，自然妙文，師所傳也；道寶者，無形之形，即太上是。窅冥中精應感，緣時成數，分形散體，不可思議。議而思之，得不可得。得不可得，竟何所得？得道真也。真也者，得之不死不生，生死應化，不損不勞，保此貴重，故號道寶。存思之時，皆應臨目，常見太上在高座上，老子在左，元君在右。又見經在西方，師在東面。次見十天光儀侍衛，文武伎樂，各從方來，朝禮太上。先存見齋堂爲太玄都玉京山七寶城宮臺寶蓋師子之座，座上蓮花以爲茵籍，牀前師子蹲踞相向，香官伎樂參然羅列。

存經寶第二

見道寶竟，仍存玄臺之裏在於太上之西，有七寶莊嚴光明[11]帳座，座有玉案，案有寶經。絳綃之巾，火鈴之室，宛籍緼函，鎮覆經上。玉童玉女，侍衛香燈。三十六部，《道德》爲宗。太玄侍官，其形如左。

存師寶第三

見經寶竟，仍存玄臺之裏在於太上之東，有七寶莊嚴光明帳座，座上有玄中大法師，即是高上老君，妙相不可具圖，應感變化無定。無定之定，定在心得。心得[12]有由，由階漸悟。悟發之初，先覩玉貌。素髮玄冠，黃裳皂帔。憑几振拂，爲物祛塵。凝神釋滯，以正治邪。仙真侍側，左右肅然。人天相交，其形如左。

存十方天尊第四

見三尊竟，仍存十方天尊相隨以次，同詣玄臺，朝禮太上。嚴整威儀，爲一切軌則。

北方無極太上道德天尊。服色黑，羽儀多玄。

東方無極太上道德天尊。服色青，羽儀多碧。

南方無極太上道德天尊。服色赤，羽儀多丹。

西方無極太上道德天尊。服色白，羽儀多素。

東北方無極太上道德天尊。服色青黑又多黃。

東南方無極太上道德天尊。服色青赤又多黃。

西南方無極太上道德天尊。服色赤白又多黃。

西北方無極太上道德天尊。服色白黑又多黃。

上方無極太上道德天尊。服色玄紫又多蒼。

下方無極太上道德天尊。服色黃紅又多綠。

右十人其形如左。天尊雲駕，同到玉京，傘扇羽儀，不可悉備。伎樂侍從，亦同[13]具陳。舉一反三，聞一知十耳。

授《道德經》存三宮第五

授《道德經》：師北向，置經於案上。弟子伏左，師執經，弟子擎法信。師叩齒三十六通，心存三宮，泥丸、上元宮也。絳宮、中元宮也。丹田下元宮也。三一出，千乘萬騎營衛於經，其形如左。

朝朝於户外存四明等第六

朝朝於户外呪，存見四明功曹一人，通真使者一人，傳言玉童二人，侍静玉女二人。

右六人其形如左。

凡神官位號，各以明義。雖皆道應，感化不同。前後高卑，各隨才識。識悟緣漸，故諸官互陳，或申通宣傳，或侍衛開導。學者所求，各從其願。三元妙氣，氣妙本一。一本居宗，三元化接。三之宗一，四主冥明。明之者知道，知道者見妙。見妙由明，資於神識。職有典掌，總名爲曹。曹有績効，皆名爲功。功曹接導，開闇覩明，故曰四明。凡夫蒙愚，憑道乞照，修行法事，先關功曹。次及通真使者，玉童玉女，達道正神，能致生氣。生氣即妙一之本，入身則延年不死，超三界之上，居三元宮中。正一合德，八方和明，功職所關，故號四上。右虎左龍，仁義嚴明。仁以輔善，義以止惡。惡消善積，由於知真。真無復雜，雜弗能變，故稱素女，潔白靡汙。夜闇無明，兼須童朗。上玄少女演元始之氣，同學者入黃宮之中。中極正宗，高尊所處。信誠感通，所啟必允。黃房八[14]䰠，義依此例。

夕入於戶存四上等第七

夕入，常於戶外呪，存見四上功曹一人，龍虎使者二人，侍靜素女一人，開明童子一人，上玄少女一人。

右六人其形如左。

入堂存三師第八

入堂先思見經師，次思見籍師，次思見度師。

右三條，各見所在之方也。

存五藏五嶽五星五帝金映五色圓光第九

存三師竟，次思見五藏五嶽五星五帝。

右四條，備衛身中。身中變化，無所不容。至於畫圖，無由備受。象[15]之於外，標明[16]方位。得之言前，勿[17]拘迹致謬耳。

金映蓋一體，體作五色從肺後出，項有圓光如日象。

右三條，在身中照明十方[18]。

凡存思之時，皆閉目內視。人體多神，必以五藏為主。主各料其事，事各得其成。成正則一而不二，不二[19]則隱顯無邪，無邪則衆妙可見，見妙[20]則與聖符同。同聖即可弘積學，自然感會。是以朝夕存思，不可懈怠。存者何也？敦也、輪也。思者何也？司也、嗣也。勿以輕躁失本，學以重厚得宗。得宗則輪轉無滯，輪轉無滯則存而不亡。不亡由於司察善惡，善惡在乎嗜慾偏頗。嗜慾偏頗者愛憎廻遑[21]，往返生死，勞苦未停。未停之停，停善不著。善之善歸，宗未能至。至宗無者資於念念相續[22]，繼念嗣存。無有入於無間，無爲而無不爲，號曰微妙玄通，和光挫鋭，濟度無窮。是故爲學之基，以存思爲首。存思之功，以五藏爲盛。藏者何也？藏也成也[23]。潛神隱智，不炫燿也。智顯慾動，動慾日耀。耀之則敗，隱之則成。光而不耀，智静神凝，除慾中淨，如玉山内明。得斯勝[24]理，久視長生也。

第一、見肺紅白色七葉，四長三短，接喉嚨下。肺者何也？肶[25]也、伐也。善惡之初，兆而未明。明善則伐惡，惡明則伐善[26]，善廢惡興，伐人命根。根斷不斷，由於此藏。此藏藏魄。魄者何也？粕也、著也。人之炫耀，莫不關慾。慾著曰惡，惡如糟粕，愚俗滯之，不識精本。今願捨著，存而見之，魄則肅然，不得爲惡。惡急宜棄，故[27]先存之，火與金合，成則[28]未分。其色紅白，葉數納，言取其和成德。德始於肺，終於脾。脾一又二，兼濟也。兼濟者，信也。

第二、見心如芙蕖未開，又似懸赤油囊，長三寸，在肺[29]前。心者何也？深也、尌也。是非未辯，尌酌優量。敗則滅身，成則得道，禍福之深，由於此藏。此藏藏神，神者何也？申也、真也，智慧之主，使屈能伸。存而見之，神則凝然，識定入真，不可深累[30]也。

第三、見肝蒼紫色五葉，三長二短，長[31]九寸，在心下。肝者何也？幹也、還也。悟惡[32]能改，決定無疑，行善建功，幹事不怠，審正還宗，由於此藏。此藏藏魂，魂者何也？紛也、廻也。紛紜俗海，廻向道門，存而見之，魂則欣然，歡進勤立[33]，克隆善業也。

第四、見腎蒼色，如覆雙漆盃，長五寸，俠脅兩膂著脊。腎者何也？緊也、津也。習善緊緊不及慢[34]，津潤無窮，濟度無極，通道袪俗，由於此藏。此藏藏精，精者何也？清也、靈也。動以徐清，化變無礙，神靈往還，提携空極，存而見之，精則澄然，不散泄也。

第五、見脾黃蒼色，長一尺二寸，中有一尺，曲擒太倉胃上。脾者何也？裨也、移也。清凝潛潤，補益一切，能安能移，而不匱既成，由於此藏。此藏藏志，志者何也？至也、異也。潛潤密化，頑鄙異人，存而見之，信驗治志，則湛然至道乎[35]！

坐朝存思第十

坐朝者，端坐而修禮也。凡有公事私礙，或在非類之間，不得束躬，止當[36]展敬。但自安坐，不使人知。香火非嫌，乃可爲之。人見致笑，亦不可闕，將護彼意，勿增他愆。初夕向曉，依時修之。白日啓請，亦宜平坐。坐則如常，勿革形色，惟令異人，不能覺知。人覺而喜，乃可化之。覺而嗤鄙，訾毀正真，設[37]其招殃，又壞子業。古之學道爲己，今之學道爲人。爲人苟以悦人，不顧心非；爲己者存心，是則不顧迹違。違亦申[38]心，致感彌[39]速。強欲伏衆，有迹無心，非惟徒勞，乃更獲罪。學真之士，各加思宜。宜[40]貴會時，時貴善合，合而非善，此時勿會。會必兼濟，濟物及身，善善相得，捨惡昇仙，乃謂爲會。會惡致敗，名濫實[41]殊。若出處所遭，遭時二病：一者滯心，二者執迹。執迹者宜以心法化之，滯心者宜以迹法引導。導迹弗偏，化心遺執[42]，二病豁除，上聖之道就矣！

凡行經山水，積日舟車，舟車之中，山水之際，步涉登陟，舍住相須，疲倦止息，皆依時存禮，隱顯隨宜。存思精審，自然忘勞。魔邪惡人，不敢撓近。當誦經行戒，以善興居。興居無善，破戒違經，雖復存禮，終不覩真。嫉鬼妬神，凶人惡物，更相衝犯，煩惱生災。坐卧無寧，急存九[43]行。行之檢身，心存口誦，解了無疑，以定三業。三業既定，衆災自消，人鬼敬伏，擁護去來，出入動静，必保貞吉。九行在《想爾注》前[44]，三業在《盟威經》後，凡存思者急宜憶之，故標出如左：

上最三行：行無爲，行柔弱，行守雌，勿先動。
中最三行：行無名，行清静，行諸善。
下最三行：行無欲[45]，行知止足，行推讓。
一者不殺，二者不盗，三者不淫。此三事屬身業。
一者不妄言，二者不綺語，三者不兩舌，四者不惡口。此四事屬口業。

一者不嫉妬，二者不瞋恚，三者不邪疑。此三事屬心業。

右九行三業十事，常當[46]存念，驚恐之際，急難之時[47]，皆速思之，危即安也。

卧朝存思第十一

卧之爲法，勿正仰如尸，當側傍檢體，莫恣縱四肢。不可高枕，三寸許耳。香藥爲枕，無用惡木，泠潔穢臭，衝犯泥丸。雖行途權假，常宜防之。卧起呪願，善念存心。心存朝禮，時不可闕。闕礙公私，後皆懺悔也。

朝出戶存玉女第十二

玉女者，是自然妙氣，應感成形。形質明淨，清皎如玉，隱而有潤，顯又無邪。學者存真，階漸昇進。進退在形，出入在道。道氣玄妙，纖毫必應。應引以次，從卑至尊。故白日則玉女守宮，夕夜則少女通事，濟度危難，登道場[48]也。

夕出戶存少女第十三

夕出戶呪曰："少女通靈。"學未昇玄，不得無業。業有優劣，皆必須因。因精果妙，乃一其神。神而未一，由學未精。精[49]之以漸，引陰濟陽。人生陽境，動靜歸陰。陰爲道幾，應感最妙。妙應之初，有茲少女。秉正治邪，和釋隔戾。罰惡祐善，陰德濟陽。顯稱玉明，其可堅貞。呪而存之，成真則速矣！

右一人其形如左。

齋存雲氣兵馬第十四

朝夕出入，存神禮師，志與朝儀同。凡行道時所存，清旦先思青雲之氣帀滿齋堂中，青龍師子備守前後。次思青氣從師肝中出，如雲之昇，青龍師子在青氣中，往覆弟子家合宅大小之身。仙童玉女，天仙飛仙，日月星宿，五帝兵馬九億萬騎，監齋直事，三界官屬，羅列左右耳。正中思赤雲之氣帀滿齋堂，朱雀鳳凰悲鳴左右。次思赤氣從師心中出，如雲之昇，鳳凰朱雀在赤氣中，往覆弟子家合宅大小之身。仙童玉女，天仙飛仙，日月星宿，五帝兵馬九億萬騎，監齋直事，三界官屬，羅列左右。日入思黃雲之氣帀滿齋堂，黃龍黃麟備守四方。次思黃氣從師脾中出，如雲之昇，黃龍黃麟在黃氣之中，往覆弟子合家大小之身。仙童玉女，天仙地仙飛仙，日月星宿，五帝兵馬九億萬騎，監齋直事，三界官屬，羅列左右。此三時行道，六時依如後科。人定思白雲之氣帀滿齋堂，白虎麒麟[50]備守內外。次思白氣從師肺中出，不須存麒麟，宜存白虎。若存麟，思白麟在白氣中往覆弟子合家大小之身。仙童玉女，兵馬日月，悉如前法。黃籙大齋三時行道，宜用日入。常齋三時，可取人定。人定而用日入存思，又六時更從青始，次赤周白，此皆失法。青白別有，皆非五藏六府之儀也。夜半思玄雲之氣帀滿齋堂，靈龜螣蛇備守上下。次思黑氣從師腎中出，如雲之昇，靈龜螣蛇在黑氣中，仙童玉女，日月兵馬，悉如前法也。向曉思紫雲之氣帀滿齋堂，辟邪師子備守隱顯。次思紫氣從師膽中出，餘如前法。其形如左。

　　凡師[51]思雲氣各從方來，青雲出東，赤雲出南，黃雲出中，白雲出西，黑雲出北，紫雲出上[52]。見從其方，稍出漸盛[53]，翁鬱氤氳，充溢堂宇。然後思己身中藏氣又出，與雲色采合氣同，明淨香潔，覆庇家門，宮城山水，小大畢周。神官靈獸，齊整參羅，前後左右，四方內外，上下隱顯，六時轉隆，神靈普遍也。

上講座存三色三一魂魄第十五

　　上講時，先存三色，次存三一。行道有六時，上講但三時。食後上晡人定三時入齋堂，捻香禮三拜，巡廻依[54]坐竟，有衆者，法師以板擊席，仍放板膝前，同臨目握固，存頭氣青，兩手氣赤，兩足氣白，三氣繞身，其形如左。

初登高座先存禮三尊第十六

講義及讀經，先靜竟登起，向太上座三過上香，却後數尺，禮三尊三拜。又仍存經師籍師度師，各禮一拜。合六拜，乃登高座，其形如左。三尊者，道尊經尊真人尊，三尊通乎人身。人身欲與三尊同者，清齋精思，禮拜存之，日一過如此。初下禮六拜，後重上不須禮，下則[55]二拜叩搏，願念如法，贏者心拜之。

登高座侍衛第十七

登高座安坐，安坐者，大坐也。歛板當心，鳴皷三十六通[56]，咽液三十六過，臨目見左青龍，右白虎，前朱雀，後玄武，足下八卦神龜，三十六師子伏前，頭巾七星，五臟生五氣，羅文覆身上，三一侍經，各千乘萬騎，仙童玉女衛之，其形如左。

萬遍竟雲駕至第十八

能讀《五千文》萬遍，太上雲駕下迎。萬遍畢未去者，一月三讀之，須雲駕至便昇仙，其形如左。修行萬遍之道，又存五雲之星。轉經之後，夜半至生氣之時，飽服五牙之氣，坐向月建之方，叩齒九通，咽液三十六過，臨目存五星，辰在頭，歲在左肘，太白在右肘，熒惑在兩膝間，鎮在心中，久久乃止。行入常思不忘。千災自然絕，萬禍不能干。後當身上出水，身下出火，智慧六通，奄見五老。五老是五星之精[57]，見之則變化自在，同昇乎天也。

思修九宮法

守寸在兩眉間[58]入三分，左黃闕紫戶，右絳臺青房。天庭宮，在[59]明堂上，雌宮。明堂宮，兩眉中却入一寸，是雄宮。極真宮，在[60]洞房宮上，雌宮。洞房宮，兩眉間却入二寸，是雄宮。玄丹宮，在丹田泥丸宮上，雄宮。丹田泥丸宮，兩眉間却入三寸，是雄宮。太皇宮，在流珠宮上，雌宮。流珠宮，在泥丸宮後一寸，是雄宮。玉帝宮，在流珠宮後一寸，是雌宮。

　　守寸紫户大神名平静字法王，青房大神名正心字初方，三呼其名字，祝曰："紫户青房，有二大神，手把流鈴，身生風雲。俠衛真道，不聽外前，使我思感，通利靈關。出入貞利[61]，上登九門，即見九真，太上之尊。"

　　明堂宫左有明童真君諱玄陽字少青，右有明女真官諱微陰[62]字少元，中有明鏡君[63]諱照精字四明，三君共治明堂宮，並著綠錦衣，腰帶四玉鈴，口銜玉鏡，鏡鈴並赤玉，並如嬰兒之狀。三呼三君名字，叩齒九通，則千妖伏息。

　　洞房宮左有無英公子，右有白元君，中有黃老君[64]，三真共治洞房宮中。此飛真之道，在《金華經》中。

　　丹田泥丸宫左上元赤子名玄凝天字三元先，右帝卿君名肇勒精字中玄生，二人共治丹田宮。此守三元真一，地真之要路，昇空乘龍車之道也。

　　流珠宮有流珠真神居之，又有日月中女子名纏旋字密真，別有《流珠經》，此太極公卿司命之道。

　　玉帝宮有玉清神母居之，又有紫素黃素白素三素元君居之。玉[65]清神母姓廉名銜字荒彥，長九寸九分，著玄黃[66]素靈之綬，頭戴七稱珠玉之髻，冠無極進賢冠，居無上之上太極朱宮中七寶之府[67]五靈鄉玄元里，下治兆身玉帝宮中。

　　天庭宮有上清真女居之[68]。真女姓厥名廻字粥類，長六寸六分，著青寶神光錦繡霜羅九色之綬，頭戴玉寶飛雲之髻，冠玄黃進賢之冠，居無上之上太上崑崙太幽宮中明堂府九光鄉大化里，下治兆身天庭宮中。

　　極真宮有太極帝妃居之。太極帝妃姓玄名靈生字伯元，長七寸七分，著玄羅五色鳳文之綬，頭戴七寶玄雲之髻，冠無極進賢之冠，居無景之上太清極玄宮中玉房府三丹鄉丹元里，下治兆身極真宮中。

　　太皇宮有太上君后居之。太上君后姓遷名含孩字合延生，長三寸三分，著七寶飛精玄光雲錦霜羅九色之綬，頭戴九玄玉精頹雲之髻，冠玄黃無極三寶玉冠，居太清九玄之洞無極真宮中丹精府靈光鄉玄玄里，下治兆身太皇宮中。

四宮雌真一之道，高於雄真一，素靈所祕，是天元始生之陰宮[69]號帝妃也。叩齒十六通，祝曰："太清陰神[70]，號曰女靈。變景九玄，乘真隱冥。日吉天朗，告齋上清。心念目矚，洞鑒神形。還守宮宅，玉華芳盈。五色變化，流黃紫青。運致飛霞，上造帝庭。"畢，叩齒三十六過止。

玄丹宮有中黃太一真君居之。太一真君厥諱規英[71]字化玄，貌如嬰孩，坐在金牀玉帳之中，著紫綠錦衣，腰帶流火之鈴，鈴赤色光，聲聞於十萬里。左手把北斗七星之柄，右手把北辰之綱。乃存北極辰星中有紫氣來下入玄丹宮中，須臾[72]滿宮，溢出身外，身與紫氣混合為一。又存日從天上下入玄丹宮紫氣中央，次存中黃太一真君從北極紫氣中下入兆玄丹宮日中央坐，口吐紫氣滿玄丹宮中。又存己身上入玄丹宮中，對中黃太一真君坐。因心起再拜，稽首[73]膝前，問道求神仙長生之意。因存口吞紫氣三[74]十過，又存北斗七星中有一赤氣大如弦[75]，下入己玄丹宮中。又存太一真君與兆俱乘日入赤氣道中上詣北斗魁中，寢臥良久。行之十八年，役[76]使玉童玉女。祝曰："太一[77]真皇，中黃紫君，厥諱規英，字曰化玄。金牀玉帳，紫繡錦裙，腰帶火鈴，斬邪滅奸。手把星精，項[78]生日真，正坐吐氣，使我咽吞。與我共語，同晏玄丹。鍊灌[79]七魄，和柔三魂。神靈奉衛，使我飛仙，五藏自生，還白童顏。受書上清，司命帝官[80]，所願所欲，百福惟新。"

頭中諸真神，上治九天之上，下治頭中泥丸。人身中百神，皆與天靈通同，久存呼之，則載入昇天也。其文在前

帝君諱逢[81]陵梵字履昌靈，一名七靈，一名神丈人，居太極紫房中，為身中百神之主。帝君上治玉清天紫房宮，下治人頭紫房宮中。太一名務猷收字歸會昌，一名解[82]明，一名寄頻。左無英公子名玄元[83]叔字合符子，一名元素君，一名神公子。洞房宮。右白元洞陽君名鬱靈標

字玄夷絕，一名朱精，一名啓成。在六合洞房宮。中央司命丈人君名理明初字玄度卿，一名神宗一名靈華。六合洞房宮。命門桃君[84]名孩道康字合精延，一名命王，一名胞根。六合洞房宮。帝君主變，太一主生，司命主命[85]，無英主精，白元主魂魄，桃康主神靈。人有五籍五符，稟之帝君，五神執之，各主其一。間關本命，除死籍，上生名。常存五神各捧一青玉案，上有我五符五籍。符長一寸廣五分，籍長五分廣一寸。存司命君左手把白玉簡，右手執曾青筆，爲我削除死錄白簡黑書，爲我上生錄白簡青書。存符籍上有我州縣鄉里姓名年如干，青文綠字，分明了了。五神各捧案擎符籍，從六合宮中上入紫房宮中，對帝君前，以呈帝君。帝君即命左玄一老子名林虛夫、右三素老君牢[86]張上、正一左仙人仲成子、正一右仙人曲文子，齎兆兆己符籍[87]，上詣玉清太素、太上三元、上清高玄諸君九天宮。太素三元高玄並太上仙宮也。

思九宮五神法

九天九宮，中有九神。謂天皇九魂，變成九氣，化爲九神，各治一宮，故曰九宮。太清中有太素太和，洞房中有明堂絳宮，是曰六府。上曰天府，下曰洞臺。三五之號，其位不同。一曰太清之中，則三五帝君；二曰三一丹田神，又五者符籍之神，太一公子白元司命桃君是也，合而名爲三五。三五各有宮室，若三真各安在其宮，五神上見帝君，帝君左有元老丈人，右有玄一老君，此則無極之中所謂九宮[88]，上一則真一也。九君所謂天之魂，自然成真之[89]子也，以爲兆神者也。若兆[90]知精存九君，深思三真，必能以兆一體周旋三五之中，反覆七九之裏，使天帝之靈魂，常治兆己。五神奉籍，周而復始，必將白日登度，何但不死而已哉！

存元成皇老法

以月二日三日夜半，安卧閉目，存思太極中皇帝君，次思左有元成老子，衣青衣，冠九華曜冠，左手持青芝，右手執青幡；次存右有太和君黃成老子，衣白衣[91]，冠五華白冠，左手持金液漿，右手持白幡，並在太極之中。有九名[92]：一曰太清，二曰太極，三曰太微，四曰紫房，五曰玄臺，六曰帝堂，七曰天府，八曰黃宮，九曰玉京玄都。要而言之，從人頂上直下一寸爲太極宮，太極宮方一寸耳，在六合宮之上。六合，太一之神居焉，從兩眉間却入一寸爲明堂，却入二寸爲洞房，却入三寸爲丹田。其明堂之北，洞房之南，兩眉間之上一寸爲六合宮，宮方一寸。存三真畢，又存我魂一人如我之狀，上入太極宮。二老因授青芝金液漿見與，以次存食芝而飲漿。青芝似蓮華，漿似美酒耳。飲食都畢已，乃再拜帝君之前而言曰：「今日清吉，帝君在庭，賜以神芝，金液玉漿。二老度籍，太一奉章，長生久視，壽命未央。」又存帝君答曰：「幸哉奉時，月二日三日[93]復來。」畢，因以取服，名受帝之藥。存思太極之時，皆當從兩眉間入焉。兩眉間爲泥丸之玉門，名曰守寸黃闕紫房矣。

存帝君法

常以本命日或正月一日、或以六戌日[94]正中時，冠帶入室，北向再拜，呪曰：「高皇帝君太上玉晨皇天元老无上大道，曾孫某甲，願帝君長安兆身紫房宮中。」其夜人定時，入密室正卧，冥目上向存念北斗太極中央大明星精耀正黃光氣來下在兆目前，引入口中，咽三十七過止。存使黃精和氣，填滿太倉黃庭中下丹田，下至陰室地户，周行帀體，悉令畢至。乃又念紫房宮中有五人欻象成五帝，天皇帝君正在中央。太一來上，當跪帝前，奉兆命籍。司命立後，除兆死録，存削去死録。死録，黑簡白書也；生録，白簡青書也。存見白玉之簡，曾青之筆，司命進授此白簡青筆於帝君，帝君伏南向[95]而書之曰："某郡某鄉里某甲字乞玉簡記年，長生上玄，所向如願，爲眞爲仙。天下見者，皆曰眞人。太一司命，保護甲身。永養日月，壽百萬年。"又心存籍簡一枚，令長一寸闊五分耳，思念書字，極令了了。又次存太一公子白元司命桃君五人，從六合宮上入紫房中，各奉青[96]玉案，案上各有一符，符各有青綠色，以呈帝君。帝君以次取符，付向者共化之四帝，其一帝名曰彫梁際字青平，其一帝名曰長來覺字南和，其一帝名曰彰安辛字西華，其一帝名曰保成昌[97]字北伐，存此四帝並共讀五符。讀五符畢，因授與兆。兆得符即跪帝君前，以次服之。畢，又存思四帝從虛空中上昇三天，臨去各告兆曰："子能常存我名字者，則辟萬害，長生不死。我太上之子，三元之內真，度汝命籍，五符入形，故以永存天地，以致仙靈也。"若春月則存青平帝以青液之醴[98]盛以青玉椀一升見與服之。服之畢，四帝俱上昇天也。夏月存南和帝，四時做此也。

存玄一老子法

又存帝君之左有玄一老子，服紫衣，建龍冠。又存帝君之右有三素老君，服錦衣，建虎冠。夫龍虎冠象如世間遠遊冠，而有龍虎之文章也。玄一老子名林虛夫字靈時道，三素老君名牢[99]張上字神生道。二老並從，正一仙人在後，其左仙人仲成子一名帝賓字四華，其右仙人曲文子一名光堅字靈和，服色衣冠亦如二老之狀。

存司命法

又存司命下至六合中詣太一宮，司命合形太一，太一復上請帝君度兆符籍。太一啓帝君曰："符籍已度，司命合形，四帝賜醴，高上記生，乞得書名，出錄以付二老君。"於是帝君忽於懷中出兆命籍付左老子，又於懷中出兆五符付右老君。二老受[100]符籍而言於帝君曰："某甲生錄已定，長存世上，帝符五行，上記太素宫。"於是二老命二正一仙人仲成子曲文子齎某甲命籍五符，上詣玉清太素太上三元、上清高玄諸君九天宫，宣令帝度某甲生籍，使得神仙，號曰真賢。二老有命，皆使記焉。於是二人齎兆符籍，宣于九天，良久[101]都畢。又存司命太一分形各爲一人，共遊行太清，檢御一體百神，上下既帀，各還其宫。名此爲《百神混合本命帝君大變之道》[102]，五帝定錄之時，二老定生之會也。

【校记】

〔1〕"平"字原無，據《洞真太上素靈洞元大有妙經·太上道君守三元真一經》增。

〔2〕"入"前原有"次"字，據上書删。

〔3〕"淵源"，上書作"洞淵"。

〔4〕"洞天"二字原無，據上書增。

〔5〕"降"，上書作"絳"。

〔6〕"明通"原作"通明"，據上書改。

〔7〕"虚"原作"靈"，據上書改。

〔8〕"提"原作"堤"，據上書改。

〔9〕"特"原作"持"，據《道藏輯要》本、《四部叢刊》本改。

〔10〕"謂"原作"課"，據上二本改。

〔11〕"光明"原作"明光"，據《道藏輯要》本改。

〔12〕"得"，《四部叢刊》本作"行"。

〔13〕"同"原作"回"，據《道藏輯要》本改。

〔14〕"八"，上本作"入"。

〔15〕"象"字原無，據《太上老君大存思圖注訣》增。

〔16〕"標明"原作"標名"，據上書改。

〔17〕"勿"原作"功"，據上書改。

〔18〕此後，上書有"共右七條，其形如左"八字，且有圖。以下各篇亦均有圖。

〔19〕"不二"原無，據上書增。

〔20〕"妙可見見妙"原作"如可見見"，據上書增改。

〔21〕"愛憎廻遑"，"愛"原作"受"，據上書改。"廻遑"，上書作"徊惶"。

〔22〕以上二十六字，上書作"未停之停停，善不著善著，至宗無者資於念，念念相續"。

〔23〕"成也"二字原無，據上書增。

〔24〕"勝"原作"時"，據上書改。

〔25〕"朏"原作"腦"，據上書改。

〔26〕"明善則伐惡，惡明則伐善"原作"明則伐善"，據上書增改。

〔27〕"棄故"原作"改"，據上書改。

〔28〕"則"，上書作"敗"。

〔29〕"肺"字原無，據上書增。

〔30〕"累"原作"厚"，據上書改。

〔31〕"長"字原無，據上書增。

〔32〕"惡"原作"惡氣"，據上書刪。

〔33〕"歡進勤立"，上書作"勸進立功"。

〔34〕"津也"原無"也"字，據上書增。"習善緊緊不及慢"，上書作"習善緊不敢慢"。

〔35〕"道乎"，上書作"乎道也哉"，且下有："次思五嶽、次存五星、次存五帝、次存金映蓋體、次存體作五色、次存項有圓光。"

〔36〕"止當"，上書作"上堂"。

〔37〕"設"，上書作"誤"。

〔38〕"申"，上書作"由"。

〔39〕"彌"原作"迷"，據上書改。

〔40〕"宜宜"，上書作"真真"。

〔41〕"實"字原無，據上書增。

〔42〕"導迹弗偏，化心遣執"，上書作"心迹弗偏，化執導滯"。

〔43〕"九"原作"久",據上書改。

〔44〕"九行在想爾注前"原作"凡行者亦存想爾注",據上書改。

〔45〕"行無欲",本書卷三八《老君二十七戒》作"行忠厚"。

〔46〕"常當"二字原無,據《太上老君大存思圖注訣》增。

〔47〕"驚恐之際,急難之時"原作"驚恐人思相干",據上書改。

〔48〕"塲",上書作"果"。

〔49〕"精精"原作"止詣",據上書改。

〔50〕"麒麟"原作"騏驎",據上書改,下均同。

〔51〕"師"字後,上書有"存"字。

〔52〕"青雲出東,赤雲出南,黃雲出中,白雲出西,黑雲出北,紫雲出上"原作"青雲出上",據上書增。

〔53〕"盛"原作"成",據上書改。

〔54〕"依"後,上書有"座"字。

〔55〕"初下禮六拜,後重上不須禮,下則"原作"初下六拜,後重不須禮,一則",據上書改。

〔56〕"三十六通"原作"三十通",據上書增改。

〔57〕"五老是五星之精"原作"是五星精神",據上書增改。

〔58〕"間"原作"頭",據《上清素靈上篇》及《洞真太上道君元丹上經》(下稱《元丹上經》)、《洞真太上素靈洞元大有妙經·太上道君守元丹上經》(下稱《守元丹上經》)改。

〔59〕"在"原作"左",據上三書改。

〔60〕"在"原作"左",據上三書改。

〔61〕"貞利",《上清明堂玄丹真經》(下稱《玄丹真經》)及《元丹上經》《守元丹上經》作"利貞"。

〔62〕"陰"原作"音",據上三書及《上清素靈上篇》改。

〔63〕"明鏡君",上四書除《上清素靈上篇》作"明鏡真君"外,餘三書皆作"明鏡神君"。

〔64〕"君"原作"魂",據上四書改。

〔65〕"玉"原作"上",據《洞真太上素靈洞元大有妙經·四宮雌真一內神寶名玉訣》(下稱《内神寶名玉訣》)改。

〔66〕"玄黃"原作"黃衣",據上書改。

〔67〕"太極朱宮中七寶之府"原作"太極珠宮中七宮府",據上書改。

〔68〕"太皇宮有太上君后居之",本書卷十一《内景經·靈臺章》第十七注云"太皇宮,太上真君居之",蓋誤。

〔69〕"陰宮",《内神寶名玉訣》作"陰官受"。

〔70〕"清",上書作"真","太清陰神",本書卷五十《四宮雌一内神寶名玉訣》作"太陰真神"。

〔71〕"厥諱規英",《玄丹真經》作"姓厥名規英"。

〔72〕"來下入玄丹宮中須臾"九字原無,據《上清素靈上篇》及《元丹上經》《守元丹上經》三書增。

〔73〕"稽首"二字原無,據上三書增。

〔74〕"三"原作"四",據上三書改。

〔75〕"大如弦",上三書分別作"大如弦""大如日""大如弦"。

〔76〕"役"原作"後",據上三書改。

〔77〕"太一"原作"太上",據上三書改。

〔78〕"項",《元丹上經》作"頭"。

〔79〕"灌",上書及《上清素靈上篇》作"濯"。

〔80〕"官",上二書作"君"。

〔81〕"逢"原作"逢",據《洞真太一帝君太丹隱書洞真玄經》(下稱《洞真玄經》)改。

〔82〕"解"原作"鮮",據上書改。

〔83〕"元"原作"充",據上書改。

〔84〕"命門桃君"原作"司命桃君",據上書改。

〔85〕"主命"二字原無,據上書增。

〔86〕"牢"原作"罕",據上書改。

〔87〕"齎兆兆已符籍",上書作"賫兆符籍"。

〔88〕"宫"，上書及本書卷三十、卷四四均作"君"。

〔89〕"之"字原無，據《洞真玄經》及本書卷三十、卷四四增。

〔90〕"兆"原作"非"，據《洞真玄經》改。

〔91〕"冠九華曜冠，左手持青芝，右手執青幡；次存右有太和君黄成老子，衣白衣"二十九字原無，據上書增。

〔92〕"有九名"之前，上書有"太極之中"四字，之後，有"太清中有五帝六府九宫名，其域同一也"十六字。

〔93〕"日"字原無，據上書增。

〔94〕"六戌日"，《叢刊》本作"六戊日"。

〔95〕"向"原作"尚"，據《洞真玄經》改。

〔96〕"青"，原作"書"，據上書改。

〔97〕"昌"原作"曷"，據《大洞真經》《大洞玉經》及《上清太上玉清隱書滅魔神慧高玄真經·大洞消魔神慧内祝隱文》改。

〔98〕"醴"原作"體"，據《洞真玄經》改。

〔99〕"牢"原作"罕"，據上書改。

〔100〕"受"原作"授"，據上書改。

〔101〕"久"原作"人"，據上書改。

〔102〕"百神混合本命帝君大變之道"，本書卷三十作"大洞廻風混合帝一之法"。

雲笈七籤卷之四十四

存　　思

太一帝君太丹隱書　一名太一別訣

　　夫學道而無太一，猶視瞻之無兩眼；存念而無太一，猶智腹之失五藏；御神而無太一，猶起行之無四支；立身而無太一，猶尸殭而無氣矣。是爲此經，開通萬神，生成魂津，千塗百徑，須[1]太一而立人焉！若學無師者，徒自煩勞也。今別復撰此經之波流，鈔出其外際，未陳幽妙，靡該祕唱者，名爲《太一別訣》。

　　如有可尋以悟始涉，未令頓開深源者也。自使《別訣》微行於學者，涉麤跡以自覺焉！至於幽玄内構，合奇萬津，流會真神，混合靈府，煒燁于神景之變，發曜於造化之外，煥如圓曜，寂如太無，鬱起而空洞結雲，凝思而千年繼夜，可謂微乎深哉！太一之變也，皆理竭於此經，事悉於洞玄者矣。

　　夫人者，受生於天魂，結成於元靈，轉輪九氣，挺命太一，開關三道，積神幽宮。所以玄液七纏，流津敷澤，日月映其六虛，口目運其神器，雲行雨施，德擬天地。胞胎内一[2]，五因來具，立人之道，其如此也。故五因者是五神也，故三道是三真也。夫五神、天之魂也，三真、天之道也，九氣天之胎，太一天之源，日月天之眼，玄液天之潤，六虛天之光，幽宮天之府，神器天之化，元靈帝之變。凡此言九氣者，乃混合帝君之變，變而化九，是謂九宮，九宮混變而同一矣。兆欲修己求生，當從所生之宗。所生之宗，謂元父玄母也。元父主氣，化理帝先；玄母主精，變結胞胎。精氣相成，如陰陽相生，雲行雨施，兆已道合无名。數起三五，兆始禀形，七九既帀，兆體乃成。和合三五，七九洞冥，象帝之先，當須帝營。天皇之功，九變爲靈，功成人體，體與神并。神去則死，神守則生。是以三元爲道之始，帝君爲道之根，太一爲道之變，九天爲道之神，九宮爲道之宅，玄液爲道之津，修之三年，可以照鏡三田，以致神仙。朝適六合，夕守泥丸，堅執胎精，使心常勤[3]。後學之子，須此爲緣。見是經者，始可與言，九氣陶注，太一運神矣！既得爲人，人亦衆[4]矣！自无太一靈簡，三元金名，司命隱符，五老紫籍，雖受天氣而生，皆不得聞見至道矣。子又无[5]玄宮紫札、上皇寶名、太一玉籙、東華隱圖、三元銘神、大帝參魂者，雖受天之性，既得蹔聞至道矣，亦不能修爲，爲不能久，久而不固，固而不專，專而不能洞也。適可隱存五嶽，登行常生之塗耳。不得八景超霄，浮煙控暉，飛騰虛羽，踴躍太无矣！子又無瓊臺羽札、流雲五校、太一金閣、五皇隱籙、後聖七符、空山石函、丹臺素章、玄皇玉行、天母胞圖、太上圓名、保真秀景、光練神驅之錄者，皆不得見《洞真玄經》，覩帝一之變。又不得聞《消魔神虎[6]智慧之詠》，又不得聞《太上隱書八素》之辭，又不得聞《大洞真經三十九章》《金真玉光》《豁落七元》也。

　　存三守一，精思洞房會帝君[7]，則化生九靈於子形中，輔子之神明，成子之仙真，保子之長生，固子之胎魂也。白元无英桃康司命太一混合，五神捧籍列符，五神各有所主。混合九變，三五化形，於是三宮鎮真，百節受靈，帝君寶籍，宿命无傾。

　　九天九宮，中有九神。是謂天皇九魂，變成九氣，化爲九神，各治一宮，故曰九宮。太清中有太素太和，洞房中有明堂絳宮，是曰六府。上曰天府，下曰洞臺，三五之號，其位不同。一曰太清之中，則三五帝君；二曰三一丹田神，又五者符籍之神，太一公子白元司命桃康君是也，合而名爲三五。三五各有宮室，若三真各安其宮，五神上見帝君，帝君[8]左有元老丈人，右有玄一老君，此則无極之中，所謂九君，上一則真一也。九君所謂天之魂，自然成真[9]之子也，以爲兆神者也。若兆知[10]精存九君，深思三真，必能以兆一體，周旋三五之中，返覆七九之裏，使天帝之靈魂，常治在兆己，五神奉籍，周而復始，必將白日登晨，何但不死而已哉。

帝君混化，周旋三五；太一萬變[11]，結成七九，其數合二十四也。天有二十四氣，氣之上化也，變而則成真人。人[12]亦禀之，故體有二十四神，神有千乘萬騎，雲行八極之中。子若思存，念之慎勿忘，可以辟死求生，上超十方。於是神安氣洞，上與天通，越出地户，過度天門，隱息四維，七星散分，飛行雲房，日月殖根，守金藏玉，制御萬神，仙王何人？我已成其真矣！此隱存之道也，並有經訣在《上皇中極寶景篇》中。子既有之，不得妄傳，必須歃誓，審人乃宣。

夜半生氣時，若鷄鳴時，正卧閉目微氣，存左目中出日，右目中出月，並徑九寸，在兩目耳之上[13]，名爲六合高窻也。令[14]日月使照一身，内徹泥丸，下照五藏，腸胃之中，皆覺見了了，洞徹内外，令一身與日月光共合。良久畢，叩齒九通，咽液九過，乃微祝曰："太上玄一，九皇[15]吐精。三五七變，洞觀幽冥。日月垂[16]光，下徹神庭。俠照六合，太一黄寧。帝君命簡，金書不傾。五老奉符，天地同誠。使我不死，以致真靈。却遏萬邪，禍滅消平[17]。上朝天皇，還老返嬰。太帝有制，百神[18]敬聽。"呪畢乃開目，名爲日月練根，三光[19]校魂，以制御百神，辟諸鬼氣之來侵，使兆長生不死，夕夕存之矣！又存左目爲日，右目爲月，共合神庭之中，却上入明堂之中，化生黄英之醴，下流口中，九咽之以哺太一，常以生氣時存之。畢，微祝曰："日月上精，黄水月華。太一來飲，神光高羅。使我長生，天地同柯。"畢，五日一行之。

口中舌上爲神庭。存日月既畢，因動舌，覺有黄泉如紫金色從舌上出，上流却入明堂之中，名爲黄英之醴也。存思之時，當閉目絶念。常以月朔之夕生氣之時，安卧閉目向上，心存二十四星，星大一寸，如相連結之狀。又存一星中輒有一人，合二十四人，如小兒始生之狀，無衣服也。於是二十四星直從天上虛空中來下，廻繞一身外三币畢，以次[20]咽之入口中，凡作二十四咽，咽時輒覺吞一星也。覺從口中徑至臍中，臍中[21]名曰受命之宮也。又覺星光照一腹內，洞徹五藏，又存星光化爲二十四真人，並吐黃氣如煙，以布滿臍中，鬱鬱然洞徹內外也。良久，微呪曰："二十四真，廻入黃庭。口吐黃氣，二十四星。灌我命門，百神受靈。使我骨强，魂魄安寧。五藏受符，天地相傾。"畢，名曰真氣入守命門，以辟災禍百鬼之疾，令人長生不死。太元[22]混合，以象一靈[23]，虛生之子，以爲上帝君。又居泥丸之帝，以爲三一之尊帝。尊帝者，是虛生之子也，是謂三帝焉！太一受生於空洞，變化乎八方，立景於三帝之間，流會乎萬神之領，天地之尊，皆須太一而自運也。靈帝无太一，則玄靈不廻氣。尊帝无太一，則三一不居其宮域。故太一之神，併五神以通用，上合體於二帝[24]。帝之爲高，猶天皇帝君者也。尊[25]形九魂，魄生三五[26]，三五合會，結成帝君。將帝之[27]生也，受玄中上氣，三五離合之所挺焉！是以帝生於无極之表空成之中，見[28]於太清之域，治在玉清紫微宮中[29]。光耀五色，華蓋九重，前洞泥丸，後開幽門，下臨六合，上連紫雲。百靈宿衛，飛閣交通。玉殿朱陛，內有金房，中有太真，號曰天皇。憑虛而生，處无極之中，衣五色珠衣，冠九德晨冠，制御天地，時乘飛龍，六轡超虛，九道自通。此自然之精氣，衆真之帝君，兆常思而誦之，可以爲仙王。

太極之中有九名：一曰太清，二曰太極，三曰太微，四曰紫房，五曰玄臺，六曰帝堂，七曰天府，八曰黃宮，九曰玉京玄都。要而言之，從人頂上直下一寸爲太極宮，宮方一寸耳，在六合宮之上。六合宮，太一之神居焉。六合宮在明堂之北，洞房之南，兩眉之間上一寸也。

帝君主變，太一主生，司命主命，无英主精，白元主魂魄，桃康主神靈。人有五籍五符，稟之帝君，五神執之，各主其一。間關本命，除死上生，而无太一之事者，萬不生也。

太一者，胞胎之精，變化之主。魂魄生於胎神，命氣出於胞府。變合帝君，混化爲人。故太一之神[30]生之母，帝君之尊生之父。太一名務猶收字歸會昌，又一名解明，一名寄頻[31]，此《三元洞玄内寶經》之真名字，外訣雜鈔云云之名，皆非實非真也。今此名字甚不可告人，自知之者長生不死，辟却萬禍，能致神靈玉女來降已矣！

夕夕當存太一在己身中六合宮，或存太一在兆左右，坐卧背向，无所不在也。皆以生氣時存之，畢，呪曰："太一之精，起於太清。魂魄受化，形影爲靈。攝御百神，拘制三陽。帝君玄煙，合真會昌。内安精氣，外攘災殃，却除死籍，延命永長。衣服老少，變易无常。治在六合，周旋絳宫。下達洞門，上到玄鄉。混合三五，遊息天京。呼引日月，變化雄雌。攝兆符籍，胞胎之囊。死生之命，太一扶將。"

存太一與兆形正同，衣服亦同也。是以兆之身常當齋潔而修盛，以求會景於太一也。衣服巾[32]物，一不得假借於不同氣者。諸如此類，皆當慎之。子既不能服食去穀精思研真矣，當節諸臊穢腥血雜食葷辛之菜，一爲禁絕，若能如是，少[33]以愈矣，可以庶生命之長矣。

左[34]无英公子者，結精固神之主，三元上氣之神。結精由於天精，精生歸於三氣矣！故无英公子常攝精神之符命也。名玄元[35]叔字合符子，又一名元素君，一名神公子，常在玉房上清之内。夕夕存思之畢，呪曰："太上玉真，皇精相連。三元英氣，太玄紫辰。九霄挺明，五華生煙。黄闕金室，中有大神。握固流鈴，首建華冠。紫蓋廻飈，龍衣虎文。貌狀嬰兒，四靈洞均。出丹入虛，合形帝君。呼陰召陽，天道有真。名曰玄元叔，號爲无英君。周流九道，散化五常。攝精生我，與道長存。"

右白元君者，或曰洞陽[36]君也，主攝魂魄之氣，檢御靈液之神。故魂魄生於九靈之宮，神液運於三氣之真，是以御之者，號曰白元洞陽君，攝持魂魄之符命焉。白元君名鬱靈標字玄夷絕，又一名朱精，一名啓成，治在玉堂上清之内。夕夕存思畢，呪曰："太上神精，高清九宮[37]。三氣結變，正當神門。龍衣虎帶，扶命還魂。腰佩玉書，黄晨華冠。把籍持符，呼吸混分。名曰鬱靈，號曰白元。與我俱遊，上到陽關。周旋九清，六合之中。固養精液，泥丸上元，百神扶將，各鎮寶宮。檢御既畢，還安黄房。"

中央司命君者，或曰制命丈人，主生年之本命，攝壽夭之簡札。太一變魂而符列司命，司命[38]混合而對魂帝君。司命之神，主典年壽，魁柄長短之期，是以混合太一，以符籍而由之，故稱丈人焉。名理明初字玄度卿，一名神宗，一名靈華。白日治幽極宮，通御陰房，出入神廬兩門中。夕治在玄室地户之中，幽宫之下，六合宮之上一界中耳。陰房者，是鼻之兩孔中也。司命出入，當由鼻孔，不從[39]兩眉間也。夕在玄室，爲玉莖之中，地户亦爲陰囊中也。若女子存之，令在陰門之內北極中。夕夕存思焉，存畢呪曰："皇一之魂，化成九名[40]。混合三真，變景帝庭。幽極玄户，中有天靈。周旋七運，百神合成。攝籌把筭，司命之精。龍衣虎裙，冠巾七星。常在我己，安存我形。號爲丈人，名曰理明。上通符命，使我長生。三元六府，萬關調[41]平。攝御靈氣，與兆合并。龍輪徘徊，共登太清。齊光日月，幽幽冥冥。刻命青録[42]，天地俱傾。"

命門桃君者，攝稟氣之命，此始氣之君也。還精歸神，變白化青，合規挺矩，生立肇冥。天地之資元[43]，陰陽之靈宗。金門玉關房户之寶，並制命於桃君之氣也。故太一還景，帝君合魂。還景者，俱混洞以萬變；合魂者，化精液而生生[44]也。精變之始，由桃君而唱，以別男女之兆焉！桃君名孩道康字合精延，一名命王，一名胞根，白日治在金門五城中，是爲臍中命門下丹田之宫也。夕治在六合中太一之右焉。夕夕存思畢，乃呪曰："玄元結精，虛氣合煙。胞胎之結，陰陽之親。太上三氣，下入兆身。百節受靈，萬神各陳。混沌爲一，名爲桃君。形如始生，暉暉衝天。衣服五色，華綵鳳文。手執神符，合帝之魂。腰帶虎書，赤巾丹冠。金床玉榻，正當命門。口吸精氣，强我骨筋。右有神女，手把朱幡。左有玉童，書記帝言。陽氣左行，混變未分。陰氣右廻，流形七旋。下至無下[45]，上詣泥丸。常遊九宫，出入幽門。攝練魂魄，六府之間。領録萬神，與我俱仙。"

右《三五渾合化生五神之法》。此五神者，禀五氣之大靈，符玄命之宗也。上生虛无，下結一身，身中之生[46]，須五神以起居焉！兆當夕夕存思而祝之焉！若不能闇諷，可白日按文而修[47]之，不必夜半要生氣時耳！夫三魂生於五神，三真出於五靈，謂此道爲混合三五之法焉。行之者長生不死，名此道曰察明堂，歷神紫宮，生化三五，朝胎上元者也。雖已得仙者亦當行之[48]，行之者長生也。存思之時，坐卧任意，若坐者得向本命爲佳。若不能頓思五神者，可以次先[49]存二神，後存三神，周帀復始，先從[50]太一始也。

鎮神養生内思飛仙上法

太微天帝君鎮神内思、解胞[51]散結、固魂凝魄、混合化玄修真[52]之道，開通六府，五宮受靈。咽氣思真，芝芳自生。胃管結絡，神澄體清。玉輦立至，白日登晨。常當清齋，沐浴燒香，入室夷心，棄累遺塵，豁然无[53]滯，注念不眠。然後真形可覩，遊神可還。每以平旦，東向平坐，臨目内存，形色朗然，呼其正諱，還鎮本宮。

叩齒三十六通，乃存：髮神名蒼華字太元，形長二寸一分；

腦神名精根字泥丸，形長一寸一分；

眼神名明上字英玄，形長三寸；

鼻神名玉壟字靈堅，形長二寸五分；

耳神名空閑字幽田，形長三寸一分；

舌神名通命字正倫，形長七寸；

齒神名崿鋒字羅千，形長一寸五分。

面部七神，同衣飛羅裙，並嬰兒之形，存之審正，羅列一面，各鎮其宮。

畢，便叩齒二十四通，咽氣十二過，祝曰："靈源散氣，結氣成神。分別前後，總統泥丸。上下相扶，七神敷陳。流形遁變，變養華元。導引八靈，上衝洞門。衛軀攝景，上昇帝晨。"

畢，次思：心神名丹元字守靈，形長九寸；

肺神名皓華字虛成，形長八寸；

肝神名龍煙字含明，形長七寸；

腎神名玄冥字育嬰，形長三寸六分；

脾神名常在字魂庭，形長七寸三分；

膽神名龍曜字威明，形長三寸六分。

六府真神，同著丹錦飛裙，處五藏之內，六府之宮，形若嬰兒，色如華童。存之審正，羅列一形，從朝至暮，思念勿忘。

叩齒二十四過，祝曰："五藏六府，真神同歸。總御絳宮，上下相隨。金房赤子，對處四扉。幽房玄闕，神堂紐機。混化生神，真氣精微。保鍊丹田，與日齊暉。得與八景，合形昇飛。"

畢，次思：精血三真名元[54]生君字黃寧子玄，鎮我兩乳之下源；

骨節二真名堅玉君字凝羽珠，鎮我太倉之府五腸之口；

心中一真名天精液君字飛生上英，鎮我胷中四極之口；

九元之真男名拘制字三陽，鎮我左耳伏晨之戶；

皇一之魂女名上歸字帝子，鎮我右耳伏晨之戶；

紫素左元君名翳鬱无刃字安來上，鎮我頭面之境；

黃素中元君名圓華黃刃字太張上，鎮我胷脇[55]之境；

白素右元君名啓明蕭刃字金門上，鎮我下關之境；

日中司命名接生，鎮我左手中；

月中桃君名方盈，鎮我右手中；

胎中一元白氣君名務玄子字育尚生，

太一精魂名玄歸子字盛昌，二神鎮我五藏之上，結喉之本；

結中青氣君名案延昌字合和嬰[56]，

元君精魂名保谷童字明夫，二神鎮我五藏之下，大胃之上；

節中黑氣君名斌來生字精上門，

帝真精魂名幽臺生字灌上生，二神鎮我九腸之口，伏源之下；

胞中黃氣君名祖明車字神无極，

天帝精魂名理維藏字法珠，二神鎮我小腹之內，二孔之本；

血中赤氣君名混離[57]子字叔保堅，

司命精魂名發紐子字慶玄，二神鎮我百關之血，絕節之下；

上玄元父君名高同生字左廻明，

下玄元母名叔火王字右廻光，

帝皇太一名重冥空字幽寥无，

九帝尊名日明真字衆帝生，

太帝精魂名陽堂玉字八靈[58]，

九關魂名綠廻道字絕冥，

天紀帝魂名照無阿字廣神，七神鎮我本命之根，塞我死路之門。存祝衆真，從頭至臍，無不朗然。便使金液流市，玉華映魂。靈粕溢於窮腸，帝氣充於九關。七祖披釋於三塗，受更胎於南宮。鎮生[59]神於一身，布真氣以固年。

畢，叩齒三十九通，祝曰："氣生於无，結生陽神[60]。陽氣外貢[61]，陰氣内成。二象番錯，交結元靈。内真鎮衛，九孔受生。保魂固魄，萬神安停。保我三關，華芝充盈。與我同昇，俱造玉清。"畢，咽氣三十九過，以鎮三十九户。氣澤市潤，流布一身。若能棄累，不拘世塵。靜心夷意，朗覩虛房。眄想内視，鎮神固魂。絕死氣於九户，鎮生宮於上關。廻市存祝，如面共言。晝夜三年，真神見形。皓華反根，朽齒牙生。五藏結絡，内補充盈。役召六甲，驅策六丁。室致九霄之賓，神降三[62]素之軿。神飛形舉，白日登晨。

右上真之神寶名内字，而鎮在人身之内，運於九天之氣，固人六府機關。萬精[63]化生，皆由於神。神鎮則生，神逝[64]則亡。勤心積感，則能舉人身形，上昇玄宮。求仙之道，不知形神内名，又不知填死户，長生豈可冀乎？夫修此道，不得冒[65]履淹穢，食五辛酒肉之屬。觸忤正氣，神則去矣！人知豐肴以甘口，爵祿以榮身。而不知甘口之食，是傷神[66]命之斧；爵祿[67]奢麗，是消真之源。故神人愛幽寂而棲身，不顯形於風塵者也。修生之家，且可慎乎！

三九素語玉精真訣存思法

訣文曰：九天丈人三天玉童同時傳太帝君天帝君，天帝君傳[68]太微天帝君，太帝君以傳南極上元君，天帝君以傳西王母，太微天帝君以傳金闕聖君，金闕聖君以傳上相青童君，青童君傳西城王君，使付後學應爲真人者。承真相統，氣係皇篇，至王君已經七千餘劫。王君後封靈文於王屋山西穴玉室之内，有素靈之官侍香典文，其道祕妙，不行於世。若有玄名，得遇此文，萬仙來朝，天官衛身。懃行苦思，白日昇晨。凡受上清道經[69]三寶妙章步虚昇玄之道，而不先釋五藏，開理幽關，萬氣不固，真靈不欣，徒勞懃事，萬不得仙。今撰《玉訣》，上帝妙言，以傳後學，祕而奉真。慎勿輕傳，殃滅子身。

每至本命之日，沐浴入室，東向叩齒九通，冥目思東方青帝少陽九靈真人諱拘上生，身長九寸，頭戴九元之冠，衣單青飛裙，手執青精玉板，乘青雲飛輿，從青袿玉女十二人，從天清陽宮中來下，以青雲冠覆我身。思九靈真人乘雲氣入[70]我身中，安鎮肝内，便三呼少陽九靈真人拘上生齎青芝玉精補養我身，便三咊口三咽止，仰呪曰："蒼元浩靈，少陽先生。九氣還肝，使我魂寧。幽府結華，藏内鮮明。練容固體，返白爲青。化内發景，登昇紫庭。敢有犯試，摧以流鈴。上帝玉錄，太清記名。"畢，引氣九咽止。

正南向冥目，叩齒三通，思南方赤帝太陽南極真人，諱融上生，身長三寸，頭戴進賢之冠，衣絳章之衣，手執朱玉之板，乘赤雲飛輿，從赤袿玉女十二人，從天蘭臺宮中來下，以丹雲冠覆我身。思太陽南極真人乘雲氣入我身中，安鎮心内，便三呼太陽南極真人融上生齎丹芝玉精補養我身，便三咊口三咽止，仰呪曰："赤庭絳雲，上有高真。三氣歸心，是我丹元。騰我淨躬，遥奏以聞。心固神静，九靈閉關。金真内映，紫煙結雲。太微綠字，書名神仙。飛行上清，朝謁帝庭[71]。"畢，引氣三咽止。

正西向冥目，叩齒七通，思西方白帝少陰素靈真人諱辱明子，身長七寸，頭戴玉寶玄冠，衣素錦之衣，手執素玉之板，乘白雲飛輿，從素靈玉女十二人，從天皇堂[72]宮來下，以素雲冠覆我身。思素靈真人乘雲氣入我身中，安鎮肺內，便三呼少陰素靈真人辱明子齋白芝玉精補養我身，便三味口三咽止。仰呪曰："素元洞虛，天真神廬。七氣守肺，與神同居。保練玉[73]藏，含華玉芝。澄誠明石，遊御玄虛。白玉金字，九帝真書。使我飛仙，死名落除。遊洞三清，適意所如。"畢，引氣七咽止。

正北向冥目，叩齒五通，思北方黑帝太陰玄靈真人諱冥玄默，身長五寸，頭戴玄冠，衣玄雲之衣，手執玄精玉版，乘玄雲飛輿，從太玄玉女十二人，從天玄陰玉虛宮中下，以玄雲冠覆我身。思太陰玄靈真人乘雲氣入我身中，安鎮腎內，便三呼太陰玄靈真人冥玄默齋玄芝玉精補養我身，便三味口三咽止。仰呪曰："玄元北極，太上靈璣。五氣衛腎，龜玉參差。寶華結絡，胃藏朗開。神名玉臺，年同二儀。上皇大帝，峙然不迷。役使六甲，以致八威。參龍駕浮，超然昇飛。吐納神芝，歷劫不衰。"畢，引氣五咽止。

正向本命之上，冥目叩齒十二通，思中央黃帝總元三靈真人諱原華，身長一寸二分，頭戴黃晨玉冠，衣黃錦飛裙，手執黃精玉版，乘黃霞飛輿，從中央黃帝玉女十二人，從天玉房宮中下，以黃雲冠覆我身。思三靈真人乘黃雲入我身中，安鎮脾內，便三呼總元三靈真人原華齋黃精玉芝補養我身，便三味口三咽止，仰呪曰："黃元中帝，本命之神。一氣侍脾，使我得真。五藏生華，結絡紫晨。變景練容，保命長延。後物而傾，千神來臣。老君玄錄，名書神仙。長生久視，與天同存。"畢，引氣十二咽止。

還東向，冥目叩齒三十六通，思五氣玉清高皇上寶真人諱太虛，身長三寸，頭戴玉晨之冠，衣五色无縫單衣，左手捧日精，右手執月光，鎮我上府泥丸宮中，呼上寶真人太虛齋五氣流精陶灌我身，便五味口五咽止，仰呪曰："高上真皇，五帝太靈，保我泥丸，玄映五形。三光朗耀，日月洞明。飛雲流霞，陶注玉精。練容保魄，神魂自生。千變萬化，昇入紫庭。"畢，引氣五咽止。

五方命呪畢，摩兩掌試面目。如此五年，面發金容，五内華生，五藏保氣，神仙道成。三宫感暢，真靈見形，乘空駕虛，白日昇天。惟在密修，慎勿輕傳。

紫書存思元父玄母訣

《紫書訣》言：修行上真之道，當以三月、九月、十二月，三日、十五日、二十五日，一年三月，月有三日，三過行之。此月是九天元父受化之月，日是遊宴九天上宫值合之時也。每至其日，沐浴清齋於隱寂之地，不關人事。正中時，向東北之上，仰天思九天元父姓名，身長九寸九分，著玄黃素靈之綬，頭戴七稱珠玉之幘，冠无極進賢之冠，居九天之上太極瓊宫玉寶之府丹靈鄉洞元里中。時乘碧雲飛輿，從十二飛龍二十四仙人，白鵠侍輪，遊於虛玄之上。存思分明，令如對顏。便九拜於元父，三過陰喚元父，甲今有言，乞與上昇，奉侍帝靈。輒叩齒九通，仰祝曰："高上帝尊，元始大神。含真胤氣，形秀紫天。乘雲駕浮，落景八煙。廻輪曲降，道廕我身。得乘霄景，奉侍靈轅。今日八會，上願開陳。所向所啓，莫不如言。長享元吉，與帝同存。"畢，仰咽九氣止。如此，元父感悦，帝尊欣喜，即命領仙注子金名。九年精思，克遣瓊輿，下迎子身，白日飛昇，上造帝庭。此道高妙，非下世凡學所可參聞。自无金名玄圖，録字上清，莫得知見。若於機會遇得寶篇，皆宿挺合仙。但當寶録，密而奉行。輕説非真，罪延七祖父母，長閉地獄，萬劫不原，身没鬼官，萬不得仙。

《紫書訣》言：凡修上真之道，當以二月、七月、十月、五日、十六日、二十九日，一年三月，月有三日。此月是九天玄母合化始生之月，日是天元合慶變雌天德之日也。至其日，沐浴清齋，別室寂處，不關人事。夜半露出中庭西南向，仰天思九天玄母姓名，身長六寸六分，著青寶神光錦繡霜羅九色之綬，頭戴紫元玄黃寶冠，居九氣无極之上瓊林七映之宮玉寶洞元之府九光鄉上清里中。時乘紫雲飛精羽蓋，從十二鳳凰三十六玉女，白鳳侍輪，遊於太清之上无崖之中。存思分明，朗然對前。便九拜於玄母，三過陰喚玄母，甲穢質貪真，仰慕上清，乞與眄接，得侍玉靈。叩齒九通，仰祝曰："三合五離，混化二元。氣凝成神，神變合魂。胎養九天，保固生門。陰精玄降[74]，陶灌形源。練質染氣，受化自然。今日何日？玄母開陳。八願九會[75]，上獲天真。景嚮參微，得啓玉晨。骨騰肉飛，乘虛絡煙。上造紫轅，長輔帝臣。"畢，仰咽氣九過止。如此，玄母含暢，帝妃憘懽，天真下降，得見靈顏。即命青宮注上玉名，九年精思，帝遣玉女乘雲下迎，上昇玉清，侍衛玄宮。此道高妙，非世所聞。若有金名標侍帝簡，得見此文，皆宿挺合仙，克得飛昇，遊宴九天也。慎勿輕洩，身没三官，七祖被考，長閉河源。

凡行此道，當精心苦念，目瞻靈顏，仰希玄降，以要飛仙。不得汙穢，上干太真，身被禁閉，萬不得仙。若天陰无日，亦可於静室行事，但使心目相應，口嚮相和，神无不感，道无不降，學无不成。道降神附，飛行太空也。

紫書存思九天真女法

《紫書訣》言：凡修上真之道，常以九月九日、七月七日、三月三日，此日是九天真女合慶玉宮、遊宴霄庭、敷陳納靈之日。至其日，五香沐浴清齋，隱處別室，不交人事。夜半露出，燒香北向，仰思九天真女諱字，身長七寸七分，著七色耀玄羅袿、明光九色紫錦飛裙，頭戴玄黄七稱進賢之冠，居上上紫瓊宮玉景臺七映府金光鄉无爲里中。時乘紫霞飛蓋緑軿丹畢，從上宮玉女三十六人，手把神芝五色華幡，御飛鳳白鸞，遊於九玄之上，青天之崖。思畢，心拜真女四拜，叩齒二十四通，仰祝曰："天真廻慶，遊宴紫天。敷陳納靈，合運無間。上御玉宮，下眄兆臣。八會開張，九願同纏。思微立感，上窺神真。流精陶注，玉華降身。萬慶無量，長種福田。"畢，仰引氣二十四咽止。如此，真女感悦，神妃含懽，上列玉帝，奉兆玉名，記書東華，參篇玉清也。修之九年，面發金容，體映玉光，神妃交接，身對靈真，克乘飛蓋，遊宴紫庭。此法高妙，世所不行。若有金名，書字紫簡，得見祕文，骨挺應仙。寶而密修，計日成仙。輕泄非真，罰以神兵，長役幽泉，七祖受累，萬劫不原。

【校記】

〔1〕"須"字原無，據《洞真太一帝君太丹隱書洞真玄經》（下稱《洞真玄經》）增。

〔2〕"一"，上書作"一匠"。

〔3〕"使心常勤"，上書作"心中常歡"。

〔4〕"衆"原作"象"，據上書改。

〔5〕"又無"原作"無又"，據上書改。

〔6〕"虎"字原無，據上書增。

〔7〕"存三守一，精思洞房會帝君"，上書作"存三一，守太一，精洞房，會帝君"。

〔8〕"帝君"二字原無，據上書增。

〔9〕"真"字原無，據上書增。

〔10〕"知"原作"之"，據上書改。

〔11〕"變"字原無，據上書增。

〔12〕"人"原作"真人"，據上書删。

〔13〕"兩目耳之上"，上書作"兩耳之上，兩耳之上"。

〔14〕"令"字原無，據上書增。

〔15〕"皇"原作"星"，據上書改。

〔16〕"垂"原作"神"，據上書改。

〔17〕"禍滅消平"，上書作"禍害滅平"，本書卷十一上《有章》注引《九真中經》"滅"作"咸"。

〔18〕"神"原作"鬼"，據《洞真玄經》改。

〔19〕"三光"，上書作"三元"。

〔20〕"以次"原互乙，據上書正。

〔21〕"臍中"二字原無，據上書增。

〔22〕"太元"上書作"太無"，疑"元"乃"无"形譌。

〔23〕"靈"，上書作"靈帝"。

〔24〕"二帝"，上書作"三帝"。

〔25〕"尊"，上書作"等"。

〔26〕"三五"二字原無，據上書增。

〔27〕"之"字原無，據上書增。

〔28〕"見"原作"是"，據上書改。"空"上書作"玄"。

〔29〕"玉清紫微宮中"原作"玉清氣紫微宮"，據上書改。

〔30〕"神"後原有"生之神"三字，據上書刪。

〔31〕"頻"原作"類"，據上書及本書卷四三改。

〔32〕"巾"原作"中"，據《洞真玄經》改。

〔33〕"少"字原無，據上書增。

〔34〕"左"原作"右"，據上書改。

〔35〕"元"原作"充"，據上書改。

〔36〕"陽"原作"房"，據上書改。

〔37〕"宮"，上書作"君"。

〔38〕"司命"原無，據上書增。

〔39〕"從"字原無，據上書增。

〔40〕"名"，上書作"宮"。

〔41〕"調"原作"條"，據上書改。

〔42〕"錄"原作"綠"，據上書改。

〔43〕"變白化青，合規挺矩，生立肇冥，天地之資元"，上書作"廻精變白，合化規始，挺生立肇，實天地之資元"。

〔44〕"生生"原作"生"，據上書增。

〔45〕"下至無下"四字原無，據上書增。

〔46〕"生"，上書作"生生"。

〔47〕"修"原作"於"，據上書改。

〔48〕"行之"二字原無，據上書增。

〔49〕"次先"原作"先次"，據上書改。

〔50〕"從"原作"後"，據上書改。"周币"，上書作"周而"。

〔51〕"胞"原作"脱"，據《上清廻神飛霄登空招五星上法經·鎮神養生内思飛仙上法》改。

〔52〕"混合化玄修真"，上書作"混化玄真"。

〔53〕"无"原作"元"，據上書改。

〔54〕"元"原作"无"，據上書改。

〔55〕"脇"，上書作"腹"。"刃"字原無，據上書增。

〔56〕"嬰"後原有"兒"字，據上書删。

〔57〕"離"原作"雜"，據上書改。

〔58〕"陽堂玉字八靈"，"玉"原作"王"，"靈"下原有"君"字，據上書删改。

〔59〕"生"原作"存"，據上書改。

〔60〕"結生陽神"，上書作"結氣於神"。

〔61〕"貢"，上書作"貞"。

〔62〕"三"原作"二"，據上書改。

〔63〕"精"原作"積"，據上書改。

〔64〕"逝"原作"遊"，據上書改。

〔65〕"冒"，上書作"身"。

〔66〕"神"字，上書無。

〔67〕"爵禄"二字原無，據上書增。

〔68〕"天帝君傳"四字，《洞真太上三九素語玉精真訣》無。按文意宜删。

〔69〕"經"，上書作"德"。

〔70〕"入"原作"人"，據上書改。

〔71〕"庭"，上書作"尊"。

〔72〕"堂"字原無，據上書增。

〔73〕"玉"，上書作"五"。

〔74〕"降"原作"絳"，據《洞真上清青要紫書金根衆經》改。

〔75〕"八願九會"，疑當作"八會九願"。上節有"今日八會，上願開陳"，下節有"八會開張，九願同纏"，均有"八會"。

雲笈七籤卷之四十五

祕要訣法 修真旨要

序事第一

道者，虛無之至真也；術者，變化之玄伎也。道無形，因術以濟人；人有靈，因修而會道。人能學道，則變化自然。道之要者，深簡而易知也；術之祕者，唯符與氣藥也。符者，三光之靈文，天真之信也。氣者，陰陽之太和，萬物之靈爽也。藥者，五行之華英，天地之精液也。妙於一事，則無不應矣。

性情第二

夫生我者道，稟我者神，而壽夭去留，不由於己何也？以性動而爲情，情反於道，故爲化機所運，不能自持也。將超跡存亡之域，棲心自得之鄉者，道可以爲師，神可以爲友。何謂其然乎？夫道與神，無爲而氣自化，無慮而物自成，入於品彙之中，出於生死之表。故君子黜嗜慾，隳聰明，視無色，聽無聲，恬惔純粹，體和神清，希夷忘身，乃合至真。所謂返我之宗，復與道同。與道同者，造化不能移，鬼神不能知，而況於人乎！蓋傳受之者，多不能叩師旨，曉玄奧，濫參經法，不會修行之由，不知避忌動靜進退取捨之端，致於俯仰觸於正真。雖然立功，功不足以補過。學仙之士，須探幽賾玄，制遏情性。性常靜之，情無撓之，情性平和，方可以學道矣！

明正一籙第三

籙者，戒録情性，止塞愆非，制斷惡根，發生道業。從凡入聖，自始及終，先從戒籙，然後登真。夫事悉兩存，則理無不通。籙者亦云，籙三天妙氣十方神仙靈官名號，與奉道之人修行。經云：“生無道位，死爲下鬼。”若高人俗士有希道之心，未能捨榮禄，初門不可頓受，可受三五階。若修奉有功，然更遷受。上古真人尋按經籙，唯受一二階，修行便登上真。多受不會至理，師又不明修行之由，於身未能有益。道在用心真而又正，修行契合於道，其應如神也。《正一籙》流傳總二十四階，今畧云一二階，以明《正一》之由。《正一三五百五十將軍籙》有兩階，每一階分爲七十五將軍，上階云上仙，下階云上靈，是人身中二儀正神也。《正一三五混沌元命真人籙》，《正一法》中王也。正則不邪，一則不二，制伏邪僞，悉歸正道。混沌者，我初生亦如天地混沌之初也。元命者，有身之元命也。知道修其元命，可爲真人也。此元命之理稍長，事難具載，臨壇受度，師合明示弟子，令識元命之由矣。萬法悉有内外及兩存，外以天中指事者，《正一盟威》處乎星漢斗宫之中；若内以指事者，以身中三丹田爲三氣正神，變化有千二百形影，萬二千精光。經云：“得三氣之所生，能知六數之所因。”即陽氣化爲龍車，陰氣化爲玉女，騰轉無方，輪舞空玄之上。又氣之所在，隨神所生焉！神在則氣盛，神去則氣遷。氣者，則二十四神之正氣。氣亦成神，神亦成氣。散之爲雲霧，合之爲形影。出爲亂，入爲真。上結三元，下生萬物。静用爲我身，動用爲我神。故知道成動用，悉在我身。修鍊之人，陰氣日消，陽氣日隆。既無陰氣，自然上昇。吴天師曰：“九天之上無陰也，九地之下無陽也。”

避忌第四

《正一籙》云：弟子遇大風雨時，皆不可朝真醮請，當默坐燒香，爲真靈不降，候晴爲之。受道之家，或遭疾病，唯思愆悔過，不得怨咎神明。可晨夕虔心，焚香禮念，陳列章表，乞贖過尤，無不應也。道士行法爲人治病，所受信物分於寒棲之人，次充功德之用。若私用非道，則治病不驗，罪考難解，殃流子孫。凡人詣師受道，入靖啓事，弟子皆應三叩頭，搏頰再拜，受訖三日謝恩。若師在遠處，入靖室面向師所在方，至心[1]再拜。焚修香火，不得用竈中灰火。《天師門下科令》云：竈灰火爲伏龍屎，故宜忌耳。經大喪一年殟，朞喪四十日殟，限內不得入靖朝真，限滿沐浴，然可[2]朝真，犯者考病十日。凡人入靖，朝禮啓事，言詞章表，欲得質而不繁，約而不華。上真聖聰，不在繁詞。凡欲入靖朝真，具衣褐，執簡當心，定神存思，然後閉氣入靖。經云："閉口入靖，百神畏憚，功曹使者龍虎君各可見與語。"謂能精心，久久行之。

《登真戒忌》云："未見無功受賞而保安，有罪不罰而永全，兆心自然之感，猶影響之相應。"

又曰："夫學道者，第一欲得廣行陰德，慈向萬物，救人危難，度人苦厄，輕財重道，施恩布德，最爲上善。遵戒避忌：第一戒貪，第二戒殺，第三戒慾。守此，實學者之堅梯，登真之樞要。苟不依承，是求沒溺之漸矣。"又云："婬爲十敗之首。"可不慎乎！[3]

殟穢忌第五

科曰：忌臨屍産婦喪家齋醮食。櫛沐飯食便曲不欲向北，及不得見三光。婦人月經不得造齋食，近道場。不得見諸畜産喪車靈堂等。

解穢湯方第六 出《真誥》

竹葉十兩　桃白皮四兩

右以水二斗煎取一兩沸，適寒温，先飲一盞，次澡浴，兼以水摩髮，穢自散也。

《真誥》曰："既除殗穢[4]，又辟濕痺瘡。且竹清素而内虚，桃即折邪而辟穢[5]，故用此二物，以消形中之滓濁。"見屍及[6]喪車，速存火從己心中出往燒之，令火[7]赫然，與屍柩等並爲灰燼，便想烈風吹之。又閉目内視，令火自焚，舉體潔白，見穢氣自滅。忽於街衢道中見諸穢，尤要此法也。

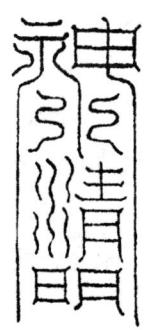

凡書符，叩齒三通，三度[8]稱合明天帝日，閉口閉氣書之置水椀中，以刀子左攪水三巾，想北斗七星在水中，呪曰："北斗七星之精，降臨此水中，百殗之鬼，速去萬里。如不去者，斬死付西方白童子。急急如律令！"呪訖，即含水噴灑，穢氣都散。當噴之時，存正一真官朱衣頭戴籙中九鳳之冠[9]，口中含水噴灑，穢亦自解。

沐浴洗面，常用此呪，三呵水，即呪曰："四大開明[10]，天地爲常。玄水澡穢，辟除不祥。雙童守門，七靈安房。雲津鍊濯[11]，萬氣混康。内外利貞，保滋黄裳。急急如律令！"

旦夕燒香第七

每日卯酉二時燒香，三捻香三叩齒，若不執簡，即拱手，微退冥目視香煙，微祝曰："玉華散景，九炁含[12]煙。香雲密羅，上衝九天。侍香金童，傳言玉女，上聞帝前。令某長生，世爲神仙。所向所啓，咸乞如言。"畢，叩齒心禮四拜，亦云真禮四拜。

旦夕衛靈神呪第八

每朝及臨卧之際，焚香向王長跪，叩齒三十二通，誦《衛靈神呪》一遍，其呪在別卷。

朝真儀第九

每月一日、十五日、三元日、正月十五日、七月十五日、十月十五日。庚申日、甲子日、本命日、三會日、正月七日、七月七日、十月五日。八節日。立春、春分、立夏、夏至、立秋、秋分、立冬、冬至。

右此日並須朝禮。若其日遇值戊辰、戊戌、戊寅，即不須朝真，道家忌此日辰。

凡入靖朝禮，預先一日不食五辛酥乳酪，能常斷尤佳。若未能常斷，但修行日慎勿食之，可以桃竹湯沐浴。至其日五更，以潔淨衣服執簡香爐至靖户，叩齒三通，微祝曰："四明功曹，通真使者，傳言玉女，侍靖玉女，爲我通達，道室正神。上元生炁，入臣身中，今日朝真，願爲通達，皆使上聞。"訖，便開門，先進右足，次進左足。至香案前，置爐案上，執簡[13]臨目，叩齒三通。存思玉女玉[14]童在香案左右，即上香訖，起執簡當心，平立微僂身，發爐呪曰：太上玄元五靈老君，當召功曹使者、左右龍虎使者、捧香使者、三氣正神，急上關啓三天玄元無上道君：臣今正爾入靖燒香朝真，願得九天正真生氣，降入臣身中，令臣所啓，速達逕御太清紫微君[15]玄元大道君几前。畢，再拜長跪，存思太上道君著九色雲霞之帔，戴九德之冠，左玄真人在左，右玄真人在右，龍虎君玉童玉女並在左右，天師在西位，四面功曹使者，青雲之氣滿堂，所存並坐紫雲座，座如雲之昇。畢，退身再拜，又長跪叩齒二十四通，啓曰："正一盟威弟子某稽首，歸身歸神歸命太清玄元無上三天無極大道太上老君太上丈人天帝君天帝丈人九老仙都君九氣丈人百千萬重道炁，千二百官君、太清玉陛下，臣某幸資宿慶，得奉道真，竊不自揆，輒希長生。誓將克己立功，改過修德。伏乞原赦臣積生已來至于今日所犯元惡重罪，咸賜蕩除，許臣自新，補復前咎。令九祖父母幽魂苦爽，皆拔[16]九幽，上昇天衢。令臣修道，允合[17]至誠，請削臣死籍，注上玄籙，閭門之內，共保元吉，生成之惠，實在於此。臣某叩頭謹啓再拜。"又長跪曰："臣某蒙師資受道，荷佩法籙。雖未明真理，志願神仙，長生度世。自頃已來，轗軻病疾，注[18]連沈滯。即日上請虛素天精君一人赤衣兵士十萬人，在天柱宮，以制鬼滅禍，遏却六天之氣，令臣某百病除愈，仰荷大道生育之恩，某稽首再拜叩頭。"又長跪曰："臣某自頃已來，轗軻不寧，夢想不真，魂魄不守，上請收神上明君一人官將一百二十人，主爲臣某治之，令臣心安神定，與道合同，再拜。"又長跪曰："臣某身常有疾病，四大昏沉，百骸委頓[19]，慮恐一旦沉沒泉壤，上請天官陽袟君一人官將百二十人左右吏兵一百二十人爲某治之。開生門，益壽命，當請南上君一人官將一百二十人，在倉廩[20]宮，爲臣某延年，長生不死。仰荷大道生成之恩，臣某誠惶誠恐，稽首再拜。"又長跪曰："臣某自居止此已來，夢想不安，及有凶強故氣之鬼，不忌太上道法，每來逼近身中。若不早請天官將吏削除，日月深遠，恐爲災禍。臣今謹上請召仙君一人官將一百二十人，乞制滅凶危故氣之鬼，使真氣降流，室宇清淨，妖邪斥却，耳目聰明。仰荷大道罔極之恩，臣某誠惶誠恐稽首再拜。"便於彼處地上伏地，以簡叩頭搏頰訖，起立。復鑪呪曰："香官使者左右龍虎君捧香使者三氣正神，當令朝真之所，自然生金液丹碧芝英，百靈衆真，交會在此香火案前，令臣修道克合至真，闓門受福，天下蒙恩，仙童玉女，侍衛香煙，傳臣所奏，徑至帝前。"再拜便出，勿廻顧入靖。預約家人，勿令囂喧，畢須寂然。

已上五等朝儀，及魏夫人傳嵩嶽吳天師，亦常用此儀也。

入靖法第十

《真誥》云："上清真人馮延壽訣曰：'凡人入靖燒香，皆當對席心拜，叩齒陰祝，隨意所陳，唯使精專，必獲靈感。正心平氣，故使人陳啟通達上聞也。燒香時勿反顧，顧則忤真，致邪外應。'"又清虛真人曰："每入靖，當以水漱口洗穢氣。出靖漱口，以閉三宮故氣[21]。出靖戶之時，亦不得反顧，顧則忤真，克[22]致不誠。入靖戶不得與外人言語，及不得腳躡門限，勑禁至重。"

燒香法第十一

太上教曰："夫燒香不得以口嚙香，靈禁至重。"《登真隱訣》曰："夫朝奏之時，先烈火豐香，使一舉便到了，不宜綿綿翳翳。"

存思訣第十二

《天師燒香儀》曰："入靖燒香，常存左青龍，右白虎，前朱雀，後玄武。"《陸先生思神訣》曰："常存鑪左金童，右玉女，侍香煙也。"《李氏儀》曰："存香火中有五色煙也。"《玄都入治律》曰："呈章朝真，存五方氣及功曹使者吏兵，左右分位，森然如相臨，對侍左右前後。"《天師墨教篇》曰："入靖燒香，皆目想髣髴，若見形儀。不可以空靜寥然無音響，趨拜而退也。"

叩齒訣第十三

《九真高上寶書神明經》曰："叩齒之法，左相叩名曰打天鐘，右相叩名曰搥天磬，中央上下相叩名曰鳴天皷。若卒遇凶惡不祥，當打天鐘三十六遍。若經凶惡[23]辟邪威神大呪，當搥天磬三十六遍。若存思念道，致真招靈，當鳴天皷，當以正中四齒相叩，閉口緩頰，使聲虛而深響也。"

臨目訣第十四

臨目，目欲閉而不閉，欲開而不開，令幽顯相關，存注審諦。今人入靖及呈章，可依此法。

稽首訣第十五

《登真隱訣》曰："稽首者，先一拜，額至地，乃再拜。按先一拜，而世相承，不見至於再。拜猶不肯全，何況能先別一拜以行稽首？今或因坐仍額至地稽首，首至地如因坐地，非稽首也。"

再拜訣第十六

夫再拜者，兩拜是也。別起更坐，勿因拜便坐也。拜坐止一拜全，非再拜也。

誠惶誠恐訣第十七

夫誠惶誠恐者，即握簡低身，戢地兩過，捧簡長跪當心，少時復下戢地又兩過止。若言頓首者，便以頭頓也。陶隱居曰："道雖心存，亦須形恭。口宣詞列，進退足蹈，並使應機赴會，動靜得宜，內以沖神，外以協禮。"

已上出《登真隱訣》[24]。

明二人同奉第十八

太玄都云："高人俗士居家，或有妻室，志有希道之心，心遊道德之鄉者，宜夫妻同修。若不同修，皆相賊害。以一人不知故，見一人修行，心有相阻，遂成相賊。可同奉朝修，入靖之日，男官立左，女官立右，一人啓奏，二人虔心，同時再拜。女人至朝真日，身有穢亦宜止之，但有同奉心，即可合於玄感耳！"

本命日第十九

夫本命日可轉《度人經》一兩過，即魂神澄正，萬氣長存，不經苦惱，身有光明，三界侍衛，五帝司迎。功滿德就，名書上清。本命日早朝焚香，向本命位叩齒三通，心存再拜而微祝曰："太一鎮生，三氣合真。室胎上景，母玄父元。生我五藏，攝我精神。下灌玉液，上朝泥丸。夕練七魄。朝和三魂。右命玉華，左嘯金晨。令我神仙，役靈使神。常保利貞[25]，飛行十天。"畢，叩齒三通，咽液三過，心禮四拜[26]，此名《太上祝生隱朝胎元之道》。常能行之，令人魂魄保守，長生神仙。此法不用入靖室，可坐所但少靜無人即爲之。出《真誥》第三。

入室對席第二十

凡人入室焚香皆當對席心禮，叩齒陰祝，適意所陳，唯使專精，必獲靈感。

制三尸日第二十一

凡甲寅庚申之日，是三尸鬼競亂精神[27]之日也，不可與夫妻同室寢食，可慎之。甲寅日可割指甲，甲午日可割脚甲，此日三尸遊處，故以割除以制尸魄也。

常存識己形第二十二

凡人常存識己之形，極使髣髴對我前，存我面上常有日月之光[28]，洞照一形，使日在左月在右，去面九寸。日紫色，光芒赤，光九芒也，月黃色，光芒白，光十芒也[29]。存了，叩齒三通，微祝曰："元胎上真，雙景二玄。右抱七魄，左拘三魂。令我神明，與形常存。"畢，叩齒三通，咽液七過，名爲《帝君錄[30]形拘魂制魄之道》。《黃庭經》云："攝魂還魄永無傾"也。

《真誥》曰："夫得道者，常恨不早聞道。失道者，常恨不早精勤。何謂精耶？專篤其事。何謂勤耶？恭繕其業。既加之以檢慎，守之以取感者，則去真近矣！爾其營之勿怠也。"

《真誥》曰："性躁暴者，一身之賊病。心閑逸者，求道之堅梯也。遂之者真去，改之者道來。每事觸類，當柔遲而盡精潔之理，如此幾乎道近[31]也。"

紫陽真人[32]言："沐浴不數，魄之性也。違魄反是，鍊其濁穢[33]，尸魄自去也。"

寢臥時祝第二十三

凡人臥牀常令高，則地氣不及，鬼吹不干，鬼氣侵人，常因地氣而逆上耳。人臥室宇當令潔盛[34]，盛則受靈氣，不盛則受故氣。故氣之亂人室宇者，所爲不成，所依[35]不立。一身亦爾，當數沐浴潔淨。

《真誥》云："世人有知酆都六天宮名者，則百鬼不敢害。欲卧時，常先向北祝之三遍，微其音也。祝曰：'吾是太上弟子，下統六天。六天之宮，是吾所部。不但所部，乃太上之所主。吾知六天門名，是故長生。敢有犯者，太上斬汝形。

第一宮名紂絕陰天宮，以次東行：

第二宮名泰殺諒事宗天宮，

第三宮名明辰耐犯武城天宮，

第四宮名恬照罪炁天宮，

第五宮名宗靈七非天宮，

第六宮名敢司連宛屢天宮。'

畢，叩齒六下乃[36]卧，辟諸鬼邪之氣。如此凡三過也，此法亦出《酆都記》。"

《北帝祝法》："《北帝神祝之法》，若非制鬼神，常持者可微微而誦，自然除穢惡，滅三尸，消故氣。鬼魅邪精，永不敢近。久久持之，北帝每差天丁侍衛。若制伏用事，乃可高聲誦持。法面北叩齒三十六通，存五神，誦持四言一叩齒。祝曰：'天蓬天蓬，九元殺童。五丁都司，高刁北公。七政八靈，太上浩凶。長顱巨獸，手把帝鍾。素梟三神[37]，嚴駕夔龍。威劍神王，斬邪滅蹤。紫氣乘天，丹霞赫衝。吞魔食鬼，橫身飲風。蒼舌綠齒，四目老翁。天丁力士，威南禦兇。天驤激戾，威北銜鋒。三十萬兵，衛我九重。辟尸千里，去却不祥。敢有小鬼，欲來見狀。钁天大斧，斬鬼五形。炎帝烈血，北斗然骨。四明破骸，天獸滅類。神刀一下，萬鬼自潰。急急如太上帝君律令！'畢，皆四言一叩齒，以爲節也。若冥夜白日得祝，爲常祝也。鬼有三被此祝者，眼睛盲[38]爛，而身滅矣。此上《神祝》，皆斬鬼之司名，北帝祕其道。若世人得此法，常能行之，乃不死之道也。男女大小皆得行之，此所謂《北帝神呪殺鬼之法》，鬼常畏聞，困病行之立愈。叩齒當臨目存見五藏，五藏具，五神自然在身。酆都中祕此呪法，令密耳[39]，不可泄非其人也。"此呪出《上清部》，《登真隱訣》《真誥》中並有，《正一部》中及法事要訣，皆有其文。《道教靈驗記》亦録上古及近世修持有効者甚多，略而言之。

服日月光芒[40]第二十四

服日月光芒：大方諸宫，青童君常治處。其上人皆天仙高真，太極公卿司命所在[41]也。有《服日月光芒法》，雖已[42]得道爲真，猶故服之。凡存心中有日象大如錢，在心中赤色，有光芒[43]，從心中上出喉至齒間，即不出却[44]迴還胃中。如此良久，臨目存見心中胃中分明，乃吐氣，訖，嚥液三十九過止。一日三爲之，日出時食時日中時行之，一年除疾，五年身有光彩，十八年得道，日中行無影，辟百邪千災之氣。常存日在心、月在泥丸中，晝服日、夜服月。服月法[45]，存月十芒白色，從腦中下入喉，芒亦至齒而嚥入胃。一云：常存月一日至十五日已前服，十五日已後不服，月減光芒損天炁，故言止也。又此《方諸真人法》出《大智慧經》中篇，常能用之，保見太平。南極夫人所告。

行此日在心、月在泥丸之道，謂省易得旨，須勤行無令廢絶也。除身中三尸，百疾千惡，乃鍊魂制魄之道也。日月常照形，即鬼無藏形。青童君云：故常行之，吾即其人也，今[46]告子，子脱可密示有心者耳。行此道，亦不防行寶書所以[47]《服日月法》，兼行有益也。仙人一日一夕行千事，不覺勞倦，勤道之至，生不可失。出《真誥》第三。

右出西城王君告。

孟先生訣第二十五

山世遠受《孟先生法》：暮卧，先讀《黄庭内景經》一過乃眠，使人魂魄自然制鍊。常行此法，二十八年亦仙矣！是合萬遍，夕得三四過乃佳。北嶽蔣夫人云：讀此經年限未滿，亦且使人無病，是不死之道也。

已上出《真誥》第三。

惡夢吉夢祝第二十六

太素真人教始學者《辟惡夢法》：若數遇惡夢者，一曰魄妖，二曰心試，三曰尸賊，此乃厭消之方也。若夢覺，以左手捻人中二七過，叩齒二七通，微祝曰："大洞真玄，長練三魂。第一魂速守七魄，第二魂速守泥丸，第三魂受心節度。速啓太素三元君：向遇不祥之夢，是七魄遊尸，來協邪源[48]。急召桃康護命，上告帝君，五老九真，各守體門。黃闕神師，紫户將軍，把鉞握鈴，消滅惡精。返凶成吉，生死無緣。"畢，若又臥，必獲吉應。而造爲惡夢之氣，則受閉於三關之下也。

三年之後，唯神感應乃有夢者，皆有[49]將來之明審也，無復惡夢不祥之想。若夜有善夢，吉應如夢，而心中自以爲佳，則吉感也。臥覺當摩目二七過，而祝曰："太上高精，三帝丹靈。絳宮明徹，吉感告情。三元守魄[50]，天皇授[51]經。所向諧合，飛仙上清。常與玉真，俱會紫庭。"

已上出《太丹隱書》。

山源者，是鼻下人中之左側，在鼻下尖[52]谷中也。暮[53]常嚥液三九過，急以左手第二第三指按三九下，常爲之，令人致靈徹視，杜遏萬邪之道也。且亦宜爲之，按了密呪曰："開通天庭，使我長生。徹視萬里，魂魄返嬰。滅鬼却魔，來致千靈。上昇太上，與日合并。得補真人，列象玄名。"

明耳目訣第二十七

《真誥》曰："求道要先令目明耳聰爲事主也。且耳目是尋真之梯級，綜靈之門户，得失繫之而立，存亡須之而辯也。今抄經相示，可施用之。道曰：常以手按兩眉後小穴中三九過，又以手心及指摩兩目顧上，以手旋耳行三十過，唯令數[54]，無時節也。畢，輒以手逆乘額三九過，從眉中始，乃上行[55]入髮際中，仍須嚥液，多少無數，如此常行，耳目清明，一[56]年可夜書。眉後小穴爲上元六合之府，化生眼暉，和瑩精光，長映[57]徹瞳，保鍊目神，是真人坐起之上道也。"

青牛道士存日月訣第二十八

青牛道士口訣："暮卧存日在額上，月在臍下，上辟千鬼萬邪，致玉童玉女來降，萬禍伏走，甚祕驗。"此[58]即封君達也。沈羲曰："服神藥勿向北方，大忌。亥子日不得唾，損精失氣，減折年命也。"

欒巴口訣第二十九

欒巴口訣："行經山野及諸靈廟惡神之門，存口中有真人字赤靈丈人，侍以玉女二人，一女名華正，一女名攝精，丈人著赤羅袍，玉女二人上下黄衣。所存畢，乃叱咤曰：'廟中鬼神速來，使百邪詣赤靈丈人受斬死，衆邪却走千里。'此是三天前驅使者赤靈丈人捕鬼之法也。"

服食忌第三十

女仙程偉妻曰："服食靈藥，勿食血物，使三尸不得去，乾肉可耳！"鳳綱訣曰："道士有疾，内視心，使生火以燒身及疾處，存之要精如彷彿，疾即愈。凡痛處加[59]其火，必驗也。"

【校记】

〔1〕"至心"，《道藏輯要》本、《四部叢刊》本作"志心"。

〔2〕"然可"，上二本作"方可"。

〔3〕"登真戒忌云"以下至段末，上二本無。

〔4〕"既除殗穢",《真誥》卷九作"既以除淹"。

〔5〕"且竹清素而内虛,桃即折邪而辟穢",上書及《登真隱訣》卷中均作"且竹虛素而内白,桃即却邪而折穢"。

〔6〕"屍及",本書卷四一《解穢》作"死柩"。

〔7〕"令火"二字,上書無。

〔8〕"三度"二字,上書無。

〔9〕"之冠",上書作"真冠"。

〔10〕"明",上書及《洞玄靈寶道學科儀》均作"朗",《上清太上黄素四十四方經》作"玄"。

〔11〕"濯",上三書均作"灌"。"雙童",《上清太上黄素四十四方經》作"雙皇"。

〔12〕"含",《上清太上黄素四十四方經》作"合"。

〔13〕"簡"後,本書卷四一《朝禮》有"平立"二字。

〔14〕"玉"字原無,據上書增。

〔15〕"君",上書作"宫真"。

〔16〕"皆拔",上書作"皆下拔"。

〔17〕"允合",上書作"克合"。

〔18〕"注",《登真隱訣》卷下《請官》作"疰"。

〔19〕"百骸委頓"原作"有疾言之",據《道藏輯要》本、《四部叢刊》本改。

〔20〕"廪",《登真隱訣》卷下《請官》及《正一法文經章官品》作"果"。

〔21〕"氣",《登真隱訣》卷下作"也"。

〔22〕"克",上書作"光"。

〔23〕"凶惡",《無上祕要》卷六十六《叩齒品》及《三洞珠囊》卷十《叩齒嚥液品》均作"山"。

〔24〕以上《稽首訣》《再拜訣》《誠惶誠恐訣》,今本《登真隱訣》佚。

〔25〕"貞",本書卷四一《隱朝胎元法》作"津"。

〔26〕"心禮四拜"，《真誥》卷十作"心拜四方"，在"叩齒三通，咽液三過"之前。

〔27〕"神"後，上書有"躁穢"二字。

〔28〕"面上常有日月之光"原作"囬上常有日月"，據上書增改。

〔29〕"日紫色，光芒赤，光九芒也；月黃色，光芒白，光十芒也"，本書卷二三《太上玄真訣服日月法》、《真誥》卷九、《上清明堂元真經訣》及《上清太極真人神仙經》所引《太上玄真上經》均作"日赤色，有紫光九芒；月黃色，有白光十芒"。

〔30〕"録"，《真誥》卷十作"鍊"。

〔31〕"近"，上書作"者"。

〔32〕"紫陽真人"，上書作"紫微夫人"。

〔33〕"鍊其濁穢"原作"鍊真濁穢"，據上書改。

〔34〕"潔盛"原作"潔盛潔盛"，據上書删。

〔35〕"依"，上書作"作"。

〔36〕"乃"原作"仍"，據上書改。

〔37〕"三神"原作"二神"，據《道藏輯要》本、《四部叢刊》本及《登真隱訣》卷中改。《真誥》卷十及《上清三真旨要玉訣》作"三晨"。

〔38〕"盲"原作"育"，據《道藏輯要》本、《四部叢刊》本改。《真誥》卷十作"目"。

〔39〕"令密耳"，《真誥》卷十、《登真隱訣》均作"今密及之耳"。

〔40〕"芒"原作"若"，據《道藏輯要》本、《四部叢刊》本改。

〔41〕"所在"原作"在所"，據《真誥》卷九改。

〔42〕"已"原作"以"，據上書改。

〔43〕"有光芒"，《真誥》卷九、《登真隱訣》卷中作"又存日有九芒"。

〔44〕"即不出却"，本書卷二三《大方諸宮服日月芒法》作"而芒"，《真誥》卷九、《登真隱訣》卷中無。

〔45〕"晝服日，夜服月。服月法"，《真誥》卷九、《登真隱訣》卷中作"夜服月華如服日法"。

〔46〕"今"後，上二書有"以"字。

〔47〕"所以"，上二書無"以"字。

〔48〕"邪源"，上二書作"萬邪之源"。

〔49〕"皆有"，上二書作"夢皆如見"。

〔50〕"三元守魄"原作"三元柔魄"，據《洞真高上玉帝大洞雌一玉檢五老寶經》改。

〔51〕"授"原作"受"，據《真誥》卷九、《登真隱訣》卷中改。

〔52〕"尖"，《真誥》卷九及《洞真西王母寶神起居經》作"小入"，"左側"作"本側"。

〔53〕"暮"後，《正一法文修真旨要》有"旦日中"三字。

〔54〕"唯令數"，《真誥》卷九及《洞真西王母寶神起居經》均作"摩唯令數"。

〔55〕"上行"原作"以"，據上二書改。

〔56〕"一"原作"二"，據上二書改。

〔57〕"映"，上二書及《正一法文修真旨要》作"珠"。

〔58〕"此"，《正一法文修真旨要》作"青牛道士"。

〔59〕"加"，上書作"存加"，《真誥》卷十作"存"。

雲笈七籤卷之四十六

祕要訣法 修真旨要

黃素内法第一

凡精誠密向，躭味玄真，清齋苦志，感慕神仙，忽自遇此《三品之經》而不師受者，其人皆玄會宿感，列籍帝鄉，真人密授，應得此經。其人異挺，以標世功，依《太上黃素四十四方》，聽得隱盟，玄誓神科也。當以甲子之日，清齋入室，夜半生氣之時，眠坐任意，臨目髣髴，叩齒二十四通，心拜四方畢，而微祝曰："太上九靈，三素元精。仙都大神，四極三清。昔奉法化，遇會上經。玄師冥遠，靡覽真形。乞丐[1]隱盟，誓以神明。玉童侍衛，玉華扶生。八願九合，妙慧通靈。願神願仙，飛行上清。"祝畢，又叩齒二十四通，嚥液十過，心拜經前，因此而寢。亦可起坐誦經，必有吉感。常能行之，三年之中，得爲經師，成其真人大夫之任矣！此是《黃素内法》，不煩復經營師及歃血之盟也。真人雖已受經，亦常行之。

八朝三元内禮隱法第二

凡爲道士，受《三品真經[2]雌一洞玄隱玄羽章》者，當勤慕上契，感會神明，精心齋淨，專道固生，孜孜不替，味景玄清，若此人者，必獲上仙。依《太上黃素四十四方》，得行《八朝三元内禮隱法》。當以甲寅丙寅戊申庚申丁巳己巳癸亥乙亥之日，平旦入室，燒香左右，臨目髣髴，叩齒二十四通，心拜四方，微祝曰："太上太靈，三素元精。謹以吉日，內朝真經。神童玉女，散香虛庭。使我神仙，天地相傾。"祝畢，疾閉兩目，使內外冥合，不相聞見。又叩齒三七通，嚥液三過，閉目，都畢也。此名爲《八朝三元內禮隱法》，常能行之，令人通靈徹視，精應三元，真會妙感，陟降太玄。侍經玉女，奏子求生，神仙不死，天地相傾。諸未受經者，行之三年，得爲經師，靈瑞吉祥。

內除罪籍第三

凡修受《大洞真經雌一奇文》者，皆當別寢一室，不交人物。常置經於机格潔淨之處，旦夕燒香禮拜，陳願人間內除罪籍。常以月三日七日二十一日，侍經玉女乃奏人罪過於三元與太一帝君，共詳子之云爲。是其日也，當入室燒香，叩齒三七通，冥目微祝曰："太上神方，《大洞真經》。昔以有幸，遭遇神明。啓蔭七圖，受會三清。若有陰罪，帝君散靈。二象開明，上帝合形。令我飛仙，神真長生。"祝畢，又叩齒二七通，心拜四方，開目都畢。常當行之者，則三元[3]密感，帝君赦過，諸有奏子之罪者，皆不見用也。

三元隱謝解穢內法第四

凡道士存思上法及修學太一之事，皆禁見死尸血穢之物。若兆見之者，得聽《三元隱謝解穢內法》。當以朱砂一銖散內水中，因以洗目漱口并洗手足畢，入室正寢，交手心上，叩齒二七通，心拜四方，乃微祝曰："三元上道，太一護形。司命公子，五神黃寧。血尸散滅，凶穢沈零。七液灌[4]注，五藏華生。令我神仙，長亨利貞。"祝畢，因疾閉兩目，并氣自持，使內外冥合，不相聞見。良久，覺身中小熱爲候。竟又叩齒七下，嚥液三過，都畢，誦此[5]《三元隱謝解穢之內法》也。

大帝開結[6]經法第五

　　凡道士修受上法，欲有所看省誦讀經文，發篋之時，皆當燒香左右，心拜經前，叩齒三通，乃微祝曰："玉帝上法，上聞三清。吉日齋戒，敢開神經。萬試隱伏，所向皆成。玉童侍衛，玉華散馨。上告三元，與我長生。"祝畢開經，然後乃得誦讀之，此名爲《大帝開經之法》，令玉女玉童，侍守燒香，啓降神靈，上聞九天。

祝太一帝君法第六

　　凡道士受學洞經修行太一之事，不得宣泄太一帝君之名字，以語於不同志之人，泄則犯太玄陰考。兆三犯之者，則五神廢宅，不得復爲仙矣。過三以往，死爲下鬼，已無仙冀。

　　凡道士受經以後，常晨夕存祝太一帝君之名字，先叩齒三通，微祝曰："凌梵履昌，七靈丈人，太一務猷，五神黄寧。上昇九天，與帝共并。乞願飛仙，七祖胎嬰。解愆釋罪，上登玉清。"畢，又啄齒七通，嚥液三過，此爲存神釋罪請帝求仙也。行之七年，則神明感會，帝君喜歡，玄母注生，五神常存，七祖罪釋，受胎南仙，長生不死，白日昇晨。

慎忌法第七

　　凡修太一之事及行上法存神之道，慎不可見尸及血穢之物。見一死尸則一年不得行事，又却傾一年之功。然此帝一之科，常却罰於既往，又進塞於將來。若一年三見尸者，則罰功斷事各三年也。若遇見二十四尸者，皆不得復修太一求仙也。

帝君捕神祝第八

凡道士獨宿山林，而多爲山精惡鬼所犯試者，當叩齒二七通，閉氣呪曰："吾昨被帝君召，攝領真元，令我封掌此五嶽，摧割鄷山山精。萬靈受事，俱會帝前。七神所引，三元司真。若有小妖，即時梟殘。山精澤尉，速來奉迎。神師口命，上聞三清。一如大洞之法，不得稽停。"呪畢，又叩齒三七通，此爲《帝君捕神祝伐山精百鬼法》。諸山神地祇房祠正氣之神，聞此之呪，皆來執鞭奉迎，神兵侍衛，若與萬人同宿矣！

遏邪大祝第九

《大洞真經高上內章遏邪大祝上法》曰："每當經危險之路、鬼廟之間，意有疑難之處，心有微忌者，乃當返舌內向喉，嚥液三過畢，以左手第二第三指捻兩鼻孔下人中之本、鼻中鬲孔之內際也、三十六過，即手急按，勿舉指計數也。鼻中鬲之際名曰山源，一名鬼井，一名神池，一名邪根，一名魂臺也。捻畢，因叩齒七通。畢，又進手心以掩鼻，於是臨目乃呪曰：'朱鳥凌天，神威內張。山源四鎮，鬼井逃亡。神池吐氣，邪根伏藏。魂臺四明，瓊房玲琅。玉真巍巍，坐鎮明堂。手揮紫霞，頭建晨光。執詠《洞經》，《三十九章》。中有辟邪龍虎，截嶽斬崗。猛獸[7]奔牛，嚙刀吞槍[8]。揭山攫天，神雀毒龍。六頭吐火，啖鬼之王。電豬電父，掣星流橫。梟嗑駮灼，逆風橫行。天禽羅陣[9]，皆在我傍。吐火萬丈，以除不祥。群精啓道，封落山鄉。千神百靈，併首叩顙。澤尉捧鑪，爲我燒香。所在所經，萬神奉迎。'畢，又叩齒三通，乃開目徐去左手。手[10]按山源則鬼井閉門，手薄神池則邪根散發，手臨魂臺則真神守闕[11]，於是感激靈根，天獸來衛，千精震伏，莫干我真，此自然之理，忽爾而然也。鼻下山源是我一身之靈津，真邪之通府。背真者所以生邪氣，爲真者所以遏萬邪，在我運攝之爾，故吉凶兆焉！"

三天正法祝魔神第十

　　凡道士隱跡山林，精思感靈，或讀洞經發響之時，多爲北帝大魔來試敗。兆每至昏夜，當叩齒三十六通，畢乃呪曰："北帝大魔王，受事帝君前。泉曲之鬼，四明酆山。千祅混形，九首同身。神虎放毒，鹹滅雷霆。神公吐呪，所戮無親。太微有命，攝錄山川。鳴鈴交擲，流煥九天。風火征伐，神鋒十陳。凶試伏滅，萬精梟殘。祅毒敢起，受閉三關。請依洞法，莫不如言。"呪畢，又叩齒三十六通，此名爲《三天正法呪魔神方》。常能行之，則神兵侍衛，山川攝精，千妖受閉，萬試不干。

思三台厭惡法第十一

　　上台虛精，中台六淳，又作六停，下台曲生。
　　右三台内諱，知者衆惡悉除，諸善備至[12]。
　　凡於静房端坐，思三台覆頭。次思兩腎氣從脊中出，與三台相連。久久思畢，二七啄齒，二鼻微微内氣，閉口，滿便嚥之。嚥畢，乃呪曰："節節榮榮，願乞長生。太玄三台，常覆我形。出入行來，萬神攝營。步之五年，仙骨自成。步之七年，令藥皆精。步之十年，上昇天庭。急急如律令。"
　　步台日：
　　正月三日，二月二日，五月五日，九月九日，十月二十六日。法在本經。

帝一燒香祝第十二

凡修行洞法及太一帝一之事者，常至黄昏時入室燒香，心拜經前，因叩齒二七通，乃微呪曰："《太一帝尊》，《帝一玄經》，五雲散景，鬱徹三清。玉童玉女，燒香侍靈，上願開陳，與我合形。使我神仙，長亨利貞。"呪畢，又叩齒二七通，此名爲《帝一燒香開陳上願與靈合形之道》也。常能爾者，則玉華侍衛，神靈輔真，鬱散香雲，上徹九天。將來三年，則玉童玉女都見於子矣！

魂胎受馨祝第十三

凡道士入室齋戒之時，臨食當以左手持筯琢柈[13]三過，乃微呪曰："二玄上道，四極清泠。太一帝君，百神黃寧。受糧三宮，灌溉脾靈。上饗太和，餐味五馨。魂胎之命，七液流停。百關通和，五藏華明。雙星[14]合景，飛行上清。"食畢，又啄齒三通，此名爲《魂胎受馨百神饗糧之道》。常能行之，令人神明氣和，魂魄安寧，群惡除試，常保利津[15]。

理髮祝第十四

凡道士理髮及沐頭將散髮之時，先啄齒七通，乃微呪曰："太帝散華，玄歸大神。今日吉日，理髮沐塵。辟惡除病，長生神仙。"呪畢，乃髻，髻竟，叩齒一通，都畢，此名爲《太帝散華理髮內法》。令人終年不病，耳目聰明，頭腦不痛。理髮常向本命，既櫛髮之始而陰呪曰："太帝散靈，五老返神。泥丸玄華，保精長存。左拘隱月，右引日根[16]。六合清鍊，百神受恩。"畢。行之使人頭腦不痛。《太極綠華[17]經》曰：理髮欲向王[18]地，既櫛之始，而微呪曰："泥丸玄華，保精長存。左爲隱月，右爲日根。六合清鍊，百神受恩。"畢，嚥液三過。能行之，使髮不落而日生。當數易櫛，櫛之取多而不使痛，亦可令侍者櫛取多也。於是血脈不滯，髮根常堅。

大帝隱祝第十五

凡道士入室燒香，有所修願，皆先啄齒三通，乃微呪曰："玉華散景，九炁含煙，香雲密羅，徑衝九天。侍香玉女，上聞帝前，令我長生，世爲神仙。所向所願，莫不如言。"祝畢，心拜精念，亦適意所陳矣。此名《大帝隱祝》，散香九天，降靈寢室，願會神仙[19]也。

厭惡夢呪第十六

若人夢寤不真，魄協百氣，以校[20]其心，欲伺我神之間伏也。每遇惡夢，但北向啓太上大道君，具言其狀，不過四五，則自消絶也。青童君口訣曰："夜遇惡夢非好覺，當即返枕而呪曰：'太靈玉女，侍真衛魂。六宮金童，來守生門。化惡返善，上書三元。使我長生，乘景駕雲。'畢，嚥液七過、叩齒七通而更臥。如此四五，亦自都絶也。此呪亦返惡夢而更吉祥也。"

揮神內呪第十七

凡道士行來獨宿山林廟座之間，或有魔精惡鬼之地，當先啄齒三十六通，閉氣微呪曰："太帝陽元，四羅幽關。千妖萬毒，敢當吾前。巨獸重吻，刳腹屠肝。神公使者，守衛營蕃。黃衣帥兵，斬伐妖魂。鹹滅千魔，摧落凶[21]姦。絶種滅類，取令梟殘。玉帝上命，清蕩三元。"呪畢，又叩齒三十六通，此名爲《太帝揮神內呪》塞滅萬魔之法。常能誦之，則神兵見衛，萬鬼受事，千妖死伏。

太帝寢神滅鬼除凶呪第十八

凡道士臨眠解衣之時，先啄齒三通，立而呪曰："受命太帝，上昇九宮。百神安位，列侍神公。魂魄和鍊，五藏華豐。百醴玄注，七液虛充。火鈴交煥，滅鬼除凶。上願神仙，常生無窮。"呪畢，又叩齒三通，脫衣而臥，此名爲《太帝寢神滅鬼除凶之法》，令人精明不病，魂魄常存，數有吉感。

又滅鬼除惡呪第十九

本命之日及有心震之地，閉關精思，叩齒三通，安氣呼吸，正身北向而心存微祝曰："羅勒那朝[22]，方柰闊鍊。班目勃隊[23]，憚漢巨蛇。赫察白鼠，丹利[24]大魔。真馥廣敷，虛靈峙霄。總攬吉凶，發洞暢幽。儺昉眾品，領括繁條。百方千塗，莫不豁寥。天地齊度，孰云能彫？"

澡穢除凶七房祝法第二十

凡道士沐身及洗手面[25]之時，先臨水啄齒三通，乃微祝曰："四大開朗，天地爲常。玄水澡穢，辟除不祥。雙皇守門，七靈安房。雲津鍊灌，萬氣混康。內外利貞，保玆黃裳。"呪畢，又叩齒三通，乃洗沐手面，此名爲《澡穢除凶七房咒法》。常能行之者，使人神明血淨，解諸凶炁。

除六天隱呪第二十一

凡道士夜行之時，及有所畏恐心[26]震之地，叩齒二七通，乃呪曰："吾是小有真王三天師君，昔受《太上神方殺邪之文》。夜行遊尸，七惡妖魂。九鬼共賊，千魔成群。赫栢圖兵，巨獸羅千。揮割萬妖，當我者殘。龍烽七燭，逐邪無閒。玉帝神呪，揮劒東西。滅凶除邪，萬鬼即懸。三天正法，皆如我言。"呪畢，又叩齒二七通，此名爲《三天正法除六天之隱呪》也。鬼有被此呪者，皆目盲脚殘，自然死滅矣！凡行來有恐之處，但按如此，不必須夜行事也。常能誦之，則萬魔伏試，千妖滅形。

太帝制魂伐尸神呪第二十二

凡道士祝滅三尸之法，常以月晦朔之日，及甲寅、庚寅、庚申之日，兆身中七魄遊尸諸血尸之鬼，上天白人罪過，自還中傷於身。或遊走他鄉，召呼外鬼，協進爲妖賊。是以惡夢交於寢魂，痾眚纏於神室。人所以惡夢疾病者，皆七魄遊尸之所爲也。至其日常當沐浴淨服，燒香入室，精思懃懇，不營他事。以夜半生炁時或黃昏時，正寢東首，接手心上，先叩齒三七通，乃微呪曰："七靈五[27]神，八願四陳。上告靈命，中皇雙真。録魂鍊魄，塞滅邪精。血鬼遊尸，穢滯長泯。利我生關，閉我死門。若有真命，聽對帝前。使我長生，劫齡常存。太帝之法，敢告三元。"畢，又叩齒三七通，嚥液十過，都畢，此名爲《太帝制魂伐尸神呪之法》也。血尸七惡[28]被此呪者，皆得滅於死尸之下。魂明魄柔，受化於三宮之中。辟惡除病，令人神明不死。常能誦之，則終身不被魘昧。凡存念上道呪除三尸之時，常當採取白芷草根及青木香，合以東流水，煑取其汁，以沐浴於身，辟諸血尸惡氣。亦常可和香燒之，以致神明。若無青木香者[29]，亦可單用白芷。凡庚申、甲寅之日，是血鬼遊尸直合之日。此之日[30]也，天炁交合，七魄競亂，淫穢混真，邪津流煥，明法動精，七神颷散。每至其日，當清齋別處，不雜他席。慎不可與夫妻相見，及同牀而寢。又不可爭競財色，所行非道之方也。每當燒香感炁，修行之時，誦[31]呪之法，亦可誦經混神，若思洞房帝一之事，唯使精真以爲意也。

太帝辟夢神呪第二十三

凡道士忽得不祥之夢，或夢與人鬭爭，或相收録者，此亦七魄遊尸所爲也。或導將外鬼來入本宅，或三魂散翳五神戰勃，或被束縛不得來還，故使惡夢非祥，將有禍敗之漸也。臥覺之時，即正寢上向，接手心上，叩齒三七通畢，微呪曰："九天上帝，四門八靈。七房二玄，三素元精。太一桃康，上詣三清。速告帝君，攝命黃寧。速召七魄，校實神庭。若有不祥，七尸鬼兵。從呼雙真，流燭鍊形。太微大神，斬伐邪精。三魂和柔，血尸沈零。神歸絶宅，觸向利貞。使我神仙，長保劫齡。"呪畢，又啄齒二七通，嚥液十過，此名爲《太帝神呪辟夢除凶之法》。能行之者，則三魂和鍊，七魄受制，神明氣正，尸穢散滅。而向所呪之鬼，即已受考於地獄矣。經三呪之後，自非靈感吉應，不復夢於非常也。

三元八節朝隱祝第二十四

凡道士禮願神明，精思上法，行諸隱呪之時，皆當燒香心拜密呪而已，勿使得耳聞之也。若欲呪伐六天滅諸凶鬼者，乃可小發聲耳。亦不得絶大高響，使傍人聞解之也。若讀誦之時，乃任意耳。凡八節之日，皆三天仙靈朝宴禮會之日也。兆修行禮願，朝禮之時，皆當齋用此日。至於朔望朝禮，非上法也。凡是其日，欲行禮願陳祝之時，當先叩齒七通，心拜四方，乃微祝曰："上清玉帝，三素元君。太上高靈，仙都大神。今日吉日，八願開陳。上願飛霄，長生神仙。中願天地，合景風雲。下願五藏，與我長存。次願七祖，釋罪脱愆。又願帝君，斫伐胞根。六願世世，智慧開全。七願滅鬼，鹹斬六天。八願降靈，徹聽東西。上願一合，莫不如言。願神願仙，上朝三元。"祝畢，又拜如初，亦適意所陳求解脱七祖之愆及首己之罪狀，以[32]續於行事之後也。此名爲《三元八節朝隱祝》，上願神仙之要法也。行之三年，七祖父母及己之罪都解釋矣。然後玉華降衞，感會神明，八願開陳，必獲靈仙之要契。

雜法第二十五

凡行來畏恐，常鳴天鍾於左齒三十六通。先閉氣左噓之叱叱五通，常行之，辟精邪惡物不祥之氣。常夜寢臨欲眠時，以手撫心，叩齒三通，閉目微呪曰："太靈九宮，太一守房。百神參位，魂魄和同。長生不死，塞滅邪凶。"呪畢而寢，此名為《九宮隱呪寢魂之法》。常能行之，使人魂魄安寧，常保吉祥。

凡傳授上法之時，有經之師，當先求感應，然後傳之。乃入室燒香，密願神明，即心拜經前，微呪曰："太上元君，仙都大神。今日吉日，八願開陳。欲傳某上法，敢告靈元。未知可否？須應乃宣。"祝畢便寢，必獲靈應。子自知其善否之心，審可授之方也。

凡經師授經之法，先心拜四方，以感神明為宗師之主，餘乃執經起立，仰天而祝，告誓神靈，以為玄科之約。當説受經者之姓名，并啓天神，陳受經之品目，為之科條，名策告誓，合麗文傳，諱而陳之。祝畢，弟子再拜跪受。畢，又再拜。此《真人告神之盟內法》，不必盡存割血為敢漏之約也。

凡經師傳授之時，皆當依如上法，清齋別處，不交人事。先啓告神明，求請密感，即乃傳之。若真應橫錯，所感非祥者，此皆天靈顯報，不使傳也。若弟子不順神明，違而傳之，依《黃素之科》，受子冥考。七祖魂魄，長閉地獄，身亦將亡，仙安所冀？

凡存修太一之事，欲有所禮願，不可叩頭。叩頭者，則傾九天，動千真，神官廻覆，泥丸倒懸，天帝號於上府，太一泣於中田。數如此者，則存念無益，三真棄宮，七神漂散，玄宅納凶，是為太上五神之至忌也。故古之真人，但心存叩頭，運精感而行事，不因頰顙以祈靈也。

凡修行太一之事，真人道士不得有所禮拜，亦帝君五神之所忌也。

若有所精思，行禮願之時，但心拜而已，不形屈也。自不修受上法者，不得同於外學之夫矣！

　　凡道士登齋入室，忽有靈感妙應，當有吉祥之夢，皆道之欲成。兆當勤修苦志，感慕上會，如是不替，則真靈玉女將憩子之寢矣！臥覺之時，當正身上向，叩齒三七通，閉目微呪曰："上一赤子，丹皇運珠。太一帝尊，凝天伯无。七靈上感，五神歸遊，靈童玉女，豁落雙符。七星同昇，上登晨丘。"呪畢，又叩齒三七通，嚥液三過，開目都畢，此名爲《太一留神感會仙賢之呪》也。如此者三年，則九天諸神及太玄玉女將降衛於兆身。

　　凡道士入室齋戒，有存修而數有不祥之物及奇怪血光諸鬼精惡氣來恐試人省，兆當行《北帝呪鬼殺邪神方》。先叩齒三十六通，乃呪之曰："二象迴傾，玄一之旌。七靈護命，上詣三清。雙皇驅除，赫栢羅兵。三十萬人，侍衛神營。巨獸百丈，吐威攝精。揮劍逐邪，鹹落魔靈。神伯所呪，千妖滅形。"呪畢，又叩齒三十六通，此名爲《北帝呪鬼殺邪神方》。諸神靈正氣，聞此之呪，皆來奉衛於子，而向不祥之氣，即得[33]死滅矣。

【校記】

〔1〕"丐"原作"山"，據《上清太上黃素四十四方經》（下稱《四十四方經》）改。

〔2〕"三品真經"原作"三真品經"，據上書改。

〔3〕"三元"原作"二元"，據上書改。

〔4〕"灌"，上書及本書卷四七《道士既見死屍上經解殃法》與《上清修身要事經》均作"纏"。

〔5〕"誦此"，《四十四方經》作"此謂"。

〔6〕"結"字，上書無，疑衍。

〔7〕"獸"原作"狩"，據《真誥》卷十及《登真隱訣》卷中改。

〔8〕"槍"，上二書作"鑲"。

〔9〕"陣"，上二書作"陳"。

〔10〕"手"字原無，據《真誥》卷十增。

〔11〕"真神守關"，上書作"玉真守關"。

〔12〕以上三十一字，《道藏輯要》本、《四部叢刊》本皆置於"步台日"前，"急急如律令"後。

〔13〕"琢桦"原作"琢科"，據《四十四方經》改。

〔14〕"星"，上書作"皇"。

〔15〕"津"，上書作"貞"。

〔16〕"左拘隱月，右引日根"，《洞玄靈寶道學科儀》卷上《理髮品》作"右拘月隱，左引日根"，《紫庭內祕訣修行法》作"左爲日隱，右爲月根"，下呪則爲"左爲隱月，右爲日根"。

〔17〕"華"字，《真誥》卷九、《登真隱訣》卷中無。

〔18〕"王"原作"土"，據上二書改。

〔19〕"仙"字後，《四十四方經》有"之方"二字。

〔20〕"百氣，以校"，《上清三真旨要玉訣》作"邪氣以撓"。

〔21〕"凶"，《四十四方經》作"山"。

〔22〕"朝"，《上清高聖太上大道君洞真金元八景玉籙》作"翰"。

〔23〕"隊"，上書作"隧"。

〔24〕"利"，上書及《上清三真旨要玉訣》作"黎"。

〔25〕"面"字原無，據《四十四方經》增。

〔26〕"心"字原無，據上書增。

〔27〕"五"原作"八"，據上書改。

〔28〕"惡"，上書作"魄"。

〔29〕"者"原作"香"，據上書改。

〔30〕"此之日"三字原無，據上書增。

〔31〕"誦"原作"消"，據上書改。

〔32〕"以"原作"一"，據上書改。

〔33〕"即得"原作"得即"，據上書改。